学前教育专业系列教材

学前儿童语言教育
与活动设计

（第二版）

尚慧馨　董玉娟　主编

科学出版社

北京

内 容 简 介

本书以理论与实践相结合为原则编写，尤其注重实践能力的培养。本书共 8 章，前 3 章为理论部分，详细介绍了学前儿童语言教育的相关基础知识，包括研究对象、特点、目标、实施与评价方法等；后 5 章将学前儿童语言教育细分为谈话活动、讲述活动、文学作品学习活动、早期阅读教育活动、讲课与说课训练。从结构安排上设置了学习与能力目标、知识结构图、基础理论、案例评析、同步训练等模块，中间穿插拓展内容。另外，本书配有相关知识点的微课视频及案例视频，便于教师教学与学生自学。

本书适用于高等院校学前教育相关专业教学，也可作为学前儿童家长的阅读材料或其他教育领域从业人员的参考资料。

图书在版编目（CIP）数据

学前儿童语言教育与活动设计/尚慧馨，董玉娟主编. —2 版. —北京：科学出版社，2019.11

（学前教育专业系列教材）

ISBN 978-7-03-063376-7

Ⅰ．①学… Ⅱ．①尚… ②董… Ⅲ．①学前教育-语言教学-高等学校-教材 Ⅳ．①G613.2

中国版本图书馆 CIP 数据核字（2019）第 254711 号

责任编辑：王 彦 辛 桐 / 责任校对：马英菊
责任印制：吕春珉 / 封面设计：东方人华平面设计部

科学出版社 出版
北京东黄城根北街 16 号
邮政编码：100717
http://www.sciencep.com

三河市骏杰印刷有限公司印刷

科学出版社发行 各地新华书店经销

*

2016 年 8 月第 一 版 开本：787×1092 1/16
2019 年 11 月第 二 版 印张：13
2021 年 5 月第八次印刷 字数：295 000

定价：39.00 元
（如有印装质量问题，我社负责调换〈骏杰〉）

销售部电话 010-62136230 编辑部电话 010-62130750

前　言

学前教育是国民教育体系的重要组成部分，教师素质是影响学前教育质量最重要的因素。伴随着《国家中长期教育改革和发展规划纲要（2010—2020 年）》的贯彻落实，以及《幼儿园教师专业标准（试行）》《3～6 岁儿童学习与发展指南》《中小学和幼儿园教师资格考试标准（试行）》等的颁布执行，幼儿教师教育面临规范化、标准化、专业化发展的挑战。

本书主要面向的读者群体是高等院校学前教育专业的学生。高职高专学前教育专业的培养目标是培养高素质、强技能的应用型人才，学前儿童语言教育等五大领域教学法是实现培养目标的核心课程，也是保证学前教育专业的学生能够胜任幼儿园教育教学工作的关键课程。本书以学前基本教育理论为依据，从幼儿园实际工作要求出发，编写中侧重培养学生幼儿园语言教育活动的设计与实施能力。每章设有学习与能力目标、知识结构图、基础理论、案例评析和同步训练等内容。

在本书三年多的使用过程中，编者搜集整理更新了各章的经典案例，这些案例反映了不断更新中的学前教育理念，贴近幼儿园一线教育实际。同时，在前版的基础上，对案例视频进行了完善，并将基础理论部分以微视频的形式呈现，便于学习者多种形式的学习需要。

本书共 8 章，建议各章的学时安排如下：

章名	理论学时	实践学时
学前儿童语言教育概述	2	—
学前儿童语言教育的目标与内容	2	—
学前儿童语言教育的实施与评价	2	—
学前儿童谈话活动	2	4
学前儿童讲述活动	2	2
学前儿童文学作品学习活动	4	4
学前儿童早期阅读教育活动	2	4
学前儿童语言教育讲课与说课训练	2	4
总学时	18	18

本书配有丰富的数字资源，读者可以扫描二维码进行自主学习。

本书由尚慧馨、董玉娟任主编，具体编写分工为：尚慧馨编写第一、第三、第四、第七、第八章，董玉娟编写第二、第五、第六章。编写中参考引用了国内外许多专家学者的著述，书中的案例既有来自全国各地优秀幼儿园的，也有来自网络的，个别案例作者不详，未署名，致以歉意。在编写过程中得到了科学出版社的鼎力支持，在此一并表示衷心的感谢！由于编者水平和占有资源有限，书中存在许多不足之处，敬请各位专家同行和读者批评指正！

目　　录

第 一 章

学前儿童语言教育概述

学习与能力目标

1. 明确学前儿童语言教育的研究对象。
2. 理解学前儿童语言教育的意义，并树立正确的语言教育观。
3. 掌握学前儿童语言发展的特点与教育。

知识结构图

```
              学前儿童语言教育概述
         ┌──────────────┴──────────────┐
  学前儿童语言教育基础知识          学前儿童语言发展的特点与教育
   ┌──────┼──────┐          ┌──────────┼──────────┐
学前儿童语言  学前儿童  树立正确   0～1岁婴     1～3岁学前    3～6岁学前
教育的研究   语言教育  的语言教   儿语言发     儿童语言发    儿童语言发
对象       的意义   育观     展的特点     展的特点与    展的特点与
                          与教育      教育         教育
```

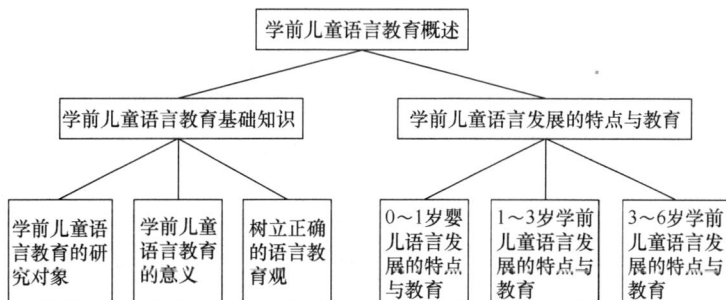

第一节 | 学前儿童语言教育基础知识

从古希腊、中世纪到近现代，人们很早就对儿童语言进行了探索。语言是教师教学的工具，也是儿童学习的工具。没有语言教育，人类独有的文化传递活动便无从发生。学前儿童语言教育是以学前儿童语言发生发展的现象、规律及其训练和教育作为研究对象的一门学科。

一、学前儿童语言教育的研究对象

学前儿童语言教育有狭义和广义之分。

狭义的学前儿童语言教育的研究对象是 3～6 岁儿童早期掌握母语的听说训练和教育以及对 3～6 岁儿童加强口语听说的训练。狭义的学前儿童语言教育在研究对象与学前儿童语言学习的看法上，是有偏颇的，对年龄的限定不利于儿童早期 0～6 岁阶段语言一体化研究与教育，不利于学前儿童语言的健康发展，更不利于在实际教育工作中对学前儿童语言的具体指导。

广义的学前儿童语言教育的研究对象是 0～6 岁学前儿童的所有语言获得和学习现象、规律以及对 0～6 岁儿童应加强听、说、读的训练。在现有的教育条件下，绝大部分儿童还应学习母语的书面语，从出生就开始进行早期阅读的训练，有条件的儿童还要学习一门或多门外语。广义的学前儿童语言教育，引进"学前教育就是指从出生到 6 岁的儿童教育"这一新的界说，正视 3 岁前儿童语言发生发展的事实，有利于系统地研究儿童语言发生发展的规律。

综上所述，学前儿童语言教育把 0～6 岁学前儿童语言的发生发展现象、规律及其教育作为学前儿童语言教育的主要研究对象，主要研究 0～6 岁学前儿童在语言习得的过程中产生的一系列现象和问题，从中发现规律，并运用规律进行教育，从而促进学前儿童语言能力的整体发展。

知识拓展

全语言教育

全语言教育（whole language approach）是近年来国外儿童语言教育界最为重要的一种理论思潮。这种教育理论思潮，不仅促进了世界范围内儿童语言教育方方面面的改革，而且对近年来流行于西方幼儿园的项目活动课程等也产生了很大的影响。20 世纪 90 年代以来，全语言教育的思想逐步传入我国，对我国的语言教育产生了积极的影响。全语言教育认为，儿童的语言学习是整体性的学习，儿童从出生起就已经具备了学习语言的全部基本条件，儿童语言发展的过程是以完整的方式呈现出来的，因而儿童语言的学习应当是完整的学习，早期语言教育应当不仅重视儿童听说能力的发展，同时也要注意为他们读写能力的发展做准备。

二、学前儿童语言教育的意义

（一）语言教育能促进学前儿童的语言发展

语言教育的重要任务就是促进学前儿童语言能力的发展。因此，语言教育的重要意义就是促进学前儿童语音、词汇、语法的发展。在与学前儿童交往的过程中，家长或教师有意无意地为学前儿童提供了很多发展语言能力的机会，如教学前儿童礼貌用语，让他们学会"再见""谢谢"等；引导学前儿童讲述自己在幼儿园的经历，介绍自己的作品；讲故事给孩子听或请孩子复述故事等。在交往的过程中，成人为学前儿童提供了各种各样的语言范例，在这个过程中，学前儿童不断地积累语音、词汇，学习句式，把别人的语言转化为自己的语言，用以表达自己的需要和思想，完成人际交往。随着语言能力的提高，学前儿童学习和运用语言的兴趣也越来越大，这种兴趣不仅影响学前儿童当前的语言学习活动，而且对于他们入学后学习语言和运用语言也有积极的影响。

1.1.2

（二）语言教育能促进学前儿童的认知发展

学前儿童的语言发展与认知发展相互促进、共同发展。一方面，学前儿童的认知发展水平影响语言发展水平；另一方面，学前儿童语言的发展又会对学前儿童认知的发展起到推动和加速作用。婴幼儿在掌握语言之前，必须借助于视觉、听觉、嗅觉、触觉等感知事物的基本特征，而当学前儿童掌握了语言，情况就不同了。成人引导学前儿童观察周围世界，在传授知识的过程中，借助于语言，能够起到事半功倍的作用。学前儿童在认识事物的过程中，成人可以帮助学前儿童用词命名，把认识对象的名称、基本特征等用词说出来，加深学前儿童对事物及其属性的认知，还可以借助于词，区分类似的事物。例如，学前儿童在认识事物的过程中常常把类似的事物相混淆，如分不清楚狼和狗的外形特征，成人可以借助语言，引导学前儿童对二者进行比较："狼的嘴较大，腿较细，尾巴长，是向下拖着的；狗的嘴较小，腿较粗，尾巴短，是向上卷起来的。"与区分事物的差异过程类似，学前儿童还可以借助语言找出事物的共同特征，如认识鸡和鸭子的共同特征。语言不仅可以在学前儿童直接认识事物的过程中发挥作用，还能使其间接、概括地认识事物，如学前儿童已知山楂是酸的，下次认识柠檬时只要告诉他柠檬是酸的，学前儿童不需要品尝就可以了解柠檬的味道了。

（三）语言教育能促进学前儿童的社会性发展

语言是交际的重要工具，人们通过语言接受信息，表达思想情感，完成与他人的沟通和交流，从这个意义上讲，学前儿童学习语言的过程也是促进学前儿童社会性发展的过程。在语言教育的过程中，学前儿童在掌握本民族语言系统的同时，也在学习用语言进行交际的社会规则，如讲话要文明、有礼貌；说话要清晰明白；在不同场合注意说话的方式等。掌握这些言语交往技能是学前儿童社会化发展的一项重要内容。言语发展比较好的学前儿童，善于用礼貌、协商等方式与同伴交往，容易得到同伴的接纳和喜欢。相反，一些语言能力差的学前儿童，不善于用语言与别人沟通，不善于表达自己的思想感情，不会调节与同伴的关系，怕在众人面前讲话，课堂上不敢回答老师的提问，这些学前儿童常常处于被排斥或被忽视的地位，很难形成良好的人际关系。因此，语言教育不仅能够发展学前儿童的语言能力，也有利于学前儿童社会化行为的发展和良好性格的形成。

三、树立正确的语言教育观

学前儿童语言教育贯穿着一定的指导思想，它影响着学前儿童语言教育的目标、原则、方法以及评价，决定着学前儿童语言教育的效果，这就要求我们必须不断学习，跟上时代发展的步伐，积极吸收现代学前儿童语言教育的新思路、新观念，敢于探索、勇于创新，完善教育观念，从而促进学前儿童语言的发展。下面介绍 3 种现阶段对学前儿童语言教育颇有影响力的教育观。

（一）完整的语言教育观

树立完整的语言教育观，强调学前儿童语言教育目标的完整性、学前儿童语言教育内容的全面性以及学前儿童语言教育活动的真实性和形式的多样性。

1. 学前儿童语言教育目标的完整性

完整的语言教育目标既包括认知目标和能力目标，也包括情感态度目标，不能只有单纯的认知目标或能力目标。同时，还要培养儿童听、说、读、写等全面的语言能力。其中学前期主要是培养听、说能力和良好的听、说行为习惯，同时获得早期的读、写技能。培养儿童语言运用能力是所有语言教育目标中的重点。

知识拓展

在我国幼儿园语言教育研究中，人们提出在培养幼儿的听、说能力和良好的听、说行为习惯的同时，还要注意培养幼儿的早期阅读习惯和技能。一些研究者更进一步将幼儿园的早期阅读具体化为前阅读、前识字、前书写3个方面的要求。《幼儿园教育指导纲要（试行）》明确地把幼儿早期阅读方面的要求纳入幼儿园语言教育的目标体系，提出在重视学前儿童听和说等语言能力发展的同时，还要培养幼儿对生活中常见的简单标记和文字符号的兴趣。利用图书、绘画和其他多种方式，引发幼儿对书籍、阅读和书写的兴趣，培养前阅读和前书写技能。这从国家纲领性文件的高度确立了幼儿园语言教育的完整目标体系。

2. 学前儿童语言教育内容的全面性

学前儿童语言教育的内容，既要引导儿童学习口头语言，也要学习书面语言；既要引导儿童理解和运用日常生活用语，也要引导其学习文学语言；既要有文学作品教育，也要有字、词、句教育内容；既要有母语教育的内容，也要有外语教育的内容；既要有理解性语言教育，又要有表达性口语教育。完整的语言教育内容强调把语言看作一个整体，把"语"和"文"融为一体，而不是分为割裂的两个概念。

3. 学前儿童语言教育活动的真实性和形式多样性

学前儿童语言教育活动的真实性是指教师教育和组织语言教育活动应着眼于创设真实的多向语言交流情境，使学前儿童语言教育活动成为师幼共建、积极互动的过程。

学前儿童语言教育应该是教师和儿童共同参与的活动，应该采用多样的活动类型和形式，教师应该成为儿童学习环境的创设者、学习材料的提供者，引导儿童成为学习的主人，随时随地地开展语言教育活动，呈现给儿童一个完整的、真实的语言学习环境。

（二）整合的语言教育观

整合的语言教育观强调把学前儿童语言学习看成一个整合的系统，充分重视学前儿童语言发展与智能、情感等方面发展的整合一体的关系，强调学前儿童语言教育各要素多样化、多层次的整合。在教学中具体表现为语言教育目标、内容、方式的整合。

1. 学前儿童语言教育目标的整合

学前儿童语言教育目标的整合是指制定儿童语言教育目标时，既要考虑儿童的情感、能力和知识方面的发展，还要考虑促进儿童在相关领域的发展。学前儿童语言教育目标不是独立的，而是要放入儿童整体发展中去考虑，使学前儿童语言教育以儿童语言发展为主的同时，又能促进儿童其他方面的发展。

2. 学前儿童语言教育内容的整合

学前儿童语言的发展是儿童个体发展中的一个重要组成部分，在选择语言教育内容时，要充分考虑学习内容与儿童发展的整体适应性，满足儿童发展的多样化需要，实现语言教育的整体化。因此，学前儿童语言教育的内容应该体现社会知识、认知知识和语言知识三者的有机整合。

3. 学前儿童语言教育方式的整合

学前儿童语言教育方式的整合是以各种方式活动的组织形式来建构语言教育内容，把专门的语言教育活动和其他活动相结合的语言教育活动。其糅合多种促进儿童发展的因素，激发儿童与外界环境刺激的相互作用，主动尝试积极运用语言与人、事、物交往的需要，在整合的语言教育环境中获得语言和其他方面的共同发展。

知识拓展

20世纪90年代以来，我国研究者们开始把儿童语言学习看成一个整合的系统，充分意识到在儿童语言发展过程中，儿童对每一个新词、每一种句式的习得，都是整个学习系统调整、吸收与发展的结果。基于这样的认识，在开展学前儿童语言教育的时候，幼儿教师注意从外部进行整合，将语言教育视为学前教育整体中的一部分，加强幼儿语言教育与其他方面教育之间的联系，同时也注意到儿童语言学习内部的整合，在选择和编排语言教育内容时，把语言学习内容视为一个整体。

（三）活动的语言教育观

活动的语言教育观是指教师在组织学前儿童语言教育活动时，以活动的形式进行，促进学前儿童语言的发展。引导儿童在生动活泼的操作实践中学习语言、运用语言、掌握语言。活动的语言教育观强调把教师和儿童共同参与的活动作为语言教育的基本形式。

1. 为学前儿童提供充分操作语言的机会

学前儿童的语言发展是通过个体与外界环境中各种语言和非语言材料交互作用逐步获得的。儿童的发展是儿童积极主动地与外界环境中的人、事、物的各种信息相互作用而获得的。教师应为儿童提供充分的机会，引导儿童积极地与语言及相关信息相互作用，从而促进儿童的发展。

2. 通过多种形式的操作，促进学前儿童语言的发展

学前儿童正处在动作思维向具体形象思维发展的阶段，他们通过动手、动脑、手脑并用等各种操作活动与环境交互作用，实现对客观事物的认识，在对操作活动的探索中获得愉快体验，激发学习的内在兴趣和动机，提高语言学习的积极性和主动性。

1.1.5

知识拓展

　　幼儿是在不断地感知和操作中得到能力提高的。教师要为幼儿提供更多的操作和感知的机会，如每周一期的《小青蛙报》让小朋友自己来发送，这就给孩子们提供了操作、感知的机会。老师在每张报纸上写上小朋友的名字，请小朋友来做"发送员"，将报纸送到每个孩子的抽屉中。在这个过程中，孩子们感知了小朋友的名字，通过一段时间的发送报纸，他们会认识许多同伴的名字，同时，也向孩子渗透了关爱同伴、乐于为大家服务的品德教育。虽然对于老师来说自己给孩子发报纸比在每张报纸上写名字要省力，但后者却为孩子提供了感知、操作的机会。

　　3. 充分发挥学前儿童在活动中的主体作用和教师在活动中的主导作用

　　教师在设计、组织语言教育活动时，要充分考虑内容和形式与学前儿童发展水平的适应性，以促进儿童积极、主动地参与到活动中，要考虑到每个儿童的特点，为他们提供适合的语言教育环境。

　　教师是活动的设计者、组织者和引导者，在活动中起着主导作用。具体表现为：活动前，创设良好的语言教育环境，准备充分的活动材料；活动过程中，根据儿童的特点选用恰当的方法，指导儿童正确操作材料，获得发展；活动结束时，及时点评，总结活动成果，提出新的目标要求，为下一步环节的活动奠定基础。

第二节 | 学前儿童语言发展的特点与教育

　　学前期是儿童一生中语言发展最为迅速的时期。在短短的五六年时间里，儿童从牙牙学语到能够听懂成人语言并且清楚表达，这一时期儿童语言的发展经历了从量变到质变的过程：0～1岁称为前语言期；1～3岁称为初步掌握本族语言期；3～6岁称为正式掌握本族语言期。

一、0～1岁婴儿语言发展的特点与教育

（一）0～1岁婴儿语言发展的特点

　　儿童从不会说话到能够运用语言表情达意经过了漫长的准备，我们把这一阶段称为前语言阶段。大致可以分为以下3个阶段。

　　1. 简单音节阶段（0～3个月）

　　该阶段婴儿语言发展的特点主要表现为：出生3天能够辨别人声和其他声音，并且表现出偏爱语音，更喜欢母亲的声音等特点。出生12天的新生儿对说话声音和敲击物体的声音会作出不同的反应，经常表现为凝视、吸吮或蹬腿等行为。1个月以后，听觉

更加敏锐,对语音也更加敏感。2个月左右的婴儿已经开始理解人们语言交往中的某些信息了,而且时而有尝试模仿语音的现象出现。

2. 连续音节阶段(4～8个月)

4个月以后的婴儿发出的语音中增加了很多双音节和多音节,婴儿在独自玩的时候会对着镜子中的自己发音。婴儿的听辨能力也有所提高,能辨别一些语气、语调和音色的变化。4个月的婴儿能够对愉悦和冷淡两种不同的语调有反应,大约6个月后,婴儿才能感知3种不同的语调。4～8个月的婴儿,发音明显增多,常常借用叽里咕噜的语音形式表情达意,发出的音中,不仅韵母增多,还出现了声母。5～8个月时,婴儿开始能够鉴别语言的节奏和语调特征,学会辨别语言方面的信息了。

3. 学话萌芽阶段(9～12个月)

9～12个月婴儿能够辨别出母语中的各种音素,还能把听到的语音转换为音素,认识到这些语音所代表的意义。这时的婴儿逐渐能够模仿成人的语音了,他们的模仿和成人发出的音在音调和音色上极为相似,在连续重复地发同一音节之后,还出现了不同音节的连续发音。在12个月左右,婴儿会说出第一批有真正意义的单词,这于婴儿的语言发展具有重要的意义。

(二)0～1岁婴儿语言教育要点

1. 提供丰富的语言环境,引导学前儿童感受声音

语言的源泉是生活,丰富的语言来自丰富的生活环境,婴儿的语言教育与周围生活中的人、事、物息息相关。成人应该抓住一切机会为婴儿提供丰富的语言环境,为婴儿语言的发展创造良好的环境。如成人在照料孩子时,可以一边做一边说,妈妈扶着孩子坐的时候,同时说"坐起来",婴儿很快就将"坐"这一动作和"坐"的语音联系起来。家长在日常生活中也可以用手指着家里的灯、门等物品告诉孩子这是什么。成人之间也要多沟通交流,为孩子提供丰富的语言环境。

2. 开展丰富多彩的听音和发音游戏

这一阶段,开展丰富多彩的听音和发音游戏,有助于训练婴儿的听音和发音能力,提高听音和发音水平。孩子能够在出生后不久通过学习记住自己的"名字",并且对母亲的唤名行为做出反应,所以如果母亲坚持每天靠近孩子时微笑着呼唤他的名字,婴儿很快就能够对母亲的呼唤做出积极的反应。到了3～4个月时,婴儿能够区分成人发出的语音,可以和成人进行相互模仿式的发音游戏了。随着认识能力的发展和成人的教育影响,婴儿开始逐渐认识身体的各个部位,这时成人可以指着他身体的某个部位教他"嘴巴""耳朵"等,还可以握住婴儿身体的某个部位和他做游戏,如边数孩子的手指边唱"手指歌"。

3. 开展早期阅读,培养婴儿良好的阅读习惯

研究表明,婴儿在出生后不久就出现了早期阅读的兴趣,这个时候可以开展阅读教

育了。一开始可以采用父母读孩子听的形式，当孩子会坐的时候，可以选择一些适合孩子年龄特点的读物，家长抱孩子坐在自己的膝盖上，家长可以边用手指点着画面或文字边用语言进行讲解，家长读到哪儿指到哪儿，每次阅读的时间不要太长，阅读内容也不必频繁更换，一切视婴儿的兴趣情况而定。随着孩子年龄的增长，可以教给他们自己拿书的方法，良好的翻页习惯和阅读姿势等，培养婴儿良好的阅读习惯。

二、1～3岁学前儿童语言发展的特点与教育

（一）1～3岁学前儿童语言发展的特点

1. 单词句阶段（1～1岁半）

在1～1岁半时，孩子的语言表达中出现了单词句，他们能用简单的词语表示复杂的意思。比如孩子说"妈妈"这个词常常反映出多种意思，有可能是"妈妈抱抱我"，也有可能是"妈妈，我要饼饼"，还有可能是"妈妈，我要玩具"。这时候孩子说出的词只有亲近的人并结合着孩子说话时的手势、表情等才能确定孩子说话的意思。这一阶段，孩子能够理解的语言大量增加，他们能说出的话要少于能听懂的话。在他们所能理解的词中，名词和动词很多，这些词主要是他们所熟悉和经常听到的词。在词汇能力方面，常常出现以音代物的情况，比如把"狗"称作"汪汪"，在命名和使用词汇方面还常常出现词义的"扩大"和"缩小"现象。

2. 双词句阶段（1岁半～2岁）

在1岁半～2岁时，儿童说话时出现了意思上相关的双词句，这一阶段儿童的词汇量大量增加，如"妈妈，瓶瓶"意思是"妈妈，我要瓶瓶"，"爸爸，班班"意思是"爸爸去上班。"这也是通常我们所说的电报句。儿童已经可以脱离具体情境准确理解词语与物体的关系，并且可以按照成人的语言指示调节和支配自己的行动了。大约从20个月开始，儿童双词句增长的速度很快，出现每个月成倍增长的情况，如21个月时儿童的双词句是50个，22个月时增加到100个左右，23个月时是250～300个，2周岁时可猛增到近1000个。

3. 完整句阶段（2～3岁）

2～3岁儿童对语言的理解能力迅速提高，词义的扩大与缩小的现象明显减少。伴随着儿童词义理解的加深，概括性也进一步提高，对有些词如植物、交通工具等代表一类事物的词，能主动说出他们熟知的相关物体的名称。2～3岁儿童的词汇量增长非常快，几乎每天都能掌握新的词，而且他们也有很高的积极性去学习新词。3岁儿童的词汇量已经达到1000个左右。这一阶段的儿童逐渐能够说出简单句，同时开始说一些复合句。至此，儿童的言语基本形成了。

（二）1～3岁学前儿童语言教育要点

1. 注重日常生活中的随机指导

在日常生活中要经常与学前儿童交流，提供丰富的语言环境。日常生活中接触到的

语言，比较容易建立音与义之间的联系，易于儿童的理解和掌握，同时日常生活中一些出现频率较高的词也有助于学前儿童加深对语言的理解，因此，要积极引导学前儿童感知周围环境中的各种事物，获得关于事物的具体印象，继而发展语言，如经常告诉孩子这是什么，正在做什么，将要怎样，在谈到具体的词时，可加重语气或用夸张的表情、语调以引起学前儿童的注意。

2. 帮助学前儿童掌握新词，扩大词汇量

针对学前儿童语言学习的特点，可以开展有趣的活动，促进他们词汇的发展，如玩玩具排队的游戏时，把小猫、小狗、小兔子排成行，然后问孩子："谁在小狗的前面？""谁在小猫的后面？"等，练习"前""后"等词。游戏是学前儿童最喜欢的活动，采用游戏的方式更容易吸引孩子的注意力。成人可以通过专门的游戏来帮助学前儿童练习发声和用词，如有利于词语练习的"看动作说词语""词语接龙"等游戏，通过游戏帮助学前儿童巩固发音，扩展词汇。还可以通过欣赏文学作品的活动，丰富学前儿童的词汇。诗歌、童话等形式的文学作品，节奏感强、生动形象，易于学前儿童接受。学前儿童在多听的基础上，可以跟着模仿，既能发展听力，又可以丰富词汇。

3. 及时发现问题，纠正发音错误

学前儿童语言的发展是一个循序渐进的过程，不是一蹴而就的。在练习发音的过程中不可避免地出现有些音发不准的情况，如常常把需要用舌尖后位的"zh""ch""sh"发成舌尖前位的"z""c""s"。儿童对于"n"与"l"，"r"与"l"也常常分不清楚，从而把"奶奶"叫作"来来"，把"真热"说成"真乐"。成人发现这些情况后，要巧妙地示范准确发音，引导儿童模仿，不可指责或嘲笑，当孩子能够正确发音时给予鼓励，慢慢纠正发音。

知识拓展

让宝宝快说话的游戏

1. 纸喇叭

用旧挂历纸糊两个纸喇叭，然后让孩子和您一起坐在地板上，您手里拿着纸喇叭给孩子示范着说"喂喂，我现在可以大声说话了"（大声地）或"喂喂，我现在可以小声说话了"（小声地），孩子也拿着纸喇叭学着说。您还可以模仿孩子所喜爱的电视节目，如模拟某些孩子爱听的电视广告语、动画片中的人物或动物的说话等。孩子对这种新颖的玩法一定会乐此不疲的，而这将极大地促进他语言能力的发展。

2. 小汽车

您的孩子可以自由走动而且特别喜欢模仿别人的言谈举止时，您可以拿着玩具小汽车在地板上与孩子一起玩。您一边推着小汽车，一边模拟汽车开动的各种声音，并念念有词地对他说："嘟嘟嘟，嘀嘀嘀，小汽车开过来了。吱——！汽车停下来了，宝宝快上车！走，呜—呜—走了！嘀嘀嘀，小汽车去接爸爸了……"经您这番"启发诱导"，他一定会与您一样，拿着汽车，自言自语地说话了。

3. 藏猫咪

绝大多数的孩子都特别喜欢和父母玩"藏猫咪"的游戏。一开始可以您藏他找，您藏起来后，他不断地问："妈妈，在哪里？"等他熟悉这个游戏以后，就可以他藏您找。他藏起来以后您就不断地问："宝宝，你在哪儿？妈妈怎么找不到你呢？宝宝你在门后边是吗？在桌子底下是吗？"用不了多久，您的孩子就会主动"招供"："妈妈，宝宝在这儿！"于是，母子皆大欢喜。

三、3～6岁学前儿童语言发展的特点与教育

（一）语音的发展

1. 语音发展的特点

（1）发音水平随年龄增长逐步提高

3～4岁是学前儿童语音发展的飞跃阶段，3～4岁学前儿童的发音特点是在生理上发音器官不够成熟，学前儿童不能很好地支配发音器官，不能准确地掌握发音部位和发音方法，学前儿童发出的音，错误往往在辅音，元音错误较少。

4～5岁的学前儿童发音器官已基本完善，基本能够发出大多数的音，4岁的儿童基本上能掌握本民族的全部语言。但对某些相似的音，发音仍然有困难，需要多加练习。

5～6岁学前儿童的发音基本没有问题，在成人的指导下，不仅能够正确发音，还能够清楚地分辨声调，也有个别学前儿童存在发音不清楚的现象，应该引起成人的重视。

（2）语音意识的发生

儿童要学会正确发音，必须建立起语音的自我调节机能，一方面要有精确的语音辨别能力，另一方面要能控制和调节自身发音器官的活动。儿童开始自觉地辨别发音是否正确，自觉地模仿正确发音，纠正错误的发音，就说明对语音的意识开始形成了。学前儿童期，主要是在4岁左右，语音意识明显地发展起来。例如，学前儿童对发音感兴趣，喜欢玩发音游戏；能够正确评价别人发音的特点，乐意指出别人的发音错误；能够意识到自己的发音弱点，并能有意识地改变自己的发音。

2. 语音发展教育要点

（1）在日常生活中自然地练习与纠正发音

在日常生活中，学前儿童与成人、同伴交往的过程中可以自然练习发音，同时还可以充分利用一日生活的各个环节随机地进行个别教育，如有的学前儿童"吃"和"湿"的读音发不清，教师可以利用进餐的机会与学前儿童谈话帮助他们发音，问"洗手的时候手放到水里就怎么样了"或问"炊事员叔叔做饭给谁吃"等，引导他们反复练习"湿"与"吃"的发音。这样，经过多次反复练习，学前儿童的语音分辨能力就能得到显著的提高。

（2）开展游戏活动练习正确发音

《3～6岁儿童学习与发展指南》（以下简称《指南》）中语言部分的目标1是"认真听并能听懂常用语言"，目标2是"愿意讲话并能清楚地表达"。听懂和会说是学前儿童

语言发展的重要目标之一，听说游戏可以发展学前儿童发音能力和听觉注意，提高辨音能力，如游戏"猜朋友""击鼓传花送礼物""看谁说得多"，在组织游戏时除了要面向全班学前儿童练习外，更要注意个别学前儿童的单独练习，对于个别学前儿童出现的发音不正确等问题要及时予以正确示范。

（3）利用儿歌、绕口令训练学前儿童发音

儿歌、绕口令等形式的文学作品，结构短小、生动形象，便于记忆，教师可有意识地组织学前儿童学习儿歌、绕口令等，提高学前儿童的听音、发音能力。如帮助学前儿童练习发准 g、k、h 音的儿歌《小白鸽》："哥哥养只小白鸽，一天到晚爱唱歌。咕咕咕，咕咕咕，哥哥每天喂白鸽，白鸽、哥哥笑呵呵。"再如帮助学前儿童练习h、f的绕口令《画凤凰》："对门有个白粉墙，白粉墙上画凤凰。先画一只粉黄粉黄的黄凤凰，后画一只粉红粉红的红凤凰。红凤凰看黄凤凰，黄凤凰看红凤凰。红凤凰，黄凤凰，两只都像活凤凰。"

> **知识拓展**
>
> ### 练习发音的儿歌集锦
>
> 1. 引导学前儿童掌握 zh、z、ch、c、sh、s音的儿歌
>
> **摘　柿　子**
>
> 四个小孩子，提着小篮子，去摘大柿子，心里乐滋滋。
>
> 2. 引导学前儿童区别l和n音的儿歌
>
> **兰兰和奶奶**
>
> 奶奶爱兰兰，兰兰爱奶奶。奶奶从前抱兰兰，兰兰现在搀奶奶。
>
> 奶奶说："兰兰是个好孩子。"兰兰说："我要天天帮奶奶。"
>
> 3. 帮助学前儿童掌握韵母 ou和iu的儿歌
>
> **小白兔过桥**
>
> 小白兔，过小桥，走到桥上瞧一瞧。山羊公公走过来，摇摇晃晃上了桥。
>
> 小白兔，往回跑，站在桥边把手招："山羊公公，您走好！"
>
> 河水听了哗哗笑，小鱼听了蹦蹦跳，都夸白兔有礼貌。
>
> 4. 帮助学前儿童掌握儿化音的儿歌
>
> **花　手　绢**
>
> 我有一块花手绢儿，它是我的好伙伴儿。擦汗珠、擦污点儿，
>
> 每天跟我在一块儿。我带手绢儿讲卫生，天天洗净花手绢儿。

（二）词汇的发展

1. 词汇发展的特点

（1）词汇数量的增加

随着年龄的增长，学前儿童的词汇量也逐渐增加。研究表明，人的一生词汇数量增长

最快的时期是 3～6 岁，一般认为 3 岁的词汇量为 800～1000 个，4 岁学前儿童的词汇量为 1600～2000 个，5 岁学前儿童的词汇量为 2200～3000 个，6 岁可以达到 3000～4000 个。

（2）词类范围的扩大

有关学前儿童词类掌握特点的研究表明，学前儿童一般先掌握实词，再掌握虚词。实词中最先掌握名词，其次是动词，再次是形容词和其他实词。虚词中如连词、介词、语气词等，学前儿童掌握得较晚。在各类词中，儿童使用频率最高的是代词，其次是动词和名词。

（3）词义理解的深化

随着年龄的增长，学前儿童掌握的抽象词汇逐渐增多，对所掌握的每一个词的外延和内涵的理解也不断丰富和深刻。最初学前儿童在掌握词时，对它们的理解往往是不确切的，如把"狗"这个词扩大到如"熊""猫"等 4 条腿的动物，但有时，他们也会把"猫"这个词只用来表示小猫而不是大猫。随着学前儿童对词义理解的确切和加深，学前儿童不仅能够掌握词的一种意义，而且能够掌握词的多种意义。随着对词义理解的丰富和深刻，运用词的积极性也会越来越高。

2．词汇发展教育要点

（1）帮助学前儿童丰富词汇

首先要注意在日常生活中丰富学前儿童的词汇。结合日常生活实际，指导学前儿童正确理解词义，帮助学前儿童体会文字的用途，引发学前儿童了解词汇的兴趣，如买来新玩具时，把说明书上的文字念给学前儿童听，让他了解玩具的玩法。创造条件，尽量多地给学前儿童提供倾听与交谈的机会，如注意日常生活中的随机教育，经常与学前儿童谈论他们感兴趣的话题，引导他们与别的小朋友交往等。其次通过开展专门的教学活动、组织教学游戏等方式丰富学前儿童的词汇。首先，应先教给学前儿童代表具体概念的词，然后由浅入深、由易到难地帮助学前儿童丰富词汇，使他们到大班时期在讲述时能使用常见的形容词、同义词等。一方面在学前儿童能够掌握和运用的词汇中，实词所占的比例较大，而虚词相对所占的比例较少。另一方面从言语交际的需要看，实词往往代表物品或动作的名称及特征，常常作为句子的主要成分，比经常作为句子辅助成分的虚词更容易理解和运用。

（2）指导学前儿童正确理解词义

学前儿童缺乏生活经验，他们的思维主要还是具体形象思维，学前儿童在理解词义时往往需要结合具体的事物或情景，所以在不断扩展学前儿童的词汇的同时，还需要提高学前儿童了解词义的水平。让词和所反映的事物同时呈现是帮助学前儿童正确理解词的一条有效途径，特别是对于那些代表特定事物及其特征的实词，这种方法是很有效的。对于那些学前儿童不能直接接触的事物，可以利用图画、音像资料等媒介为学前儿童提供更加直观的信息，也可以结合具体的情景使用丰富的语言，以便学前儿童理解，如在讲故事的时候把故事中人物的愉快、悲伤等情绪尽量用不同的语气、语调表现出来，引导学前儿童感受这些词的意义。在学习文学作品时，教师还可以通过上下文的联系引导学前儿童理解词义。

（3）引导学前儿童准确运用词汇

学前儿童积累了一定的词汇量后，会积极地运用词语表情达意，但是他们在运用词语时还会出现一些错用或无用的情形，如把"彩电"说成"花电视"。针对学前儿童用词不当的情况，可以采取一些办法帮助他们准确运用词汇。首先，成人应该创造条件引导学前儿童运用词语充分表达自己的感受，如引导学前儿童认识水果时，成人可先带学前儿童观察水果，看一看是什么形状、什么颜色，摸一摸有什么感觉，闻一闻，再尝一尝是什么味道，引导学前儿童运用词语来表述自己的感受。再如外出活动时，带领学前儿童欣赏自然风光时，启发学前儿童联想学过的有关描述自然景色的词语，如"嫩嫩的小草""暖和的阳光"等。其次，成人与学前儿童交谈时要注意用词规范，尽量不出现用词或语法错误，为学前儿童学习语言提供良好的示范。再次，学前儿童在用词的过程中不可避免地会出现用词错误的情况，教师不要直接指出他们的用词问题，可以通过给他们提供正确的示范，告诉学前儿童整句话的正确表达方式，如孩子把"一列火车"说成"一条火车"，教师可以接着说"哦，你是说一列火车"。对于在用词方面出现的普遍问题，教师还可以组织专门的教学活动帮助学前儿童改正错误。

（三）语法的发展

1. 语法发展的特点

（1）从不完整句到完整句

学前儿童在 2 岁前使用的句子主要为不完整句，2 岁以后开始出现了完整句，随着年龄的增长，完整句的数量和所占比例逐渐增加，到 6 岁时，学前儿童使用的绝大多数句子为完整句。完整句又可分为简单句和复杂句、陈述句和非陈述句、无修饰句和修饰句。

（2）从简单句到复杂句

简单句是指句法结构完整的单句。2 岁左右，儿童开始使用简单句。研究表明，学前儿童主要使用的是简单句，并且出现结构日趋复杂的趋势，主要包括主谓结构、谓宾结构和主谓宾结构 3 种类型。如"妈妈吃"为主谓结构；"抱宝宝"为谓宾结构。复杂句是指由两个或两个以上的单句组合而成的句子。2 岁半左右，学前儿童开始使用复杂句。随着学前儿童年龄的增长，复杂句所占的比例也随之增加。

（3）从陈述句到非陈述句

学前儿童最先掌握的是陈述句，在整个学前儿童期，陈述句是基本句型，占全部语句的比例很大，同时其他句型如疑问句、否定句、祈使句、感叹句等也都逐渐发展起来。

（4）从无修饰句到修饰句

学前儿童开始使用的句子是没有修饰语的，如"宝宝跳舞""小狗叫"。2～3 岁学前儿童的句子中出现了一些类似修饰语的形式，如"大哥哥""小花猫"，但实际上，他们把修饰词和被修饰词作为一个词组使用。学前儿童的词汇量在 3 岁时猛增，句子中的修饰语也显著增加。朱曼殊等人研究发现，2 岁学前儿童运用修饰语的句子仅占20%，3 岁时运用修饰语的句子达 50%。3～3 岁半是掌握复杂修饰语句的数量增长最快的时期。从 4 岁起，有修饰的语句开始占优势。6 岁时，有修饰语的句子比例已经达到 90%以上。

（5）句子含词量增加

随着年龄的增长，学前儿童使用的句子长度有延伸的趋势，即含词量逐渐增加。学前儿童的句子主要在 10 个词以内，4～6 个词的句子占比例最大，但总的来说随着年龄的增长，使用句子的长度呈增加的趋势。

2. 语句结构的变化

（1）句子结构从混沌一体到逐渐分化

句子结构从混沌一体到逐渐分化，主要表现为表达内容的分化、词性的分化和结构层次的分化 3 个方面。学前儿童早期，使用语句表情达意、意动、指物三方面紧密结合。2 岁半的学前儿童经常是在讲话时伴随着动作，用动作来补充语言没有完全表达出来的意思，以后逐渐分化。学前儿童早期的语句没有词性之分，出现名词和动词混用的情况，在以后的使用中才逐渐分化出名词、动词等词性。学前儿童最初使用的单词句、双词句是主谓部分的，逐渐发展到出现结构分明的句子。

（2）句子结构从松散到逐步严谨

学前儿童最初的句子常常是简单且不完整的，会漏缺句子成分或句子成分排列不恰当，随着年龄的增长，句子结构日趋严谨。

（3）句子结构从压缩、呆板到逐步扩散和灵活

学前儿童最初语句结构不能够分出核心部分和附加部分，是由几个词组成的压缩句，稍后能加上简单的修饰语，再后来加上复杂的修饰语，最后达到简单修饰语和复杂修饰语的灵活运用和句子中各种成分的多种组合。

3. 语法发展的教育要点

（1）在日常生活中培养学前儿童完整的表述能力

在日常生活中，要注意引导学前儿童观察周围生活中的事物，积累丰富的生活素材，如可以引导学前儿童用完整的句子描述植物生长的情况，像"这朵花开得很漂亮"。成人还可以利用学前儿童在日常生活中接触到的人、事、物引导学前儿童用完整的语句描述，如"妈妈在厨房里做饭呢"。如果学前儿童表述的不完整，成人可以帮他们把话说完整，并让孩子重复一遍。

（2）用口头造句的形式帮助学前儿童说完整的话

可以通过看图说话，引导学前儿童用完整的句子描述图片上的内容，还可以用词造句，成人先说一个或两个词，再由学前儿童造句，并指导学前儿童运用语言，完整地说出语句，如用"帽子"造句，学前儿童可以说"今天你戴的帽子真好看"。对于学前儿童不完整的话要及时予以纠正，经过反复练习、修正，帮助学前儿童说完整话。

（3）用竞赛、游戏等多种形式提高学前儿童说完整句的积极性

和学前儿童玩各种游戏，通过在游戏中的对话、叙述等，培养学前儿童用准确的词完整地表述语句。如开展"打电话"游戏，教师可以带领学前儿童手工制作电话，并用自己制作的电话玩游戏，学前儿童之间、师幼之间互相打电话，在通话的过程中互相提问或回答，同时还能帮助学前儿童掌握礼貌用语。对于年龄稍大一些的学前儿童，还可

以通过开展竞赛活动提高学前儿童参与活动的积极性。

知识拓展

赏识学前儿童的争论

争论是一种语言表达的方式。尽管人们对争论的作用看法不一，但对学前儿童而言，争论不仅经常发生，而且是促进学前儿童心理发展的一种有效途径，对学前儿童的成长具有特殊的意义。

1. 争论在学前儿童心理发展中的作用

1）提高学前儿童语言表达能力。语言是人类交往的必要工具。学前儿童在实践活动的基础上，在与成人及同伴交往的过程中，语言能力逐渐得到了发展。随着年龄的增长和身心的发展，学前儿童的独立性得到增强，在活动中逐渐有了自己的想法、经验和体会。因此，在对某个问题的争论上，学前儿童总是抢先表达自己的想法和建议，以便让更多的小朋友认识自己、了解自己。在争论的过程中，学前儿童提高了自信心和语言表达能力。

2）发展学前儿童思维能力和想象能力。学前儿童的思维能力是具体形象性占主导，抽象逻辑性逐步萌芽。例如，教师问："有 8 个气球，把它们平均分给小红和小明，两人各分到几个？"学前儿童可能都知道一人分得 4 个，但是如果问"$4+4＝？$"，他们可能就要争论一番了，每个小朋友都会争先恐后地说出自己的答案，并强调自己的答案是正确的。如果教师在旁适时点拨一下，相信孩子们会豁然开朗，并能由此联想得更全面，从而扩大孩子的想象空间。在相互争论中，学前儿童学会了怎样思考问题和解决问题，丰富了经验，拓宽了知识面，发展了思维和想象能力。

3）促进学前儿童同伴关系的建构和发展。争论从表面上看是一种具有攻击性的负性行为，但从结果来看，这种争论发展了学前儿童的同伴关系，扩大了学前儿童的人际交往范围，并巩固了他们之间的友谊。由于学前儿童的心智尚处于发展之中，其记忆保持的时间很短，一般很快会遗忘争论时所发生的不快，不会对争论的对象"记仇"，用不了多长时间就又主动地去找对方玩游戏了。因此，学前儿童通过争论会结识更多的朋友，发展友谊，促进合作，为自己将来适应社会打下了良好的基础。

2. 给学前儿童教师的建议

作为教师，面对学前儿童的争论，要保持平静的心态和足够的耐心，要认识到争论是一个学习和培养学前儿童个性的过程，要给学前儿童创造争论的机会。

1）善于倾听，合理引导。在教学活动中，教师要用愉快的表情聆听学前儿童的争论，让他们争吵，甚至是争斗。在遇到这种情况时，教师首先要了解学前儿童产生争论的原因，合理引导，把学前儿童领回到正确的路上。可以通过设置合适的问题情境，使他们围绕某个专题争论，并告诉他们每个人都有争论的权利，每个人都能表达自己的观点，但争论不是吵架，而是一种交流，应该相互学习，取长补短。

2）创造机会，赏识启发。研究表明，学前儿童阶段是儿童语言不断丰富的时期，是熟练掌握口头语言的关键时期，也是从外部语言逐步向内部语言过渡并初步掌握书面语言的重要时期。因此，教师应该给学前儿童创造更多的机会去发展语言能力，不仅要帮助学前儿童开口说话，还要鼓励学前儿童勇敢地表达自己的想法，大胆地发表建议。对于部分性格比较内向、不合群的小朋友，更应该给予更多的机会让他们参与到争论的活动中去。在学前儿童争论的过程中，教师要给予赏识和启发，并在适当的时候起到支架作用，而不要武断地下结论。通过让学前儿童尽情地争论，激发他们想象和思维的火花，让他们在争论之中逐渐学会学习、学会合作。

案例评析

孩子发音不准怎么办

问：我的儿子东东今年 6 岁了，这孩子开始说话很早，但是他从开始说话时就把"哥哥"（gēgē）喊成"嘚嘚"（dēdē），"姑姑"（gūgū）喊成"嘟嘟"（dūdū），把"看看"（kànkàn）说成"探探"（tàntàn），"水"说成"髓"（suǐ）等。我也尝试帮他纠正，但是这孩子很调皮，你越给他纠正，他就越错得起劲。于是我不敢给他纠正了，怕更加强化他的错误发音。我想小孩子刚开始学说话可能都是这样的，等再长大一点发音自然就会准确。于是我就没有很在意。但是现在他要上小学了，我开始认识到问题的严重性，担心小朋友们会嘲笑他吐字不清，让他产生厌学情绪。我该怎么办？

答：您儿子的发音问题在最开始的时候可以说是正常现象。一般来说，孩子 1 岁左右能说出第一批真正被理解的词，2.5～4.5 岁是语音发展的飞跃期，4～5 岁儿童的语音进步最明显，一些比较复杂的语音要在 6～8 岁才能完善起来。因此，孩子四五岁时仍然存在大量发音不准的现象，应该引起家长的注意。

儿童语言发展的最初阶段是语音发展。在语音获得过程中，儿童不是被动地模仿成人的语音，而是语音获得的主动参加者。在语音发展到某一时期，儿童获得了把听觉模式转换成自己发音的"语音规则"。儿童用这些规则把复杂的词简化到他可以发出的水平时，有时会产生许多发音上的错误。儿童语音的发展，就是简化过程的逐渐减少，直到说出的词音与原型相符。这些规则包括替代（如用 d、t 替代 g、k）、同化（如"婆婆快来"变成"伯伯派来"）和删除（如"汽车"只能说成"车车"）等。这些"语音规则"之所以产生，是因为刚开始学说话的学前儿童的听觉能力还很弱，不能辨别声音中的细微差别；他们的发音器官（包括唇、舌、声带、喉、鼻腔等）的发育还不是很完善，发音的生理机制还不十分协调。因此，在语言发展的起始阶段存在发音错误是正常的，这些错误随着年龄的增长、经验的增加会自然消失。

对于孩子最初的发音错误，家长应该有意识地引导孩子注意大人的口型和发音示范，使孩子的听觉、视觉系统能够被彼此协调，这样孩子的语音系统才能在一开始就符合社会上既定的标准语音，能够准确地听和说。东东之所以存在发音问题，可能是由于作为家长的您不了解孩子学说话的心理和生理特点，没有掌握好纠正孩子发音的适当方法。

东东的调皮和逞强是因为两三岁的孩子的自我意识正在逐渐增强，他希望显示自己的能力来引起成人更多的注意，得到家长更多的认可。于是，您越是强调他的错误发音，他就越是兴奋。另外，儿童的语言可以被用来表达自己的需要和情感，调节自己的动作和行为，是个性发育中一种重要的能力。孩子到了上学的时候，还不能很准确地发音，这会影响孩子日后的阅读能力和心理发展。鉴于东东目前的情况，我建议您采取以下措施。

1）改变东东错误发音的情境，转移东东的注意力。您要是反复纠正，总是说孩子不正确，他会变得紧张，也会很不耐烦。比如想让东东把嘟嘟（dūdū）说成咕咕（gūgū），可以带孩子去公园，看着一群群的鸽子，让他学鸽子"咕咕（gūgū）"地叫，东东的积极性会更高些。像这样在自然情境下纠正孩子发音，不要让他把注意力集中在少许错误发音上，效果会更好些。

2）多利用游戏，增加练习发音的趣味性，提高东东纠正发音的积极性。读正确给予奖励，也可以和孩子进行抢答。游戏中要以鼓励为主，注意多重复正确的发音让孩子模仿，不要刻意纠正他的错误发音，以免产生抵触情绪。

3）对比性地扩大东东的错误发音，让他学会区分发音相近的语音间细微的差别。您可以把东东的错误发音和自己正确的发音都录下来，放给他听，让他区别其中的不同，然后再让他仔细模仿您发相近语音时的口型。这时的东东已经过了"第一逆反期"，只要您耐心些，相信他能够意识到自己的错误发音并认真改正的。

4）多听、多背、多模仿，增加纠正其发音的机会。可以让东东多听电台的少儿节目，多背诵一些节奏明快的儿歌，多模仿小动物的叫声和各种车辆的喇叭声。您要耐心地把家庭、公园、马路、商场等都变为课堂，多寻找能让东东说话的机会来纠正他的错误发音。

5）要鼓励东东主动说话。如果东东因害怕自己会发错音而懒得说话，这时您不要对他用手势或表情提出的任何要求做出反应，要鼓励他用语言来提出要求。

同步训练

一、思考训练

1. 简述 1～3 岁学前儿童语言发展的特点。

2. 简述 3～6 岁学前儿童语言发展的特点。

3. 有人认为，学前儿童自然而然地就可以学会说话，不需要进行专门的语言教育。谈谈你对这一问题的看法。

4. 有人认为，学前儿童语言教育就是教孩子说话。你赞同这一观点吗？为什么？

二、实践实训

1. 在班级交流自己对学习学前儿童语言教育的认识，拟定一份学习计划。

2. 在教育见习时选定某一学前儿童为观察对象，从语言发展、词汇发展、句子发展等方面，对学前儿童语言发展的特点进行观察并记录。

第二章
学前儿童语言教育的目标与内容

◎ **学习与能力目标**

1. 理解学前儿童语言教育的目标。
2. 理解学前儿童语言教育的内容。
3. 能够科学地制定学前儿童语言教育活动目标,选择学前儿童语言教育内容。

知识结构图

```
              学前儿童语言教育的目标与内容
              ┌──────────────┴──────────────┐
      学前儿童语言教育的目标          学前儿童语言教育的内容
      ┌──────┼──────┐        ┌──────┬──────┬──────┐
  学前儿童   学前儿童  学前儿童   专门的语  日常生活  游戏中的  渗透于其
  语言教育   语言教育  具体语言   言教育活  中的语言  语言教育  他领域的
  的总目标   的年龄阶  教育活动   动内容    教育活动  活动内容  语言教育
            段目标    的目标              内容              活动内容
```

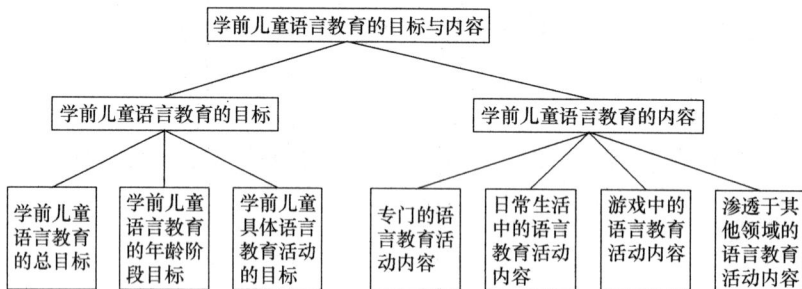

第一节 | 学前儿童语言教育的目标

一、学前儿童语言教育的总目标

学前儿童语言教育的总目标,是幼儿园语言教育总的任务要求,是实施学前儿童语言教育的方向和准则,对整个学前儿童语言教育起到纲领性的作用。学前儿童语言教育目标是学前儿童教育目标的一部分,与学前儿童教育目标是相辅相成的关系。我国的幼儿园教育目标是"对学前儿童实施体、智、德、美等全方面发展的教育,促进其身心和谐发展"。学前儿童语言教育目标正是我国的幼儿园教育目标在语言领域的具体体现。作为幼儿园教师必须明确,通过幼儿园语言教育使学前儿童的语言发展达到什么水平,实现什么目标。明确学前儿童语言教育目标能够指导学前儿童教师更好地

2.1.1

确定幼儿园语言教育的内容、方法以及途径，同时，学前儿童语言教育目标还是语言教育效果的评价标准。

（一）学前儿童语言教育目标制定的依据

1. 社会的要求

国家的政治、经济、社会文化等对所培养人才的要求是制定教育目标的客观依据之一，学前儿童语言教育目标的制定也应当反映当今社会的要求，具体包括：学前儿童语言教育目标应反映社会在现阶段的价值观念和方向；学前儿童语言教育目标要适应我国生产力发展水平对人才培养的要求；学前儿童语言教育目标的制定还需要有一定的前瞻性。

2. 学前儿童身心发展的规律

促进学前儿童的身心发展是学前儿童语言教育的根本目的，因此，制定教育目标必须依据学前儿童身心发展的特点和规律。一方面，教育目标的制定要考虑学前儿童的兴趣与需要、认知与情感发展、社会化和个性养成等年龄特征方面的因素；另一方面还要考虑学前儿童语言发展的特点。学前儿童语言教育是以促进儿童语言发展为目的的，因此，在制定学前儿童语言教育目标时要注意遵循学前儿童语言发展的规律。

3. 语言的学科性质

语言作为一门学科，有其独特的学科性质和逻辑结构，因此，语言的学科性质是制定学前儿童语言教育目标时需要考虑的因素之一。在制定学前儿童语言教育目标时要充分体现语言的学科性质和学前儿童身心发展的特点两者之间的有机结合。

（二）学前儿童语言教育目标的内容

在 2001 年颁布的《幼儿园教育指导纲要（试行）》（以下简称《纲要》）中，学前儿童语言教育目标有以下要求：乐意与人交谈，讲话礼貌；注意倾听对方讲话，能理解日常用语；能清楚地说出自己想说的事；喜欢听故事、看图书；能听懂和会说普通话。为深入贯彻落实《国家中长期教育改革和发展规划纲要（2010—2020 年）》和《国务院关于当前发展学前教育的若干意见》，致力于提高学前教育质量，在《纲要》的宏观政策背景下，2012 年 10 月，教育部颁布了《指南》，其中阐释了儿童全面发展的关键指标，并从健康、语言、社会、科学、艺术五大领域描述了学前儿童的学习与发展，目标部分又分别对 3～4 岁、4～5 岁、5～6 岁 3 个年龄段学前儿童的发展水平提出了合理预期，指明了学前儿童学习与发展的方向。学前儿童语言领域部分的目标表述具体如下。

1. 倾听与表达

（1）目标 1：认真听并能听懂常用语言

3～4 岁：①别人对自己说话时能注意听并做出回应；②能听懂日常会话。

4～5岁：①在群体中能有意识地听与自己有关的信息；②能结合情境感受到不同语气、语调所表达的不同意思；③方言地区和少数民族幼儿能基本听懂普通话。

5～6岁：①在集体中能注意听老师或其他人讲话；②听不懂或有疑问时能主动提问；③能结合情境理解一些表示因果、假设等相对复杂的句子。

（2）目标2：愿意讲话并能清楚地表达

3～4岁：①愿意在熟悉的人面前说话，能大方地与人打招呼；②基本会说本民族或本地区的语言；③愿意表达自己的需要和想法，必要时能配以手势动作；④能口齿清楚地说儿歌、童谣或复述简短的故事。

4～5岁：①愿意与他人交谈，喜欢谈论自己感兴趣的话题；②会说本民族或本地区的语言，基本会说普通话；少数民族聚居地区幼儿会用普通话进行日常会话；③能基本完整地讲述自己的所见所闻和经历的事情；④讲述比较连贯。

5～6岁：①愿意与他人讨论问题，敢在众人面前说话；②会说本民族或本地区的语言和普通话，发音正确清晰，少数民族聚居地区幼儿基本会说普通话；③能有序、连贯、清楚地讲述一件事情；④讲述时能使用常见的形容词、同义词等，语言比较生动。

（3）目标3：具有文明的语言习惯

3～4岁：①与别人讲话时知道眼睛要看着对方；②说话自然，声音大小适中；③能在成人的提醒下使用恰当的礼貌用语。

4～5岁：①别人对自己讲话时能回应；②能根据场合调节自己说话声音的大小；③能主动使用礼貌用语，不说脏话、粗话。

5～6岁：①别人讲话时能积极主动地回应；②能根据谈话对象和需要，调整说话的语气；③懂得按次序轮流讲话，不随意打断别人；④能依据所处情境使用恰当的语言。如在别人难过时会用恰当的语言表示安慰。

2. 阅读与书写准备

（1）目标1：喜欢听故事，看图书

3～4岁：①主动要求成人讲故事、读图书；②喜欢跟读韵律感强的儿歌、童谣；③爱护图书，不乱撕、乱扔。

4～5岁：①反复看自己喜欢的图书；②喜欢把听过的故事或看过的图书讲给别人听；③对生活中常见的标识、符号感兴趣，知道它们表示一定的意义。

5～6岁：①专注地阅读图书；②喜欢与他人一起谈论图书和故事的有关内容；③对图书和生活情境中的文字符号感兴趣，知道文字表示一定的意义。

（2）目标2：具有初步的阅读理解能力

3～4岁：①能听懂短小的儿歌或故事；②会看画面，能根据画面说出图中有什么，发生了什么事等；③能理解图书上的文字是和画面对应的，是用来表达画面意义的。

4～5岁：①能大体讲出所听故事的主要内容；②能根据连续画面提供的信息，大致说出故事的情节；③能随着作品的展开产生喜悦、担忧等相应的情绪反应，体会作品所表达的情绪情感。

5～6岁：①能说出所阅读的幼儿文学作品的主要内容；②能根据故事的部分情节或

图书画面的线索猜想故事情节的发展，或续编、创编故事；③对看过的图书、听过的故事能说出自己的看法；④能初步感受文学语言的美。

（3）目标 3：具有书面表达的愿望和初步技能

3～4 岁：喜欢用涂涂画画表达一定的意思。

4～5 岁：①愿意用图画和符号表达自己的愿望和想法；②在成人提醒下，写写画画时姿势正确。

5～6 岁：①愿意用图画和符号表现事物或故事；②会正确书写自己的名字；③写画时姿势正确。

二、学前儿童语言教育的年龄阶段目标

年龄阶段目标是学前儿童语言教育总目标在各年龄阶段上的具体体现，是对各年龄阶段儿童语言发展提出的具体要求。虽然儿童的语言发展表现出一定的共性和连续性，但是对每一个年龄阶段的儿童提出具体的目标要求，将语言教育目标分解为不同的要求，逐步提高学前儿童的语言能力，这是年龄阶段目标的一个特点。每一个年龄阶段目标都是以上一个阶段目标为基础的，并对本阶段儿童具有一定的挑战性，才可以促使儿童语言学习的发展。如就培养儿童口语表达能力而言，各个年龄段儿童已有表述能力，但发展需要是不一样的。对 0～1.5 岁儿童的要求是能说出几个常见物品的名称；对 1.5～3 岁儿童的要求是说出自己的姓名和年龄，能用简短的句子回答别人的问题；对 3～4 岁儿童的要求是能用完整句子较连贯地讲述自己的经历，能有表情地朗诵和表述，能大胆、清楚地用准确的语音说话；对 5～6 岁儿童的要求是能用适度的音高、音量和准确的语音说话，在适当的场合主动与人交谈，主动表达自己的意思，连贯讲述一件事或描述一幅图片，有表情地朗诵或表演等。

儿童语言发展指标和学科知识的融合是年龄阶段目标的另一特点，是指将语言教育目标贯彻到儿童所学的学科知识中去。语言教育目标对儿童语言方面的发展指明了具体的发展方向，与语言学科知识融合起来，在每个年龄阶段目标中，对儿童掌握知识、获得能力提出了一定要求。期望通过这个年龄阶段的学习，使他们的语言能力达到一定的水平（表 2-1）。

表 2-1　学前儿童语言教育的年龄阶段目标

年龄阶段	倾听部分	表述部分	欣赏文学作品部分	早期阅读部分
小班	1. 乐意听老师和同伴讲话。 2. 能听懂普通话。 3. 听别人说话时，能保持安静，不打断别人	1. 愿意学说普通话，喜欢与老师、同伴及成人交谈。 2. 知道在集体面前要大声发言，在个别交谈时音量要适当。 3. 会用简单的语言回答问题，表达自己的请求、愿望、感情与需要，能讲述图片和自己感兴趣的事	1. 愿意欣赏并初步感受和理解不同体裁的幼儿文学作品。 2. 能独立地念儿歌，讲述简短的句子。 3. 能仿编较简单的儿歌、散文和故事	1. 知道可以用一段话来讲述一幅图的含义。 2. 知道每个字的发音不同，所代表的意思也不同。 3. 喜欢听成人讲述图书的内容，并尝试自己阅读图书。 4. 学习正确的阅读方法，会按顺序翻阅图书，看出图书画面内容的主要变化。 5. 对文字感兴趣，能学认常见的简单的汉字

续表

年龄阶段	倾听部分	表述部分	欣赏文学作品部分	早期阅读部分
中班	1. 能有礼貌地、集中注意地倾听他人说话。 2. 能区分普通话和方言的发音。 3. 能理解多重指令	1. 积极学说普通话，发音清楚，积极而有礼貌地参与交流。不随便插话和打断别人的谈话。 2. 说话声音的音量和语速适当。 3. 能用完整句较连贯地讲述个人经历以及图片内容。 4. 能大胆清楚地表达自己的请求愿望、情感需要	1. 初步了解幼儿文学作品的不同体裁及其构成因素。 2. 在理解作品经验的基础上，会初步理解和归纳作品的主题和作者的思想感情脉络。 3. 会有表情地朗诵诗歌、散文和讲述故事。 4. 能根据作品提供的线索，进行想象和编构作品内容，仿编诗歌和散文	1. 知道口头语言和文字的对应转换关系。 2. 能集中注意力倾听成人讲述图片中画面的文字说明，理解书面语言。 3. 能独立阅读图书，理解画面内容。 4. 对画面的文字感兴趣，主动学认常见的汉字
大班	1. 无论在集体场合谈话还是个别谈话均能认真、耐心地倾听他人的谈话。 2. 能辨别普通话声调、语调和语气的不同变化。 3. 能理解并执行复杂的多重指令	1. 坚持说普通话，发音准确、清楚、能主动、热情、有礼貌地用正确的交流方式与他人交谈。 2. 在不同的场合，会用恰当的音量、语速说话。 3. 能连贯地讲述事件以及与图片、物品等相关的人和事。 4. 能主动、大胆地使用适当的词、句、语段来表达，乐于参加讨论和辩论，敢于发表不同的意见	1. 理解幼儿文学作品的不同体裁及其构成因素。 2. 在教师的帮助下，分析作品中的特殊表现手法，体验作品的思想感情脉络。 3. 有表情地表演故事、童话、诗歌和散文。能独立仿编或与同伴共同创编故事、诗歌和散文的完整内容或部分内容	1. 理解画面内容，会对画面的内容用恰当的扩句和缩句来合理表述。 2. 会保护和修补图书；会用绘画自制图书（可以让幼儿绘制画面，幼儿口述画面内容，教师或家长代笔记录画面的文字说明）。 3. 对学习与阅读文字感兴趣，积极学认常见的汉字。 4. 初步认识汉字的间架结构和书写风格，会按正确笔顺书写自己的姓名以及常见的、简单的独体字
学前班	1. 耐心地倾听他人说话。 2. 能辨别普通话的声调。 3. 能理解并执行多重指令	1. 积极学说普通话，发音较准确、清楚；积极地、有礼貌地参与交谈。 2. 在众人面前说话，态度自然大方，声音响亮。 3. 能用完整句子较连贯地讲述事件或几幅图片。 4. 能主动、大胆地使用适当的词、句、语调表达意见，勇于辩论	1. 初步了解与理解幼儿文学作品的不同体裁及其构成因素。 2. 在理解作品内容、归纳主题的基础上，以及教师的帮助下分析作品中的特殊表现手法，能体验作品的思想感情脉络。 3. 有表情地表演诗歌、童话和故事，能自编或与同伴共同创编诗歌、故事	1. 知道口头语言和书面语言的不同表达方式。 2. 对阅读文字感兴趣，积极学认常见的文字。 3. 能理解画面的内容，会进行恰当的扩句和缩句。 4. 会保护和修补图书，会用绘画制作图书，并配解说词（由教师或家长代写）。 5. 初步认识汉字的间架结构和书写风格，会按正确笔顺书写自己的姓名以及常见的、简单的独体字

三、学前儿童具体语言教育活动的目标

具体语言教育活动目标是指在具体的教育活动中所要达到的目标，一般由教师自己制定，教师具有较大的自主性。有时候，具体语言教育活动目标是一次活动要完成的任务，但也有可能是一组相近的活动或一个主题系列活动的目标。具体活动目标与语言教育的总目标、年龄阶段目标是相辅相成的。具体活动目标是为实现年龄阶段目标和语言教育总目标服务的，是语言教育总目标和年龄阶段目标的具体化。因此，年龄阶段目标和语言教育总目标在具体活动目标的积累中实现，每一次具体活动目标的实现，都是向

完成年龄阶段目标和语言教育目标迈进了一步。

《纲要》中指出，幼儿园各领域的内容是相互渗透的，从不同的角度促进幼儿情感、态度、能力、知识与技能等方面的发展。活动设计要全面落实幼儿园教育的 3 个方面的目标，即活动目标要根据知识和能力，过程和方法，情感、态度与价值观 3 个维度设计。很多教师由于目标定不准，高了达不到，低了没挑战，而将目标含糊表述，目标不明确，教师在设计和组织活动时就往往会出现环节推进上缺乏递进性，师幼互动中的提问显得随意、漫无目的，对生成的问题常常无法准确判断和回应等问题。因此，在制定活动目标时，教师要注意目标的全面性、适切性和操作性。

（一）活动目标要符合本班幼儿的年龄特点和能力水平

活动目标过高，超出幼儿的能力范围，幼儿因能力达不到，完不成任务不能获得成功感而失去兴趣；如果低于幼儿实际水平，幼儿会觉得枯燥乏味、身心疲劳而失去了参加活动的积极性。因此制定教学活动目标时要结合本阶段幼儿身心发展的特点，遵循儿童的"最近发展区"的原理。同时，教育活动目标的制定还要遵循幼儿的认识规律，幼儿的认识规律一般为：动作—感知—表象—概念。

活动拓展

小班活动：鸡妈妈的翅膀

活动目标：

1）理解散文诗的主要内容，感受散文诗的语言美。

2）能够根据散文诗的句式进行仿编。

3）感受诗歌中鸡妈妈对小鸡的爱。

分析：目标 2）的要求超出小班幼儿的语言发展水平。仿编散文诗对幼儿来说是一种挑战，仿编的重点是要求幼儿在原有的基础上进行词语替换，通过改换某个词来体现散文诗的变化。"鸡妈妈的翅膀"仿编时替换的是重叠词：乌黑乌黑、金黄金黄、洁白洁白，而这类词在小班幼儿的语言储备中少之又少，因此，小班幼儿很难达到目标 2）的要求。

建议调整为：

1）理解散文诗的主要内容，感受散文诗的语言美。

2）学说重叠词：乌黑乌黑、金黄金黄、洁白洁白。

3）感受诗歌中鸡妈妈对小鸡的爱。

（二）活动目标要具体、明确，有较强的针对性

教育活动目标要具体、明确，有较强的针对性，对本次活动要传授、激发幼儿哪些基本的技能、技巧，培养幼儿的哪一种情感都要有较明确的说明，否则教育活动目标就失去了它的指导作用，使得活动组织起来比较困难。

活动拓展

中班活动：我喜欢的书

活动目标：

1）在看看讲讲的过程中，丰富与阅读有关的经验。

2）体验在阅读中发现的快乐，激发阅读的兴趣。

分析：目标 1）中所提到的"与阅读有关的经验"过于宽泛，空洞无物。教师对幼儿在阅读方面的经验已有初步的了解，在本次活动中可以对哪些具体的阅读经验进行归纳、梳理和提升，同时又可以丰富哪些新经验，都应该在目标中予以比较清晰的表述。这样才能帮助教师在设计活动过程时有针对性地围绕目标层层展开。

建议调整为：

1）在看看、猜猜、讲讲的过程中，进一步了解书的结构和特征，知道不同的人喜欢看不同的书。

2）提高阅读的兴趣，能积极地参与自主阅读并有初步的理解。

（三）活动目标的表述角度要一致，应更关注幼儿的发展

一般来说，表述教育活动目标时，既可以从教师教育的角度出发，也可以从幼儿发展的角度出发。从教师的角度出发，指明教师应该做的工作或应该努力达到的教育效果，常用"培养……""教育……""引导……""要求……"等表述方式；从幼儿的角度出发，指明幼儿通过学习应该达到的发展水平，常用"理解……""感受……""喜欢……""参与……""能够……"等表述方式。目前，为使教育活动的关注点更多地放到幼儿的"学"上，放到幼儿的"发展"上，我们更提倡从幼儿的角度来表述目标，预设通过活动使幼儿的语言知识、情感以及能力能够达到何种程度。

活动拓展

中班活动：路上有个小水坑

活动目标：

1）通过学习故事，使幼儿记住故事的主要情节，并且学会描述。

2）萌发幼儿的责任感，懂得做事要替大家着想。

3）培养幼儿分析问题、解决问题的能力。

分析：在活动目标中，目标 1）和目标 3）是从教师角度确立的目标，而目标 2）则是从幼儿角度出发进行表述。目标表述角度和语言不一致。

建议调整为：

1）通过活动，记住并学会描述主要情节。

2）萌发责任感，懂得做事要替大家着想。

3）逐渐形成遇到困难要想办法解决问题的能力。

（四）活动目标的制定要注意各领域目标之间的整合

《纲要》中指出："幼儿实际的学习是综合的、整体的，幼儿园教育内容范畴的划分是相对的，教育过程中应依据幼儿的学习特点进行整合处理，以使幼儿通过真实而有意义的活动生动、活泼、主动地学习，获得完整的经验，促进身心全面和谐的发展。"

幼儿园教育活动的对象是 3～6 岁的幼儿，其身心发展特点和学习特点决定了幼儿教育必须是整体性的教育。因此，制定教育活动目标时应着眼于促进幼儿的全面发展，应挖掘活动内容的多种教育价值，体现活动功能的综合性。《纲要》还指出，幼儿园的教育内容是全面的、启蒙性的，可以相对划分为健康、语言、社会、科学、艺术五大领域，也可作其他不同的划分。各领域的内容相互渗透，从不同的角度促进幼儿情感、态度、能力、知识、技能等方面的发展。因此，幼儿园教育活动目标应从五大领域（教育内容维度）及发展幼儿的认知、能力、情感和态度等方面，涵盖幼儿有价值的学习和发展。

知识拓展

各维度目标常用的表达词汇

认知目标一般表达词汇：学习、练习、掌握、了解、认识、尝试、感知、理解、感受、制作（技能）等。

能力目标一般表达词汇：能够、表达、合作、观察、交流、创编、记录、探究、操作、倾听、比较、辨别、分析、判断、推理、分类、运用等。

情感目标一般表达词汇：体验、愿意、发现、喜欢、乐于、自觉、懂得、形成等。

中性词汇：理解、知道（表达认知、能力还是情感看其后缀词汇）。

总之，在语言教育目标落实的过程中，要注意将高层次的目标准确地转化为低层次目标；要把握好各个层次教育目标的内涵以及相互间的关系；为了确保目标的实现，要根据目标来选择相应的教育内容，确定适当的教育方法。在深入透彻地理解语言教育目标的基础上，才能使之落实到每个学前儿童身上。

第二节　学前儿童语言教育的内容

学前儿童语言教育的内容，是指幼儿园传授给学前儿童的语言形式、语言内容和语言运用的总和。在幼儿园中，语言教育的内容是教师有目的、有计划、有组织的专门活动内容，也包括日常生活、游戏等各个环节中以及渗透于各领域活动中的语言教育内容。学前儿童语言教育的内容既要根据语言教育目标选择，又要反映不同活动领域的特点，更要符合学前儿童身心发展的特点和语言发展的规律。学前儿童语言教育内容是实现语言教育目标的手段，是目标转化为儿童发展的中间环节，是设计与实施教育活动的主要依据。

一、专门的语言教育活动内容

专门的语言教育活动内容，旨在为学前儿童提供与语言进行充分互动的环境，使学前儿童有机会对在日常生活中获得的零碎语言经验进行提炼和深化，达到对语言规则的理解和有意识的运用。专门的语言教育活动内容是根据既定的语言教育目标，通过有计划地安排和组织学前儿童系统学习语言的专门语言教育活动来呈现的。专门的语言教育活动内容分别蕴含在谈话活动、讲述活动、早期阅读活动、文学作品学习活动、语言游戏活动等方面。

（一）谈话活动

幼儿园的谈话活动是一种有目的、有计划、有组织的学前儿童学习的语言教育活动，旨在创设一个宽松自由的语言环境，使学前儿童运用已有的经验，围绕一定的话题倾听他人的观点，表达自己的想法。

（二）讲述活动

讲述活动是学前儿童学习运用较正式的语言进行讲话的一种场合，使学前儿童在集体面前表达自己对某一图片、实物或情景的认识、看法等，要学习的讲述是一种独白语言，要求学前儿童独立构思和表达对某一内容的完整认识，比谈话要求更高。

（三）早期阅读活动

幼儿园的早期阅读活动，是有计划、有目的地培养学前儿童学习书面语言行为的教育活动，是学前儿童从口头语言向书面语言过渡、理解口语和文字之间关系的重要经验。主要涉及前图书阅读经验、前识字经验、前书写经验 3 个方面的早期阅读内容。

（四）文学作品学习活动

幼儿园文学作品学习活动是以文学作品为基本教育内容而设计组织的语言教育活动类型。这类活动从某一个具体的文学作品入手，围绕这个作品展开一系列相关的活动，使学前儿童在感受、理解作品的过程中，欣赏文学作品所展示的丰富而有趣的生活，体会语言艺术的美。

（五）语言游戏活动

语言游戏活动是用游戏的方式组织进行的语言教育活动。这种语言教育活动是为学前儿童提供一定的游戏情境，在游戏中，学前儿童按照一定的规则练习口头语言，培养学前儿童在口语交往中的快速、机智、灵活的倾听和表达能力。

二、日常生活中的语言教育活动内容

日常生活的语言教育有很大的随机性，让学前儿童在与教师和同伴的交往中，主动获得语言的发展。如在饭前饭后，午睡前后以及入园离园时等生活环节，让学前儿童倾

听优美的儿歌、散文、故事等文学作品；在学前儿童午睡起床或其他等待环节，让学前儿童按照一定的规则进行语言操作游戏。具体而言，日常生活中的语言教育可以帮助学前儿童获得以下的语言经验：注意倾听、理解和执行生活常规以及成人的指令性语言；学会运用礼貌语言与他人交往；学习运用语言向他人表达自己的需要和要求，对他人提出的要求做出恰当的应答；学习运用恰当的语言解决与同伴之间的冲突。例如，利用晨间谈话组织学前儿童谈话，是让学前儿童学会听与说；与学前儿童一起看图画，让学前儿童根据同样的画面，大胆地发表自己的见解，从而让学前儿童互相学习和促进。

三、游戏中的语言教育活动内容

在自由游戏中，语言可以帮助学前儿童与同伴进行交往、合作、分享，同时指导和调节他们选择游戏内容、游戏伙伴和游戏材料等的行为。具体而言，渗透于游戏中的语言教育可以帮助学前儿童获得以下语言经验：学习运用玩具结合动作自言自语，进行自娱活动或自我练习；学习自主选择游戏的内容、材料、伙伴等；学习通过协商等语言方式，解决与同伴在游戏内容、材料的选择以及游戏规则的制定过程中出现的矛盾冲突。

四、渗透于其他领域的语言教育活动内容

在其他领域的活动中，语言也发挥着重要的作用，它是儿童学习其他领域知识的工具。在其他领域活动中，比如组织科学活动或者艺术活动时，语言的参与有利于学前儿童正确感知和理解学习的内容，提高学前儿童对学习内容的认识和表达能力。具体而言，渗透于各领域的语言教育可以帮助学前儿童获得以下经验：善于倾听教师布置的活动任务；学习运用语言帮助观察和操作，表达对观察对象的感受和认识；理解语言与其他活动内容之间的相互关系，学习运用语言促进相关领域知识的学习和掌握，提高学习效率。

案例评析

案例 2.1　小班谈话活动：小鸟问好

活动目标

1）初步学习一天中不同的时段要用不同的问候语：早上好、中午好、晚上好。

2）愿意在集体面前问候老师和小朋友。

3）体验与他人交往获得的愉悦情感。

目标评析

小班学前儿童在成人的引导下已能与他人相互问好，但问候语一般比较简单，不懂得早上、中午、晚上还需要用不同的问候语。根据小班学前儿童谈话活动目标之一"初步学习常用的交往语言和礼貌用语"，选择了小班谈话活动——"小鸟问好"开展教学。在制定教学活动目标时，根据教学目标要体现认知、能力、情感 3 个方面结合的原则，第一个目标是从认知的层面提出的，第二个目标是从能力培养的层面提出的，第三个目标是从情感方面提出的。通过此次谈话活动，借助诗歌让学前儿童学习在不同时段用不

同的问候语，大胆在集体面前向老师和同伴问候，激发学前儿童学做一个有礼貌的孩子。

附：

小 鸟 的 歌

喳喳喳，喳喳喳，早晨，小鸟唱：树妈妈，早上好！

喳喳喳，喳喳喳，中午，小鸟唱：树妈妈，中午好！

喳喳喳，喳喳喳，晚上，小鸟唱：树妈妈，晚上好！

案例 2.2　大班文学作品学习活动：会动的房子

活动目标

教师甲为此活动制定的目标如下。

1）引导学前儿童仔细观察人物的表情和动作，理解每幅画面的内容。

2）使学前儿童感受小松鼠的快乐心情。

教师乙把此语言活动设计为系列活动，制定的目标分别如下。

活动一：

1）喜欢阅读图画书，初步将图书读懂，体会故事的奇特与温情，并寻找故事的主要线索。

2）按页码顺序自主阅读图书，养成良好的阅读习惯。

3）尝试倾听，并能用简单的语言讲述故事。

活动二：

1）能根据寻找到的有关线索进一步观察、阅读图画，理解故事深层含义。

2）通过对细节的观察和对比分析画面，感受主人公的情绪情感变化。

教师丙为这个系列活动制定的目标分别如下。

活动一：

1）喜欢阅读图画书，通过观察、阅读画面，理解故事基本内容。

2）在倾听的同时，能用简单的语言进行描述；学说短句，如××是个好地方。

3）学习看书的方法，按页码顺序阅读图书，逐步养成良好的阅读习惯。

活动二：

1）通过讲述故事，学习观察人物表情，进一步理解角色的情感变化。

2）大胆想象、续编故事结尾，用绘画的方式表达自己的想象。

目标评析

教师甲设计的教育目标是从教师的角度出发设计的，目标较为单一，缺少整体性。活动目标主要在于引导学前儿童理解体验人物情感，而对学前儿童的讲述和倾听习惯的培养，喜欢听故事、看图书方面的要求体现较少。相对而言，教师乙和教师丙所设计的活动，在目标整体性和发展性上把握较好。教师丙设计的活动目标，从学前儿童对故事和图书的喜爱、对故事内容的理解、对故事语言的学习到学前儿童倾听、讲述故事，进一步理解人物情感变化，再到学前儿童续编故事结尾，用绘画表达自己的想象，层层递进，步步深入，既重视了学前儿童在已有经验上的基础目标内容发展和各方面的综合能力的培养，也在一定程度上促进学前儿童语言能力的发展。

附：

会动的房子

小松鼠在树顶上住腻了，于是决定在地面上重新建造一座房子。

在大树底下，它发现了一块大石头，由七块小石头拼成，很硬，也很光滑。小松鼠说："嘿，就在这上面造一座房子!"房子终于造好了，忙了一天的小松鼠非常累，于是，在新家里睡着了。

"呼呼呼!"什么声音？小松鼠被吵醒了。推开窗一看，呀!自己在美丽的山脚下，小风吹奏起动听的山歌。真奇怪，昨天还在树下。今天却来到了山沟下。可小松鼠又一想：没关系，山沟下也挺好的，有动听的山歌做伴。

第二天，又传来"哗哗哗"的声音。小松鼠推开窗一看。呀!又来到了大海边，浪花发出欢快的歌声。小松鼠这下可乐了，"我的房子会动，我的房子会动!"现在，小松鼠又有浪花声做伴了。

第三天，小松鼠想，今天我来到哪儿啦!推开窗一看，呀!眼前是一片大草原，马儿在嗒嗒地奔跑。小松鼠禁不住在房子里手舞足蹈。

突然，传来一个声音，"小松鼠呀，快别乱动。"咦，是谁呢？是这块硬硬的大石头？"小松鼠你真粗心，把房子盖在我的背上，我驮着你走过了许多地方。"小松鼠低头一看，原来是乌龟，那硬硬的大石头竟然是乌龟的背。小松鼠惭愧得脸都红了，赶紧说："你，你累坏了吧？"乌龟说："不，这下我们俩可以做伴了。"

同步训练

一、思考训练

1. 简述我国学前儿童语言教育总目标的具体内容。

2. 简述《指南》中语言领域各子领域的目标。

3. 如何从倾听、表述、欣赏文学作品和早期阅读 4 个方面理解《纲要》的语言教育目标？

二、实践实训

请为以下语言教育活动确立合适的活动目标。

1）大班谈话活动：我长大啦。

2）中班讲述活动：送小鸟回家。

3）小班文学作品学习活动：云朵棉花糖。

4）大班早期阅读活动：桃树下的小白兔。

第三章

学前儿童语言教育的实施与评价

学习与能力目标

1. 了解学前儿童语言教育的方法。
2. 掌握学前儿童语言教育的途径。
3. 能够在语言教育中灵活地选择语言教育的方法。

知识结构图

学前儿童语言教育的实施与评价
- 学前儿童语言教育的方法
  - 示范模仿法
  - 视听讲做结合法
  - 游戏法
  - 表演法
  - 练习法
- 学前儿童语言教育的途径
  - 专门的语言教育活动
  - 日常生活中的语言教育活动
  - 语言游戏
  - 其他领域的语言教育活动
- 学前儿童语言教育的评价
  - 学前儿童语言教育的评价内容
  - 学前儿童语言教育的评价方法

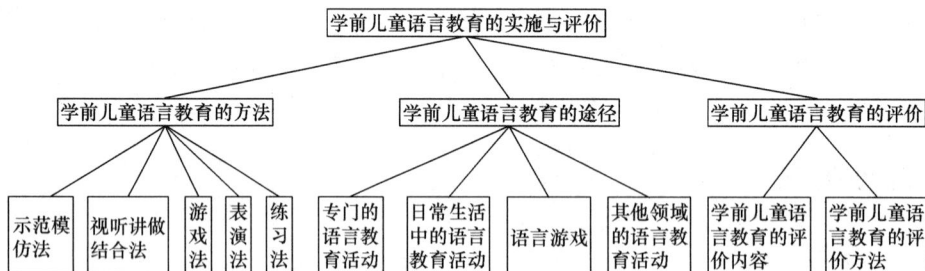

第一节 学前儿童语言教育的方法

一、示范模仿法

示范模仿法是指学前儿童在语言学习的过程中，教师通过自身规范化的语言，为学前儿童提供语言学习的榜样，使学前儿童可以在良好的语言环境中接受教育，学得良好、规范的语言，从而提高学前儿童语言能力的一种方法。教师在采用示范模仿法时要注意以下几点。

首先，教师的示范语言应规范、到位。在进行言语活动时，教师应面向全体学前儿童，发音正确，用词准确，声音清晰、响亮、富有感染力。此外，教师还要注意尽量使用具体易懂、简单明确的句式。

3.1.1

其次，教师要把握好示范的时机和力度。学前儿童语言学习中一些新的、难以掌握的学习内容，教师要重点地、反复地示范，如难发准的音、新学习的词句、人物的对话、连贯的讲述、需要学前儿童作为仿编参照的原诗句等，引导学前儿童有意识地模仿学习。

再次，教师要灵活地运用"显性示范"与"隐性示范"相结合的手段。语言教育过程中，教师要灵活处理好"显性示范"与"隐性示范"两种手段的运用，依据儿童语言发展的水平和特点恰当地选用不同的示范方法解决教学中的难点和重点问题。

最后，教师要积极观察学前儿童的语言发展情况，妥善运用强化原则。教师要注意观察儿童在各种活动中的语言表现，依据学前儿童语言发展的差异因材施教，对于学前儿童正确的语言行为和习惯，给予强化。也可以让语言发展较好的儿童做示范者，为同伴提供学习的榜样。

活动拓展

中班语言活动：落叶（片断）

提问：小朋友想一想落叶除了当作屋子、大船、小伞和信，还可以当作什么？谁能和别人想的不一样？

示范：

1）树叶落到草地上，小兔看见了，捡起来，把它当作发夹。
2）树叶落在院子里，小鸟看见了，把它当作降落伞。
3）树叶落到森林里，小猴看见了，把它当作口哨。
4）树叶落在院子里，小猪看见了，把它当作扇子。

此环节主要运用的是示范模仿法。在幼儿进行诗歌仿编之前，教师先按照诗歌原有的句型及结构特点进行示范仿编，然后引导幼儿进行创造性地自主仿编。

二、视、听、讲、做结合法

学前儿童的思维特点具有具体形象性，他们对自己直观体验的认识、记忆比较深刻。视听讲做结合法是结合儿童语言学习的特殊性，依据"直观法"和"观察法"而提出的。①所谓"视"是指提供给学前儿童具体形象的材料，引导学前儿童充分观察，帮助学前儿童理解语言，获得对语言材料的感知；②所谓"听"是指在教师用语言对学习对象进行描述、示范和启发的基础上，引导学前儿童进行讨论，便于学前儿童通过声音去感知和领会语言；③所谓"讲"是指在教师的引导下，学前儿童在感知理解的基础上表述个人对事物的认识；④所谓"做"是指教师给学前儿童提供一定的想象空间，通过学前儿童的参与或独立操作活动，加深对语言的理解，从而组织起更加富有创造性的语言进行表述。视、听、讲、做4个方面是有机结合的，教师为学前儿童提供视、听的内容，最后转化为学前儿童的认识，通过讲、做反映出来，在这个过程中促进学前儿童语言能力的发展。因此，这4个方面相互联系形成整体，共同服务于学前儿童语言能力的发展。

中班语言活动：猜猜我有多爱你（片断）

1）教师出示图片，讲述第一段。

提问：小兔子说她有多爱妈妈？她用了一个什么动作来表示她的爱？（幼儿模仿动作：把手张开）

解释：为什么小兔子把手张得不能再开？这表明小兔子爱妈妈爱得有多大？很大。兔妈妈也把手张得不能再开，表明她对兔宝宝的爱有很多很多。那是不是小兔子爱妈妈只要一点点，兔妈妈爱小兔子就很多？其实他们都想表达自己的爱有很多很多。

2）那小兔子还会用什么方式来表达自己对妈妈的爱呢？教师继续讲述故事。

要求：一边听一边记住小兔子还会用什么动作来表达自己对妈妈的爱。

提问：小兔子用什么动作来表达她对妈妈的爱？

幼儿说出一个动作，并学说：我爱你就像……那么……

大家模仿动作和语言。

提问：那妈妈怎么说？

幼儿一起学妈妈的动作和语言。

此环节主要运用的是视听讲做结合法。教师运用图片帮助幼儿更好地理解故事内容，要求幼儿听了故事后讲出来并且要用动作来表示，既有观察倾听也有讲述表达。

三、游戏法

游戏法是教师采用有规则的游戏，训练学前儿童发音，丰富学前儿童词汇和句式，发展学前儿童语言能力的一种方法。游戏符合学前儿童的年龄特点，是学前儿童喜爱的活动方式，运用游戏的方法有助于提高学前儿童的积极性，促进学前儿童语言能力的发展。

在组织教学活动时，要根据学前儿童语言教育目标和内容灵活地选择和编制游戏。采用的游戏方式，要求有明确的目标，具体的规则，以保证学前儿童顺利参加游戏。对于小班语言教育活动运用游戏法时，采用直观材料较多，随着学前儿童年龄的增长，应逐渐减少直观材料，也可适当开展纯语言游戏。对于个别学习有困难的学前儿童还要辅之以直观材料开展游戏，使他们在轻松愉快、富有情趣的游戏活动中得到强化训练。

大班语言活动：粽子里的故事（片断）

1）出示粽子一：听话游戏（"吃吧，吃吧，吃了粽子讲故事"）。

提问：谁听见了奶奶用了哪两样东西包粽子？（箬叶、米）

提问：谁能把故事里说的什么样的米、什么样的箬叶讲清楚？

2）出示粽子二：悄悄话游戏（"我爱你"）（"吃吧，吃吧，吃了粽子讲故事"）。

提问：悄悄话是什么意思？（轻轻讲，用心听）

提问：怎么说悄悄话呀？我们一起来学一学说悄悄话的样子！现在就让我们一起来玩"说悄悄话"的游戏，好吗？

为什么会传错？悄悄话是很难的，要用心听、仔细听，游戏才能玩下去，我们等会儿到教室里继续玩。

此环节运用的是游戏法。老师第一个游戏是听话学说游戏，主要是培养幼儿的倾听能力；第二个游戏是悄悄话，主要是培养幼儿轻轻讲、用心听的良好语言习惯。

四、表演法

表演法是指在教师的指导下，学前儿童在熟悉理解文学作品的基础上通过表演表现文学作品，从而提高口语表现力的一种方法。这一方法运用时要注意：教师指导学前儿童正确运用声调、韵律、节奏、速度等进行文学作品的朗诵和表演必须建立在学前儿童理解作品内容，并能熟练朗读的基础上。教师指导学前儿童正确运用语言、动作、表情等扮演角色，再现作品情节，进行作品表演，必须建立在学前儿童理解作品内容，熟悉人物对话和体会角色心理的基础上。鼓励学前儿童进行作品表演时，在不影响作品内容的基础上进行创编，创新内容和增加情节与对话，大胆地表现故事情节，创造性地进行动作设计和刻画，渲染人物的心理。

活动拓展

大班语言活动：猪八戒吃西瓜（片断）

教师对故事内容进行总结概括后，问幼儿：你喜欢这个故事吗？你喜欢故事中的谁？请你选个自己喜欢的角色头饰，一起来表演这个故事吧？

此环节运用的是表演法。通过表演的方式激发幼儿对故事的兴趣，帮助幼儿熟悉故事内容，掌握故事中的对话和语言。

五、练习法

练习法是教师有意识地让学前儿童多次使用同一个言语要素或训练学前儿童某方面言语技能技巧的一种方法。在学前儿童语言教育的过程中，会有大量的口语练习。在运用这一方法时，首先要明确练习的目的，并逐步提高练习要求；其次在学前儿童理解内容的基础上，要求练习具有独创性，避免简单、枯燥的重复；最后，采用多种练习方式，引起学前儿童的兴趣，调动学前儿童练习的积极性。

3.2.1

活动拓展

大班语言活动：狐狸和乌鸦（片断）

1）教师：狐狸是怎样骗到乌鸦的肉的？它先说了什么？（幼儿回答：亲爱的乌鸦，你好吗？）

2）教师：那乌鸦有没有动心呢？狐狸又说了什么？（您的孩子好吗？）狐狸是真的关心乌鸦的孩子吗？那它是用什么语气说的？（假假的）说假话的时候声音是怎样的？（很细、很尖）那我们用假假的声音说一遍。

3）教师：说假话的时候脸上的表情是怎样的？（赔着笑脸说）那我们赔着笑脸用假假的声音再说一遍。

此环节主要运用的是练习法。老师从多个角度挖掘角色的内心活动，引导幼儿去体验角色心理，避免单调刻板的重复练习，能够很好地调动幼儿学练习对话的积极性。

以上列举的 5 种语言教育方法只是比较常见的几种，在实际应用中，教师要根据本园的实际情况，结合本班学前儿童的语言发展和学习特点，选择和创造更为恰当的教育方法。很多时候，各种方法还可以交叉使用，相互配合，相互补充，以更好地促进学前儿童语言的发展。

第二节 ┃ 学前儿童语言教育的途径

学前儿童语言教育的途径是多样的，可以说，凡是有语言参与的活动都可以用来对学前儿童进行语言教育。正如华东师范大学周兢教授所说，"如果教师心中有语言教育目标，那处处可以进行语言教育。"学前儿童语言教育途径可以分为专门的语言教育活动、日常生活中的语言教育活动、语言游戏、其他领域的语言教育活动 4 种。

一、专门的语言教育活动

儿童在日常生活中获得的大量语言信息和规则比较凌乱而不成体系，这就需要有专门的语言教育活动，对儿童已有的零碎语言经验加以组织形成系统的语言知识。专门的语言教育活动是教师根据语言教育目标，有目的、有计划、有组织地引导学前儿童系统、规范地学习语言的过程。专门的语言教育活动应面向全体儿童开展，依据学前儿童语言教育总目标制定具体的语言学习要求，选择教学内容，组织教育活动。

（一）专门的语言教育活动的特点

1. 专门的语言教育活动是一种特殊的语言学习过程

在专门的语言教育活动中，教师为学前儿童设计了特殊的交往环境，学前儿童学习

3.2.2

语言过程处于教师的计划和组织下。在专门的语言教育活动中，学前儿童学习语言的过程融入了教师的指导，活动中的语言材料、主题的选择、活动的组织等均是教师事先计划，并通过创设适宜的环境加以引导的。但这并不意味着学前儿童在活动中处于被动的状态，相反，学前儿童是这一学习过程的主人，在活动中处于主体的地位，只有学前儿童感兴趣并能够积极主动地参与到活动中去，活动才能达到预期的效果。

2. 学前儿童语言活动的对象是语言文学及相关的信息材料

在专门的语言教育活动中，学前儿童学习的主要是各种语音、语法、词汇以及文学作品所反映的思想内容，学前儿童通过专门的语言教育活动可获得以下几个方面的经验：①获得语言、词汇、语法及文学作品等语言形式的经验；②获得各种符号所反映的内容，包括思想、情感、各种客观事物和现象、人际关系、社会常识等语言内容方面的经验；③获得言语表达、交际、理解、调节等方面的规则和行为习惯，了解语言运用方面的经验。

（二）专门的语言教育活动的形式

专门的语言教育活动按照教育目标和内容的不同可分为谈话活动、讲述活动、早期阅读活动、文学作品学习活动、语言游戏活动等形式。

1）谈话活动需要教师创设一定的口语交往环境，充分调动学前儿童已有的知识经验，围绕一定的主体，在教师的指导下，师幼之间、幼幼之间相互交流自己的想法和感情，提高学前儿童倾听和表达能力的一种活动形式。

2）讲述活动是教师为学前儿童创设的一个相对正式的语言运用场合，一般有一定的凭借对象。凭借对象可以是图片、事物或情境等，能够培养学前儿童语言表达的胆量、方法与技巧，促进独白言语能力的发展。

3）早期阅读活动是培养学前儿童学习书面语言行为的教育活动，引导学前儿童了解书面语言的信息，使学前儿童产生学习书面语言的兴趣，重视书面语言，并培养学前儿童形成良好的阅读习惯。

4）文学作品学习活动是围绕着文学作品教学开展的活动，是从某一具体的文学作品入手，学习理解文学作品，体验作品表达的情感，从而促进学前儿童创造性想象和语言表述能力的发展。

5）语言游戏活动是使用游戏的方式组织进行的语言教育活动，这种形式的语言教育活动，有较多的规则游戏的成分，能够引起学前儿童的兴趣，使学前儿童在愉快的活动中完成语言学习的任务。

二、日常生活中的语言教育活动

日常生活中的语言教育活动，是家长或教师充分利用日常生活中的各个环节，为学前儿童提供一个宽松、自由的语言交往环境，支持和帮助学前儿童发展语言能力的一种形式。在日常生活中，学前儿童拥有大量学习和练习语言的机会，可以将语言学习和社会文化的学习相结合，了解不同场合用恰当的语言表达和交流。家长和教师可以充分利用每天进餐、饮水、睡眠、盥洗、如厕、入园和离园、过渡活动、自由活动以及散步等机会和学前儿童交谈，发展其语言能力。

日常生活中的语言教育与其他语言教育活动相比有其自身的特点：①日常生活中的语言教育只关注学前儿童语言学习的过程，没有强制的结果要求，学前儿童在宽松的环境中，不知不觉获得了各种语言知识经验；②日常生活中的语言教育活动更加自由，对学前儿童没有严格的要求，学前儿童可以参与活动，也可以不参与，活动的内容和形式也没有固定要求；③日常生活中的语言教育更能体现教育的个别化，教师可以根据学前儿童发展的特点确定活动的时间和内容，有针对性地实施教育。

日常生活中的语言教育是在一日生活中自然进行的，为家长和教师了解和指导学前儿童语言发展提供了很好的机会。日常生活中的环境宽松、自由，学前儿童喜欢表达，常常不加修饰，能够体现出学前儿童的真实水平，家长或教师稍加留意，就能了解学前儿童的语言发展水平，为有针对性地进行语言教育提供帮助。在日常生活中，家长和教师可以利用各种机会，向学前儿童介绍事物，帮助其掌握词汇。学前儿童在与成人交流的过程中还可以模仿成人的语言，促进自身语言的发展。家长和教师在日常生活中常会用语言来引导学前儿童，如用餐前要求学前儿童洗手，要求学前儿童安静地用餐等，在这些环节中，学前儿童能很快理解各种指令的含义，锻炼了学前儿童的倾听能力。

三、语言游戏

在日常生活中的各个环节，教师可以充分利用等待或过渡环节的时间组织学前儿童按照一定的规则参与语言游戏活动，引导学前儿童在玩中学习语言，体验语言学习的乐趣，也可以在游戏中练习、巩固、扩展已有的语言经验。这些游戏包括猜谜、连词游戏、拍手游戏等，在组织学前儿童语言游戏时，教师要把游戏的重点放在玩，让儿童从中体验到游戏的乐趣，而不是对语言和规则的要求过高，要充分调动学前儿童参与的积极性。在活动的过程中，教师要充分调动学前儿童的各种感官参与到游戏中去，引导学前儿童看一看、听一听、闻一闻等，充分地利用儿童的已有经验参与活动。教师要善于观察儿童在游戏中的表现，了解每个学前儿童语言发展的特点，以便于为进行有针对性的指导做好准备。

四、其他领域的语言教育活动

渗透到其他领域活动中的语言教育是指把学前儿童的语言教育与其他领域的教学内容相结合，在健康、社会、科学、艺术领域的教育中通入语言信息，并进行有机的整合，其核心是为儿童提供更加全面的教育和影响。

（一）其他领域教育活动与语言教育的关系

1. 为儿童提供了语言活动的素材

儿童在其他领域的教育活动中所获得的经验，丰富了儿童语言表达的内容。有了多种活动的经验，儿童的谈话和讲述内容才不会枯竭。儿童在各种领域的教育活动中接触的事物、观察的现象、了解的事物之间的关系正是他们语言活动的素材。

2. 为儿童语言教育活动提供了机会

在组织其他领域的教育活动时，语言无时无刻不参与到活动中，教师的讲解和示范，教师的指导与要求，儿童的回答与问题等，都离不开语言。教育活动中教师采用的集体活动、小组活动和个别活动等不同的活动形式，也为儿童的语言交往提供了条件。例如，在小组活动中，学前儿童之间相互交流、讨论，发表自己的见解，就是学前儿童学习语言的很好的机会。

3. 有利于儿童理解语言

儿童的语言学习就是要学习语言的符号系统，理解语言和它所代表的事物之间的关系。在其他领域的教育活动中，语言符号往往与它代表的事物、动作或形象一起呈现给儿童，儿童较容易理解他们之间的相互关系，也就理解了语言的实际意义。

（二）其他领域教育活动中的语言教育

1. 健康领域教育活动中的语言教育

健康领域包括体育及其他活动。由于学前儿童对体育活动很感兴趣，往往控制不好活动的时间和强度，活动量比较大。在组织体育活动时，教师先示范，引导学前儿童观察，向其讲述动作的要领和注意事项，并请学前儿童讨论和提出问题。还可以请一名学前儿童模仿教师的动作，并谈一谈他是怎样做好这一动作的。在活动的过程中，可以请学前儿童谈一谈自己还想到了哪些玩法，玩一玩自己设计的游戏。这样，在体育活动中既锻炼了身体，又发展了儿童的语言能力。

2. 社会领域教育活动中的语言教育

在社会领域活动中，学习与人交往，学会交往的规范和方法，对于学前儿童来说，本身就是对语言的理解和运用的过程。社会教育活动也大多是幼儿能够接触到的，能够从生活中获得经验的内容。社会教育的目的是促进幼儿社会认知、社会情感和社会行为等方面的健康发展，而认知的体现、情感的表达很大程度上都需要通过语言来实现。例如，当我们以"我爱妈妈"为主题开展社会教育活动的时候，就要引导幼儿大胆表达对妈妈的感情，体会妈妈对他们的爱，除了用实际行动体现之外，也要让幼儿学会与其他小朋友们分享，而这个分享的过程也是进行语言实践的过程。

3. 科学领域教育活动中的语言教育

在科学教育活动中，学前儿童认识了数字和自然界知识，获得了大量关于客观事物的知识。在这个过程中，教师需要通过讲解和组织谈话等活动引发学前儿童的观察和探索活动，儿童在活动的过程中通过与周围的人交流，发表自己的认识和见解。如幼儿在探索磁铁的奥秘时，会发现同性相斥、异性相吸的原理，但他们并不会这样概括，而是会用自己的语言将看到的现象描述出来。在此基础上，教师再进行归纳，告诉他们"同性相斥、异性相吸"的原理，这样一来，幼儿既锻炼了语言表述的能力，也掌握了科学知识。

4. 艺术领域教育活动中的语言教育

艺术领域主要包括音乐和美术两种活动。在音乐活动中，一串串音符、欢快的节奏、优美的旋律，带领学前儿童在想象的空间自由翱翔，激发学前儿童用创造性的语言表达他们对音乐的感受。同时，歌曲的歌词本身也是儿童诗的一种形式，儿童在学唱歌的过程中，首先要学习歌词，还可以根据歌词改编故事，在这个过程中，不仅提高了对歌词的理解和音乐的欣赏能力，还发展了儿童的语言表达能力。在美术活动中，学前儿童通过动手、动脑制作出他们满意的作品，在作品中蕴含着他们的思想。教师可以组织儿童介绍自己的作品或根据美术作品创编故事等，儿童既受到了美的熏陶，又提高了语言表达能力。

第三节 | 学前儿童语言教育的评价

教育评价就是衡量教育工作的价值。学前儿童语言教育的评价强调把语言教育作为一个整体来进行评价，包括从儿童语言发展的状况来评价教育效果；从语言教育整体的各个部分及其相关关系的分析和判断；对教师的教和儿童的学的过程与结果作出评价。学前儿童语言教育评价是学前儿童教育过程中一个不可缺少的环节，它调节、控制着整个教育过程，使之朝着语言教育预期目标前进并最终达成目标。

一、学前儿童语言教育的评价内容

语言教育活动的评价概括起来主要有两个方面：一方面是对幼儿的评价，另一方面是对教育活动本身的评价。

（一）对幼儿的评价

引起学前儿童身上出现变化或学前儿童在活动中的表现是教育活动评价的着眼点。对学前儿童的评价可以帮助评价者了解学前儿童语言发展的状况以及存在的问题，进而有针对性地采取措施为学前儿童创设良好的教育机会和环境，使他们在原有的水平上得到进一步的发展。对学前儿童的评价可分为对目标达成情况的评价和对学前儿童参与活动程度的评价两个方面。

1. 对目标达成情况的评价

对目标达成情况进行评价时，要有整体观念，关于语言教育活动的目标，可以从 3 个层面认识：首先是《纲要》《指南》提出的语言教育目标；其次是幼儿园语言教育各类型活动的目标；最后是语言教育具体活动的目标。《纲要》和《指南》对语言教育目标做了全面规定，要实现这一目标，必须将它层层分解，逐渐转化为低一层次的、可操作的具体目标，并通过各种活动，落实到学前儿童的发展上。

教师可从以下 3 个方面分析活动目标的达成情况。

1）认知目标的达成情况，即了解学前儿童是否获得了目标所规定的语言知识，是否掌握了有关的词汇和句型，是否懂得在恰当的语言环境下运用这些词汇和句型等。

2）情感与态度目标达成情况，即了解学前儿童是否形成了耐心倾听别人说话的态度，是否乐意在集体面前讲述，是否懂得并遵循语言交往中的一般规则。

3）能力目标达成情况，即了解学前儿童组词成句的能力和在具体情境中运用语言的能力，是否能够根据具体情境运用恰当的词汇、语法和语调，是否能用连贯的语句清楚表达自己想要表达的意思等。

2. 对学前儿童参与活动程度的评价

观察学前儿童是了解学前儿童发展情况和评价语言教育活动的基础。观察学前儿童在活动中的表现，可以了解学前儿童语言发展情况，也可以了解活动设计和组织的情况。根据学前儿童在活动中的参与程度，该项评价可分为3个等级，分别是主动参与、一般参与、未参与。

1）主动参与是学前儿童参与教育活动的最好状态。这种状态下的学前儿童，有着强烈的学习动机和浓厚的学习兴趣。学前儿童在活动中能做到注意力集中，能够认真倾听教师和同伴的发言，乐意在集体面前表述自己的观点。如果一个活动中，学前儿童能够主动积极地参与到活动中，并达到了预期的效果，说明这个活动从目标的制定到内容的选择、活动的组织都是恰当的，与学前儿童的语言发展有着高度的适应性。

2）一般参与是学前儿童参与活动程度的中间状态。学前儿童在这种状态下，能够进行学习活动，但是学习比较被动。学前儿童需要在教师的不断提醒下才能集中注意力听教师和同伴的发言；不能主动积极回答老师的问题，但是教师点名提问时，能够回答老师的问题。在学前儿童一般参与状态下，通过努力也可以完成教育目标，但是，这种状态也说明制定的教育目标、选择的活动内容、运用的教学方法等与学前儿童语言发展状况缺乏高度适应性，尚需进一步改善。

3）未参与是学前儿童参与活动程度的最不理想状态。学前儿童在这种状态下，对进行的活动毫无兴趣，不能集中注意力于教师和同伴的发言。这种状态说明，教师设计的活动方案，从活动目标的制定到教学内容的选择、活动过程的组织不太恰当，需要重新设计。

（二）对教育活动的评价

对教师教育活动的评价涉及教师的教育观念、教育目标的制定、教育内容的选择和教育活动的设计、教育方法的运用、教师组织教育活动的基本技能等。

1. 对活动目标的评价

在评价教育活动目标时分析的内容包括：活动目标与学前儿童语言教育的总目标、各种类型语言教育目标是否一致；活动目标是否与学前儿童年龄发展水平相适应；目标是否明确具体、操作性强，体现一定的层次和梯度，满足不同发展水平学前儿童的需要；活动目标是否涵盖了认知目标、能力目标和情感教育目标等方面的要求等。

2. 对活动内容的评价

评价语言教育活动内容时主要分析内容是否与学前儿童的年龄特点和发展水平相适应；内容是否难易适中、容量恰当；内容安排是否主次分明、重点突出；内容是否丰富且形式多样、富有趣味性等。

3. 对活动组织的评价

评价语言教育活动的组织时主要分析是否根据需要创设环境，场地宽敞、整洁；是否根据活动需要提供适宜的操作材料；活动时间安排是否合理，过渡是否自然，是否存在拖延等待现象；是否根据活动需要恰当选择了集体活动、小组活动、个别活动等活动形式；活动是否突出了学前儿童的主体地位，并尽可能为学前儿童自主活动提供机会；是否发挥了教师的主导作用，师幼互动和谐、民主。

4. 对活动效果的评价

评价语言教育活动效果时主要分析活动是否达成了预定的目标，达成程度如何；评价学前儿童对活动是否感兴趣，是否能够积极参与；评价活动中，是否师生关系融洽，配合默契，合作愉快。

5. 对教师教育技能的评价

评价教师的教育技能主要分析教师普通话是否标准，是否表达准确、规范、恰当；评价教态是否亲切自然、精神饱满、富有感染力；教师是否善于吸引学前儿童的注意力和提高学前儿童的学习兴趣；评价教师的教学机智，是否能够灵活处理突发状况；评价教师的教育方法是否机智灵活等（表3-1）。

表3-1 全国幼儿园教师资格考试面试评分标准

测试项目	权重	分值	评分标准
职业认知	10	5	爱幼儿，尊重幼儿
		5	有热情、有责任心
心理素质	10	5	能较好地调控情绪与情感
		5	开朗、乐观、善良
仪表仪态	10	6	五官端正，行为举止自然大方，有礼貌
		4	服饰得体，符合幼儿教师职业特点
交流沟通	15	8	有较好的言语表达能力。普通话标准，口齿清楚，表达流畅，语速适当，有感染力
		7	善于倾听、交流，有亲和力
思维品质	15	8	能条理清晰地分析思考问题
		7	有一定的应变能力，在活动设计与实施、环境创设上表现出一定新意
了解幼儿	10	5	有了解幼儿兴趣、需要、已有经验和个体差异的意识
		5	能通过观察来了解幼儿
技能技巧	20	10	熟悉一些幼儿喜欢的游戏和故事
		10	具有弹、唱、画、跳、讲故事、手工制作等基本技能
评价与反思	10	5	能对教育活动和教育行为进行较客观的评价
		5	能根据评价结果提出改进意见

二、学前儿童语言教育的评价方法

评价语言教育情况需要一定的方法。评价方法实际上是指收集评价信息和处理评价信息的方法。评价方法分为定性评价和定量评价两大类。在评价过程中，经常会综合运用几种方法，以收集更加全面的信息，作为科学教育评价的依据。下面介绍几种主要的评价方法。

（一）观察法

观察法是评价者在自然条件下对评价对象进行的有目的、有计划的直接感知、记录，并通过分析获得的资料，继而解释现象和实施发生的原因或发展趋势，从而得出结论的一种评价方法。观察获得的大量的评价信息，可以及时了解教育活动运行的情况，随时调整活动内容、方法和组织形式。这种方法可以对儿童行为表现进行观察了解，也可以对教育活动的组织情况进行分析，是一种很有效的评价方法。

观察法的运用有多种形式，其中自然情境下的观察最为常见，是指评价者对被评价者在自然情境下表露的行为进行连续观察。评价者可以借助于提问，通过学前儿童的回答，对学前儿童的原因表述情况进行观察。评价者也可以通过巡视或与学前儿童个别交谈来了解学前儿童的语言发展情况。对于日常生活中不易观察的现象，还可以创设相应的条件，促使学前儿童自然地表现语言发展情况。

知识拓展

吉张牛观察日记

吉张牛是我们班最调皮、任性的小朋友，在幼儿园里是出了名的"捣乱大王"。我认真地观察分析他的行为，并采取了一些有效的措施。

时间：9月3日

情况分析：新学期开始了，我班要选出一名新班长。孩子们激烈地讨论着："我选吉张牛。""不行，不行，上次他把我的铅笔盒弄坏了。""他还爬围墙……"很快，孩子们七嘴八舌地数落起吉张牛，而吉张牛那洋溢着希望的小脸慢慢地变得没有光彩，终于低下了头，一言不发。我问那位选吉张牛的幼儿："你为什么要选吉张牛？""因为我上次折小鸟，是他帮我的。""那么大家看看吉张牛会不会是一位好班长，我们给他一次机会好吗？"吉张牛在孩子们的掌声中红着脸，用怀疑的眼神看着我。

措施：的确，吉张牛调皮、任性、爱"捣乱"，可他也有着自己的优点。他热情、爱劳动、有礼貌。让他当班长，一方面是鼓励他，另一方面也迫使他"以身作则"，自觉地约束自己的行为，改掉以前的不良习惯。

时间：9月15日

情况分析：自从吉张牛做班长以来，我注意观察他，一发现他又要去干扰别人，我马上提醒他班长要"以身作则"，他便很快控制住了。只是今天早晨有几位幼儿跑来告诉我昨天放学后，吉张牛到一个小山坡上去点火烧东西了。

措施：我马上找来了吉张牛，弄清他为什么点火烧东西，原来他想野炊。于是，我对他讲了这样做的危害。他很快承认了错误。我想，其实孩子并不是故意要做坏事，而是他们心理不成熟，较冲动，缺乏社会经验造成的，教师不应一味批评他们，应给他们时间去转变自己。

时间：9月21日

情况分析：最近，几位教师都向我反映，说吉张牛变了许多，小朋友告他状的也越来越少了。可是，今天他又打人了，原因是一个小朋友画不好画，他振振有词地说："我在家里画不好画时，我爸爸就打我，他说画不好就要打。"

措施：父母的一言一行对孩子有着重大的影响，我想造成吉张牛性格的原因与家庭教育也有一定的关系。我到吉张牛家进行了一次家访，对他父母讲了一些教育孩子的方法，让他父母懂得要尊重儿童，体罚只会影响儿童身心健康的发展。同时，也教育吉张牛认识到小朋友画得不好应耐心地引导、帮助，他才会越画越好。

时间：9月30日

情况分析：今天，刚进教室，就看见吉张牛在帮一个小朋友擦血，那孩子脸上、身上都是血，看到吉张牛那慌张的眼神，我气得大声叫道："吉张牛，你又打人了，你太让我失望了……"接着把他狠狠地训斥了一顿。旁边一名幼儿说："吴老师，吉张牛没打人，是他鼻子流血了，吉张牛帮他擦……"我这才注意到吉张牛那满含着泪水的眼睛。

措施：我错怪了吉张牛，他怕我会认为是他打人，所以才慌张，而我还是没能信任他，伤害了他。我决定还吉张牛一个"公道"，就当着全班小朋友的面向吉张牛认了错，我又看到了他眼中的惊喜。

后记：吉张牛终于不再"牛"了。他成了一位热情、聪明，爱帮助别人的好孩子。在班上，他是一位威信很高的好班长，在幼儿园里，他同样是"知名"人物，不过不再是"捣乱大王"，而是"红花儿童"了。

每个班上总有令教师头痛的"捣乱大王"，希望教师不要总以无可救药之类的话来形容他们，不要轻易放弃对他们的教育。"没有教不好的学生"，教师要善于观察、了解他们，发现他们的长处，并采取一系列的有效措施，相信他们一定都会跟我们班吉张牛一样不再"牛"的。

（二）谈话法

谈话法是通过与评价对象面对面的交谈收集语言发展评价信息的方法。运用谈话法进行评价有助于验证其他方法收集的评价信息的真实可靠性，还可以补充其他方法在收集资料上存在的不足之处，进而加深对评价对象的了解。谈话法的运用比较广泛，例如，通过访问教师，可以了解学前儿童语言发展的大致特点；通过访问家长，可以了解学前儿童在家的表现，为分析学前儿童语言发展特点提供参考；通过与学前儿童谈话，可以直接了解学前儿童语言发展情况。

运用谈话法时要注意以下几点：首先，要有明确的谈话目的。其次，做好谈话前的准备工作，包括谈话内容、谈话对象特点分析等。最后，谈话最好在自然状态下进行，这样有助于了解学前儿童的真实信息。

知识拓展

幼儿园国学教育访谈提纲

访谈对象：幼儿园"国学班"

时间：××××年××月××日

访谈记录人：×××

主要问题：

1）请问为什么送您的孩子进"国学班"学习呢？想让孩子在这里学到什么？

2）是否觉得学有所值呢？您感觉到孩子有哪些改变吗？请举例说明。

3）老师会要求家长配合哪些方面的工作吗？是否让家长们觉得有困难？有的话都在哪些方面？家长们愿意配合幼儿园的工作吗？

4）在家里会给幼儿进行单独的国学教育吗？有的话都是哪些方面的教育？家里是否有进行国学教育的环境呢？是有意布置的吗？为什么这样做？

5）对于现在的"国学班"有没有觉得不满意的地方？希望幼儿园能在哪些方面进行改进？

（三）问卷调查法

问卷调查法是由评价者根据评价目的，向被调查对象发放问卷，要求被调查者以书面形式提供给评价者有关情况的一种广泛收集学前儿童语言发展信息的方法。问卷法简便易行，能够在短时间内收集大量的信息，便于统计。幼儿园语言教育评价问卷主要应用于教师和家长，也可通过一问一答的形式来记录学前儿童的回答。

运用问卷法应该注意以下问题：首先，要让被调查对象了解问卷调查的意图，建立信任感，消除焦虑。其次，问卷的内容要有利于调查对象的理解和回答，题量合适，答题时间一般应控制在半小时以内。最后，要考虑问卷设计是否涵盖了所有调查内容，以不增加被调查者负担的情况下获得丰富的信息。

知识拓展

××市学前儿童语言教育现状调查问卷

尊敬的家长：

您好！感谢您在百忙之中协助我们的调查研究，您中肯的回答对我们的研究非常重要。本次调查的目的是了解学前儿童语言教育的现状，请您仔细阅读以下每一个题目，按要求填写，对您的合作表示衷心的感谢！

××市教委"学前、基础教育阶段语言教育研究"课题组

 1）您认为学前儿童的语言教育应该包括（本题可多选）_____

  （A）汉字 （B）汉语拼音 （C）普通话 （D）方言 （E）外语

 2）您认为学前儿童是否有必要开始学习认读汉字：（A）是 （B）否

   如果是，您认为儿童开始学习认读汉字的年级是_____

  （A）小班 （B）中班 （C）大班

 3）您的孩子是否已经认读汉字：（A）是（B）否

   如果是，大约是从几岁开始认读汉字的：____周岁____月

 4）您的孩子的认读汉字量大约是多少？

  （A）100以下 （B）100～200 （C）200～300 （D）300以上

再次感谢您的真诚合作！

（四）档案袋评定法

档案袋评定法是一种综合性的评价方法。它将对被评价者的观察资料、检核表以及反映被评价者学习、成长或工作情况的资料放进一个有形的容器，用来反映被评价者的特点和状况。这个有形的容器叫档案袋。这种方法于20世纪80年代中期在美国教育实践中出现，属于质性评定方法，因其简便易行，真实客观，在西方国家广为使用。

在学前儿童语言发展评价中，档案袋收集的内容可以包括与学前儿童的谈话记录、学前儿童自编故事时的录音带，教师对学前儿童语言发展状况的观察记录等。他们从不同侧面反映了学前儿童的学习和成长过程，展现了学前儿童的语言发展现状。在教师工作评价中，档案袋收集的内容可以包括教师的语言教育计划、观察记录、教育笔记等资料。

知识拓展

档案袋里放什么

瑞吉欧教育机构的教师黛弗娜认为：放在档案袋里的应当是教师、幼儿、父母、同伴、学校管理者有目的、有计划选择的有意义的作品，能够反映幼儿学习的真实过程，展现一段时间以来幼儿付出的努力、取得的进步和成就。

那么，选择什么样的作品才能真正体现幼儿获得的发展与进步呢？第一，可以选择幼儿为活动做准备的资料。比如可以把幼儿为了进行"元宵节"的主题活动而收集的关于元宵节由来的文字材料、图片等放进档案袋。虽然这不是幼儿的作品，但是可以从中看出幼儿为了这次主题活动所做的前期准备工作，是幼儿进行探索活动的一个证明。第二，可以选择体现幼儿阶段性探索成果的作品。比如在"彩色世界"主题活动中，幼儿尝试用蓝色和黄色调出的一张绿色纸即是阶段性探索作品，反映了幼儿在探索过程中完成任务的能力。需要注意的是档案袋不是所有作品的汇

总，即便是阶段性的作品，在收集时也要进行合理的筛选，否则就会显得杂乱无章。第三，可以选择活动结束时幼儿的总结性作品，即最终成果。比如在"彩色世界"这一主题活动结束时，幼儿创作的绘画作品——"彩色的世界"就是总结性作品。一般来说，在为档案袋评价选择材料时，要考虑这三部分的作品，才能比较全面地呈现幼儿发展的完整过程。

档案袋评定法为学前儿童语言发展水平和教师工作情况的评价提供了真实、丰富而又生动的信息，保证了评价的准确性，有助于更好地促进学前儿童和教师的发展。但档案袋的计划性不强、随意性大，运用这种方法时要事先精心设计，同时调动被评价者收集资料的积极性，以收集更加丰富、全面的材料，最终为促进学前儿童和教师的发展服务。

案例评析

大班语言活动：猪八戒吃西瓜

活动目标

1）乐于倾听故事，感知故事中猪八戒、孙悟空等主要角色的不同特点。

2）能运用眼神、动作、表情、语言等创造性地表现猪八戒、孙悟空的角色特征。

3）感知故事语言幽默风趣的特点。

活动准备

1）教学挂图"猪八戒吃西瓜"。

2）会做律动"吃西瓜"。

3）道具：头饰、金箍棒、大耙等。

活动过程

1）组织幼儿做律动"吃西瓜"，引入情境。

引导幼儿学猪八戒吃西瓜的样子，说一说为什么会肚子疼。

2）引导幼儿边看挂图边欣赏故事，理解故事内容，感知猪八戒、孙悟空等主要角色的性格特点。

提问：

八戒和悟空一起去摘果子，但是最后八戒去了吗？为什么？

悟空走了之后，八戒发现了什么？他是怎么分西瓜的？

悟空回来后发现八戒在吃西瓜，他是怎么说的？怎么做的？为什么？

八戒被西瓜皮绊倒了几次，他分别都说了什么？最后一次摔倒八戒是怎么说的？

后来大家知道真相了吗？八戒是怎么说的？

3）播放学习资料"猪八戒吃西瓜"，完整欣赏故事。

你喜欢故事中的谁？为什么？

教师小结：孙悟空机智、勇敢、处处想到别人。他会耍金箍棒，会七十二变，还有火眼金睛。

　　八戒虽然有时候贪吃、偷懒，但他有时很勇敢，知错能改，非常可爱。

　　4）引导幼儿表演故事，请幼儿自由选择故事中的角色和道具，进行夸张幽默的表演。

活动结束与延伸

以快乐诗画的形式，引导幼儿画猪八戒吃西瓜的故事。引导幼儿学猪八戒吃西瓜的样子，说一说为什么会肚子疼。

试分析上面的案例中主要采用了哪些教学方法，并具体加以说明。

同步训练

一、思考训练

1．学前儿童语言教育的主要方法有哪些？

2．学前儿童语言教育的途径有哪些？

3．结合实际谈谈，你认为应该如何评价一个学前儿童语言教育活动？

二、实践实训

观摩学前儿童语言教育活动，记录活动的过程，学习教师对教学方法的运用，结合本章知识，思考如何灵活运用学前儿童语言教育的方法组织教学活动，并对此活动进行评价。

第四章
学前儿童谈话活动

🎯 **学习与能力目标**

1. 了解谈话活动的基本特征和目标。
2. 掌握幼儿园日常交谈活动中的指导方法。
3. 能够根据幼儿的年龄特点设计组织集体谈话活动。

📚 **知识结构图**

```
                    学前儿童谈话活动
           ┌──────────────┴──────────────┐
   学前儿童谈话活动概述              学前儿童谈话活动的设计与组织
    ┌────────┴────────┐              ┌────────┴────────┐
学前儿童谈话      学前儿童谈话      集体谈话活动的设      日常生活中谈话活动的
活动的特征        活动的目标        计与组织            设计与组织
```

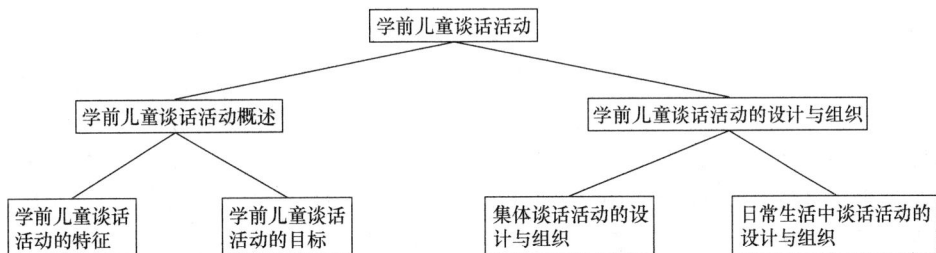

第一节 ┃ 学前儿童谈话活动概述

　　语言是表达交流的工具，谈话是人们运用语言与他人交流的最为基本的方式。然而人并不是生来就会谈话的，谈话需要交谈双方具有共同的语言表述的认识、态度、情感和能力，并且在运用语言表达时遵守共同的交谈规则。

　　重视儿童语言运用能力的发展，是近年来国际儿童语言教育的一个共同趋向。《纲要》中明确提出了重视儿童语言运用的要求，强调"语言能力是在运用的过程中发展起来的"。发展幼儿语言的关键是要引导幼儿"乐意与人交谈，讲话礼貌；注意倾听对方讲话，能理解日常用语；能清楚地说出自己想说的事"。《指南》中语言教育的目标之一是"愿意与他人交谈，喜欢谈论自己感兴趣的话题"。从中可见，在幼儿园开展谈话活动的重要性被越来越多的教育工作者认识到，谈话活动对促进幼儿语言发展的价值日益彰显出来。

　　谈话是以对话形式进行的言语交往。学前儿童谈话活动是教师启发引导儿童围绕一定的中心话题，以交谈为主要形式开展的、与他人进行交流的语言教育活动。它是以提出问题和回答问题的方式，发展幼儿的对话能力。各种类型的语言教育活动中，谈话具有独特的促进儿童语言发展的功能。在良好的语言环境中，谈话活动可以帮助幼儿学习倾听他人谈话，学习与他人交流的方式、规则，进而培养语言表达和运用能力。

一、学前儿童谈话活动的特征

　　要想科学合理地设计、实施学前儿童的谈话活动，充分发挥其在促进儿童语言发展中的作用，首先要了解谈话活动的基本特征，认识其自身的一般规律。

（一）谈话活动的话题：具体有趣

　　谈话活动是围绕中心话题开展的语言教育活动，中心话题可从客观上引导谈话的方向，限定幼儿谈话的范围，使谈话带有一定的讨论性质。一般来说，谈话活动应该围绕一个具体、有趣、贴近幼儿生活经验的话题来开展。

1. 谈话活动的话题必须是具体的

　　这里的"具体"包含两层意思：一是话题要具体形象。这与幼儿的心理发展特点密切相关。幼儿期最典型的思维方式是具体形象思维，谈话话题的选择要遵循这个特点，选择那些具体、形象、直观的内容作为谈话话题。例如，"早餐你吃什么""不一样的路"等话题，"早餐""路"等是幼儿生活中天天接触到的事物，在幼儿的脑海中有清晰鲜明的形象，这样的话题有具体的形象作为支撑，能在教师创设的语言情境中层层深入地开展起来。二是谈话的话题及所谈的内容应该是小题目，范围不应该过大。比如关于季节特征的谈话，每次只能谈一个季节，而且适合在季节特征最明显的月份中谈。

2. 谈话活动的话题应该是有趣的

　　有趣的话题可以使幼儿对谈话活动保持很高的热情和参与度。有趣的话题往往包含以下几层意思。

　　1）幼儿对中心话题有一定的知识经验。谈话的话题必须是幼儿经验范围之内的，知识经验越多，谈话的内容越丰富；印象粗浅或没有相关经验的陌生话题不可能使幼儿产生谈话兴趣，更无法对这一话题饶有兴趣地交谈。如"我喜爱的玩具"等话题，孩子们有切身感受，因此谈起来有话可说。

　　2）话题要有一定的新鲜感。新颖的生活内容能够吸引孩子的注意力，引起幼儿兴趣，如"名字的故事"。幼儿都知道自己的名字，可是名字的意义、取名字的规矩、姓氏的由来等却是陌生的，以这些作为话题孩子们定会兴致勃勃。

　　3）话题要与幼儿生活中共同关心的内容有关。幼儿生活中共同经历的事最容易唤起幼儿产生交流和分享的愿望。谈话中交流的是孩子们共同经历过的事，回忆的是孩子们的生活经验、亲身经历。而且这些事，随着实践活动的深入，在教室墙面上、区角里都是留有痕迹的，孩子能感受得到。这一切对孩子来说都是有共鸣的，所以他们是有话可说的。如"娃娃进超市"的活动，孩子拥有的共同关心的内容是，每个孩子都有去过超市的经历，有自己的情感和想法；每个孩子都有自己想买的东西以及相应的理由，有自己的情感，他们需要一个表述的机会和途径。

（二）谈话活动的氛围：宽松民主

在谈话活动中，语言情境是比较宽松民主的。无论幼儿原有经验如何，都可以在活动中畅所欲言。谈话活动没有统一的标准答案和看法，也没有一致的讲述经验和思路，幼儿完全可以根据自己的意愿和内心感受，直截了当地表达自己的想法，并与大家分享。谈话活动的主要目的在于鼓励幼儿大胆地与他人交谈，用语言表达自己的意见和看法。因此它不要求幼儿一定要使用准确无误的、完整连贯的语言来表达。谈话活动就是要利用一日活动的各个环节，为幼儿创设尽可能多的开口说话和与人交谈的机会，从而使幼儿能经常地练习和巩固已有的语言经验，提高对语言的敏感性，不断发展口语表达能力。

知识拓展

小班幼儿"快乐说话"的指导策略

1. 每天和每个孩子至少交流一次

教师应抓住每一个可以交流的时间，如晨间谈话、餐前餐后、午睡穿脱衣等时间，和孩子开展像朋友一样随意的交流，为幼儿创设敢说的氛围。如每天吃饭的时候跟幼儿介绍今天吃的菜名字叫什么，让幼儿说说里面有些什么蔬菜。午睡穿脱衣时更是与幼儿面对面交流的好机会，"你的小手真能干，会自己拉裤子、拉拉链，小手还会干什么呢？"这样的交流不但让幼儿感觉老师很友好，更激发了幼儿说话的欲望。

2. 每天和孩子一起阅读一次

为了进一步丰富孩子们的语言词汇和阅读经验，教师可以在午睡前跟幼儿看看大图书，讲讲故事，然后让幼儿学说故事中简单的角色对话。

3. 每天给孩子们自由交流的时间

区域是孩子每天最爱去的地方，在区域里他们最爱与同伴交流，如在玩医院的游戏时，有的扮演医生、有的扮演病人，有的还表现出一定的情景，如被车撞了，其他幼儿就拿起手机拨打"110"，大声地说："警察叔叔，撞车啦!"

4. 每周开展语言游戏

根据幼儿的年龄特点，设计幼儿喜欢的游戏，并采用应答的方式来调动幼儿说的兴趣。例如，在"我在这里"游戏中，教师问："××你在哪里？"该幼儿便应答："我在这里。"在"小手拍拍"游戏中，教师问："眼睛在哪里？把它指出来。"幼儿便伸出手指边回答边指出眼睛的位置，这样幼儿在活动中便学会了应答的本领。

5. 每周开展"巧嘴宝宝"的评选，每月开展"巧嘴之星"的评选

其实有些孩子不是不想说而是不敢说，因此要为幼儿提供说的机会，来逐步消除幼儿独立表现的恐惧，增强幼儿大胆表现的欲望。如开展"故事大王""自由交谈"等活动，让幼儿学会把生活中的所见所闻通过自己的说传达给周围的人，与他人一起分享，同时也培养了幼儿倾听的习惯，提高了幼儿表达能力。

（三）谈话活动的指导：间接引导

教师是谈话活动的设计者、组织者，通过间接的方式引导谈话活动顺利进行下去。教师往往以参与者的身份参加谈话，给幼儿以平等的感觉，这也是创设谈话活动轻松氛围的重要因素。但教师以参与者的身份出现，并不意味着谈话可以任意无计划地交谈。教师在设计组织谈话活动时，需要按照预定的目标和内容，引导幼儿紧扣中心话题开展谈话。教师在谈话活动中的间接引导一般通过以下方式得以体现。

1. 用提问的方式引出话题或转换话题

教师通过提问的方式引出谈话话题，如提问：今天早晨你吃的什么？引出谈话话题"早餐你吃什么"。当话题深入不下去时，教师借助提问转换话题：你们最喜欢吃什么早餐？为什么喜欢吃这些东西？拓展幼儿的谈话经验，深入谈话内容。

2. 用平行谈话的方式对幼儿做隐性示范

教师通过谈论自己的经验，向幼儿暗示说话时用语言组织交流内容的方法。比如，教师可以这样说："我早上最喜欢吃鸡蛋、牛奶。鸡蛋香香的，牛奶甜甜的，很有营养。"幼儿谈话时，鼓励他们说出与别人不一样的早餐及其感受，丰富幼儿的词汇。

活动拓展

大班谈话活动：名字的故事

在大班谈话活动"名字的故事"中，老师对幼儿说："名字是每个人特有的，它寄托了父母对我们的祝愿和期望。你知道自己名字的含义吗？谁来说说？"可是孩子们不知从何说起。于是老师灵机一动说："我先说好吗？我叫王一凡。一是一生一世，凡是平凡。我的爸爸妈妈希望我做个平凡而又幸福的人。"听了老师的讲述，孩子们争先恐后地说起来。在这个片断中，老师运用平行谈话的方式，通过谈论自己的经验，向幼儿暗示说话时用语言组织交流内容的方法。

（四）谈话活动的形式：多方交流

《纲要》中指出："幼儿的语言学习具有个别化的特点，教师与幼儿的个别交流、幼儿之间的自由交谈等，对幼儿语言发展具有特殊意义。"谈话活动注重多方的信息交流，注重幼儿的交往语言或对白语言，侧重于师生间、同伴间的信息交流与补充。

从语言信息量来看，谈话活动的语言信息量较大，当幼儿围绕中心话题交谈时，他们的思路是呈辐射状向外发散的，而不同幼儿的经验各不相同，因此谈话活动中幼儿获得的信息量比较大，语言形式丰富多样。

从交往对象来看，谈话活动可以是教师与幼儿（图4-1）、幼儿与幼儿（图4-2），也可以是幼儿与教师。在这3种交流模式中，既有幼儿运用已有经验进行交谈，也有运用新的语言经验进行交流。

图4-1

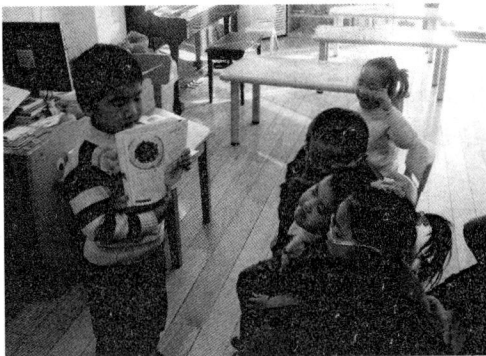

图4-2

二、学前儿童谈话活动的目标

《指南》中将语言领域分为倾听与表达和阅读与书写准备两个子领域。其中倾听与表达领域的目标细化为：①认真听并能听懂常用语言（语言倾听理解目标）；②愿意讲话并能清楚地表达（语言表达目标）；③具有文明的语言习惯（语言文明习惯目标）。

幼儿园谈话活动是实现"倾听与表达"目标的重要途径，其具体目标包括以下方面。

（一）帮助儿童学习倾听他人的谈话，并及时从中捕捉有效的信息

倾听指有意识地、专注地、认真地听，是学习理解语言的重要途径。只有懂得倾听、乐于并善于倾听的人，才能真正理解语言的内容、语言的形式和语言运用的方式，掌握与人进行语言交流的技巧。人类语言的学习是从听开始，经历先听后说、先理解后表达的过程。

倾听是沟通的基础。注意听并能听懂是进行谈话的第一步，也是谈话能够顺利进行的保证。良好的倾听习惯和能力是幼儿谈话活动要达成的首要目标。

《指南》将"认真听并能听懂常用语言"列为幼儿语言能力发展的首要目标，重点是要发展幼儿主动倾听的能力，逐渐从有意识倾听和辨析性倾听发展到理解性倾听。有意识倾听指主动倾听别人谈话的愿望、态度和习惯，当他人说话时，能集中注意力耐心倾听，进而感知接受他人谈话中的信息；辨析性倾听即幼儿能区分谈话对象中的特定内容，能意识到谈话对象言语中的声调变化；理解性倾听即幼儿听懂了谈话对象的言语意义，对谈话对象的观点进行评价并形成自己的观点，会通过言语或动作来表达自己的理解。良好的倾听习惯让幼儿在谈话中会听，良好的倾听能力让幼儿在谈话中听会（懂）。

幼儿倾听能力的发展会经历以下 3 个阶段。

1）初始阶段。幼儿在谈话活动中能安静倾听教师或同伴讲话，眼睛注视谈话对象，注意力跟随谈话对象指示的变化而转移，在谈话过程中，能够听懂教师或同伴的语言，根据教师的指令做出相应的动作。

2）稳定阶段。幼儿在谈话活动中能初步自主地集中注意力倾听他人讲话，初步用眼神、面部表情或口头语言对对方做出回应，能根据声音、语气、语调辨别不同的谈话对象，能理解他人话语中较长的句子，能根据自己的经验理解一些陌生的词语。

3）拓展阶段。幼儿在倾听他人谈话时能充分理解他人的意思，并能初步听出话语中隐藏的意义，如反语、幽默等；能在理解意思的过程中关注细节，会对他人的谈话内容进行评论、提问。

知识拓展

让幼儿学会倾听

1）游戏激趣。采用形式活泼、喜闻乐见的游戏，激发幼儿的倾听兴趣。如开展"小小录音机"游戏，教师与幼儿或幼儿与幼儿，一方"录音"，一方"放音"。在游戏中，结合动作及玩具的形式，幼儿不亦乐乎，参与倾听活动的兴趣大大提高了。

2）故事激趣。通过教师绘声绘色的故事讲述，引导幼儿学会倾听。如小班语言故事《下雨了》，教师可以先让幼儿细致地倾听教师的描述，通过倾听，了解故事的梗概。而后，让幼儿试着与其他人交流内容，也可组织讲故事比赛。在听故事中，幼儿倾听的欲望被激发出来了，认真倾听的习惯也在不知不觉中得到了培养。

3）设立"倾听角"。在班上设立"倾听角"，为幼儿倾听提供丰富的感性材料，如各种幼儿熟悉的自然现象、交通工具、小动物等声音的录音，以及各种幼儿喜爱的小乐器，以吸引幼儿参与倾听活动的兴趣。

（二）帮助儿童学习围绕一定的话题，充分表达个人的见解

1）要求幼儿学会围绕中心话题开展谈话。参与谈话的幼儿运用自己已有的生活经验，围绕中心话题在倾听他人谈话的基础上，思考自己的想法，说出与主题有关且适合于这一特定场合的话语。通过围绕中心话题交谈，不断扩展谈话范围，使谈话内容更加深入。

2）鼓励幼儿充分表达个人见解。在谈话过程中，由于幼儿的生活经验、兴趣爱好等各不相同，对所谈话题会有自己独特的见解和感受，这些内容可能超出教师预设的谈话内容，教师应鼓励幼儿大胆充分地表达自己独特的想法和感受，支持幼儿从不同的角度寻找问题的答案。

知识拓展

中班谈话活动：好吃的糖果

在开展谈话活动"好吃的糖果"时，孩子们围绕"糖果"这一中心话题谈得兴致勃勃。有的说："我吃过会在嘴里跳的糖果。"有的说："我吃过像玉米的糖，味道也和玉米一样呢！"这时，有个幼儿大声说："糖果不好！我都吃坏牙了！"说着张开小嘴，露出一口有窟窿的牙齿。另一个幼儿也表示赞成："吃糖多了会牙疼"。这样一来，围绕糖果的谈话从种类转到了糖果与蛀牙。突然有个幼儿说："我吃的糖果不牙疼！我妈妈会做糖果，我也会！"孩子们更加兴奋，纷纷谈起想吃什么口味的糖果。

（三）帮助儿童学会基本的运用语言进行交谈的规则，具有文明的语言习惯

人们在运用语言进行社会交往的过程中要遵循一些约定俗成的规则。如果违背这些规则，就会影响谈话的顺畅进行，影响人际关系的和谐稳定。为保证幼儿能正确运用语言进行人际交流，提高幼儿的谈话水平，应该让幼儿学习语言交往的基本规则，具有文明的语言习惯。

运用语言进行交谈的主要规则有以下几方面。

1. 用适合角色的语言进行交谈

幼儿会在不同场合与不同的人（如与教师、与父母、与同伴）进行个别交谈、小组交谈或集体交谈。不同的谈话场合的交谈对象，要求幼儿用不同的方式进行交流，包括不同的语音语调、不同的音量音高、不同的遣词造句方法等，这些规则的掌握，将有利于幼儿获得用适合角色的语言进行交流的敏感性。例如，在集体范围内进行交谈时，应该用清晰响亮、规范的语言表达个人想法，而在同伴或小组面前时，声音可适当降低，语气也可随意轻松一些。

2. 用轮流的方式延续谈话

在谈话活动中，应让幼儿知道自己同时兼有说话者和听话者的双重角色，意识到言语交往的双向性。换言之，要意识到谈话中不仅要把自己的思想表达清楚，还应让别人充分表达自己的观点，并根据对方的各种反馈信息来调整自己的讲话内容和方式。如果是个别交谈，需要一一对应地谈话；如果是多人交谈，则应按潜在的顺序逐一说话。幼儿处在自我中心阶段，刚开始学习谈话时，往往有抢话说、乱插嘴，或者光听不说、光说不听等不良习惯，教师应在谈话活动中有意识地帮助幼儿养成轮流说话的好习惯。

3. 用修补的方式延续谈话

谈话是有一定时间长度的交谈，谈话者应有修补延续谈话的意识和技能。谈话的修补有两种：一是自我修补，指说话者感觉到别人没有领会自己的意思，于是采用自我重

复、自我确认的方法向别人传递自己要表达的正确信息。例如，谈到自己喜欢吃的早餐时，有幼儿说："我最爱吃生煎。"当发现听者没有反应时，他就补充说："是一种煎包。"以此来帮助听者了解自己的意思。他人修补是谈话者对听到的信息不理解时，用重复信息、提出疑问等方式修补谈话。例如，幼儿说："我最爱吃生煎。"另一幼儿说："生的啊？"幼儿补充说："是一种煎包，不是生的。"另一幼儿明白了："是煎包呀！"这样双方对谈话内容有了理解，谈话就能继续进行下去了。

　　文明的语言习惯主要有：使用文明礼貌用语；注意倾听他人发言，及时给予应答和反馈；不随便插话、抢话，发言时先示意；注意谈话对象之间的轮流发言；谈话双方围绕主题开展谈话（这是谈话活动是否有效的重要指标）。《指南》中语言领域的目标3"具有文明的语言习惯"，主要涵盖的就是这个范畴的经验。幼儿运用语言规则进行谈话会经历以下3个阶段。

　　1）初始阶段。幼儿在谈话活动中能在教师的提示下认真倾听他人讲话；当别人跟自己交谈时能大方、清晰地回答；知道发言要先示意，通过语言、动作表达自己发言的意愿；做到在成人的提醒下暂时不插话、不抢话；谈话过程中主题不稳定，常常更换主题；在谈话的前后根据成人的提示会使用礼貌用语（如"你好""再见"等）。

　　2）稳定阶段。幼儿在谈话活动中能初步遵守谈话规则，发言时会通过举手、请求等方式先示意，做到在成人的提示下不插话、不抢话，遵守轮流发言的规则；根据谈话对象和需要调整自己声音的大小、语气；谈话过程中可以稳定地围绕双方感兴趣的主题交谈，但谈话内容主要是自身态度、经验的表达。

　　3）拓展阶段。幼儿在谈话活动中能初步做到有礼节地进行交流，具体表现为在交谈过程中能保持较长的倾听时间，有意识地控制自己插话、抢话的冲动；能主动使用礼貌用语，会初步根据谈话场合、对象的不同，运用不同的语气、语速甚至词语帮助对方理解；谈话过程中主题比较稳定，能根据指定的主题进行谈话。

知识拓展

谈话活动的阶段目标

　　1．小班

　　1）学会安静地听同伴说话，不随便插嘴。

　　2）喜欢与同伴交谈，愿意在集体面前讲话。

　　3）能听懂并愿意说普通话。

　　4）在教师的引导下，学习围绕主题谈话，能用短句表达自己的意思。

　　5）初步学习常见的交往语言和礼貌用语。

　　2．中班

　　1）能集中注意力，耐心地倾听别人谈话，不打断别人的话。

　　2）乐意与同伴交流，能大方地在集体面前说话。

　　3）能说普通话，能比较连贯地表达自己的意思。

4）学会围绕一定的话题谈话，不跑题。

5）学会用轮流的方式谈话，不抢着讲，不乱插嘴。

6）继续学习交往语言，提高语言交往能力。

3. 大班

1）能主动、积极、专注地倾听别人谈话，迅速掌握别人谈话的主要内容，并从中获取有用的信息。

2）能主动地用普通话与同伴交流，态度自然大方。

3）能围绕话题谈话，会用轮流的方式交谈，并能用恰当的语言表达自己的情感，与同伴分享感受。

4）逐步学习用修补的方法延续谈话，进一步提高语言交际水平。

第二节　学前儿童谈话活动的设计与组织

学前儿童谈话活动既可以是有目的、有计划的集体谈话活动，也可以是发生在日常生活中的随机谈话活动。不同的谈话活动类型，其设计与组织呈现出不同的特点。

一、集体谈话活动的设计与组织

学前儿童集体谈话活动是指教师围绕幼儿感兴趣的话题，运用生动有趣的形式，引导幼儿围绕主题进行交谈的集体语言教育活动。和日常生活中的谈话相比，集体谈话活动具有更强的目的性、计划性。从教育活动研究的角度看，幼儿园集体谈话活动的设计与组织有其特别的规律。谈话活动的目的、对象、活动方式的独特性，在活动设计的基本结构以及组织要求上可以得到充分反映。谈话活动设计的基本结构由以下3个步骤组成，依据这一结构去设计组织活动，可以取得良好的语言教育效果。

（一）创设谈话情境，引出谈话话题

创设谈话情境，引出谈话话题是设计和组织谈话活动的第一步。教师在谈话活动时开始，通过创设一定的情境，激发幼儿谈话的兴趣，唤醒幼儿对话题有关经验的联想，打开言语表达的思路，做好谈话的准备。这是谈话活动不可缺少的一个环节。

谈话情境的创设，主要通过3种方式。

第一种方式是以实物或直观教具创设谈话情境。教师利用实物、图片、墙饰、桌面玩具、活动区布置等，向幼儿展示与谈话主题有关的视觉或听觉形象，调动幼儿已有的生活经验，激发幼儿谈话的兴趣，启发幼儿谈话的思路。例如，在春节前开展的谈话活动"压岁钱"中，活动开始的时候，教师播放了一段春节的视频，引导幼儿回忆春节中最难忘的事，进而引出了"压岁钱"这个话题。

第二种方式是用语言创设谈话情境。教师运用生动形象的语言描述一个场景，提出一些问题或谜语，唤起幼儿的记忆，调动他们的经验，以便幼儿顺利进入谈话情境。同样，在设计和组织"压岁钱"这一活动时，教师也可以采用语言创设情境的办法。教师可以这样向幼儿展示谈话的情境："孩子们，老师请大家猜个谜语：穿新衣，戴新帽，噼里啪啦放鞭炮，走亲访友真热闹。辞旧迎新乐淘淘，幸福生活节节高，家家团圆真热闹！这是什么节日呀？对，是春节。那春节你最难忘的是什么？"用语言来创设谈话情境，同样可以达到引出谈话话题的作用。

第三种方式是用游戏或表演创设谈话情境。这是最为生动活泼的谈话情境。教师通过开展一些游戏或表演活动，来提供与谈话内容有关的情境，激发幼儿表达的愿望。如小班谈话"红灯绿灯眨眼睛"，教师先带领幼儿玩开汽车的游戏，当汽车开到十字路口时，让幼儿停下车探讨怎样才能有秩序地通过路口，由此引出"红灯停、绿灯行"这一话题。

创设谈话情境，只是谈话活动的开始部分，目的只是引出谈话话题，以便帮助幼儿自然而然地进入谈话。无论是实物展示、语言解说还是游戏表演，都不应该占用太多时间，一般在 3～5 分钟即可。在这一层次活动时，需要注意以下问题。

1. 注意创设谈话情境的方式

谈话情境创设的方式必须要以有利于幼儿谈话为前提。教师应充分认识到，无论以实物的方式、语言的方式还是表演的方式创设谈话情境，其根本目的在于开启幼儿谈话愿望、激发幼儿谈话的兴趣。创设什么样的谈话情境取决于谈话活动的需要。一般来说，对幼儿来说已经具备比较丰富经验的话题或幼儿新近关注较多的话题，可以不采用实物方式创设情境，因为这些话题幼儿不需要借助于眼前真实可感的形象来思考和谈话。对幼儿来说比较陌生或者较为抽象的话题，则要考虑创设实在具体的谈话情境。

2. 注意创设的情境与谈话话题之间的关系

谈话情境的创设是为引出话题服务的，应避免出现两种情况：一是避免许多与谈话内容无关的摆设，要紧扣谈话的中心话题；二是避免过于热闹。谈话的情境创设应尽可能地简单明白，以便直接连接话题内容。过于花哨、复杂的情境有可能分散幼儿的注意力。教师在创设谈话情境时，必须记住情境是谈话话题的"助手"，应以达到引导谈话话题的目的为基本标准来衡量情境创设的量和度，既要充分利用谈话情境启发引导幼儿，又要尽快导入话题引发幼儿谈话。

活动拓展

中班谈话活动：娃娃进超市

在"娃娃进超市"中，教师为孩子们提供的照片既有超市的布置，简单的购物标志，如价格表、路线标志等，又有孩子们购物的图片，最后还有找到自己要买物品的喜悦等。一系列照片的投入，帮助孩子们将自己参观过的活动再一次重现在自己的眼前，使每一次的表达都有一个力的支撑点，从而引导幼儿表达自己的感受和体会。

（二）幼儿围绕话题自由交谈

在幼儿就谈话话题开始谈话之后，教师接下来要向幼儿提供围绕话题自由交谈的机会。这一步骤的目的在于调动幼儿个人有关对谈话中心话题的知识储备，运用已有的谈话经验交流个人见解。设计和组织这一步骤的活动时，应注意以下几点。

1. 给予幼儿充分的自由讲述的机会

《纲要》中指出教师要"创造一个自由、宽松的语言交往环境，支持、鼓励、吸引幼儿与教师、同伴或其他人交谈，体验语言交流的乐趣"。谈话活动开展得如何，取决于教师对这个过程的把握程度。老师在这个环节的指导中，应做到"一个围绕""两个自由"。"一个围绕"是指教师指导幼儿围绕中心话题自由交谈，只要幼儿的谈话围绕话题进行，教师就不需要做示范，不给幼儿提示，不纠正幼儿说话时用词造句的错误，让幼儿充分运用已有的谈话经验说出自己想说的话。"两个自由"是指交谈内容自由、交谈对象自由。教师不必过多地干涉幼儿的谈话内容，要让幼儿想说就说、尽量多说。此外，幼儿可以自由选择交谈对象，可以与个别幼儿交谈，可以在小组内交谈，也可以与教师交谈。教师不要干涉幼儿变换交谈对象，只要幼儿积极投入到谈话活动中去，就达到了谈话的要求。

2. 为幼儿提供动手操作的机会

儿童心理学家让·皮亚杰认为，知识常与动作联系在一起的，动作是联系主客体的桥梁和中介。如果谈话活动仅限于教师与幼儿之间、幼儿与幼儿之间的交谈，单调的一问一答会让幼儿感到枯燥乏味。在活动中适当增加一些除交谈之外的实际操作，动静交替，会更好地维持谈话活动的趣味性。例如，在"不一样的路"这个谈话活动中，教师在"幼儿自由交谈"这一环节中让幼儿自己动手设计路，根据自己的设计讲出路的特点、功能等，这样的安排使幼儿的谈话更加饶有趣味。因此，在各种谈话活动中，均可根据话题内容，适当增加幼儿"动作"的机会。

当幼儿进入围绕话题的自由交谈时，教师不能袖手旁观，不能将幼儿自由交谈视为一种"放羊"的时机，让幼儿随便谈话而自己去做与谈话无关的事情。在这个活动阶段，教师的职责和任务主要表现在 3 个方面。

一是教师必须在场。当幼儿看到教师在场时，即使教师并未说话，幼儿也能够感觉到自己说话的价值，增进说话的积极性。可以说，教师在场意味着活动的正常进展，能够对幼儿产生潜在的影响。

二是教师参与谈话。教师可以采取轮番巡视的方式参与各组的谈话，到每一组都听一听幼儿的谈话，用微笑、点头、拍手等体态语言给幼儿以鼓励，也可用皱眉、凝视、抚肩等体态暗示那些未能很好进入谈话的幼儿。教师还可以简单发表个人见解，或是对幼儿说的话给予一定应答，或用自己的语言对各组幼儿谈话做出反馈，这样能产生一定的积极影响。

三是教师要观察幼儿谈话情况，了解他们运用原有谈话经验进行交谈的状态，明了幼儿谈话的水平差异，为下一阶段活动的指导做进一步准备。

（三）教师引导幼儿逐步拓展谈话范围

经过让幼儿围绕话题自由交谈的活动阶段之后，教师要集中引导幼儿逐步拓展谈话范围。在此阶段，教师通过逐层深入的谈话，向幼儿展示并帮助他们学习运用新的谈话经验，使幼儿的谈话水平进一步提高。

仍然以"我喜欢的糖果"为例，在活动的第三阶段，教师通过提问的方式，引导幼儿在集体范围内谈话。教师提出了3个要求：请幼儿说一说自己带来的糖果有什么特别的地方？请幼儿谈一谈自己最喜欢哪种糖果，为什么？请幼儿谈一谈自己觉得哪种糖果最有趣，为什么？在每个问题提出之后，教师都组织幼儿围绕这个问题谈论。于是，教师的提问和引导，是沿着"我喜欢的糖果"这个话题，逐层开拓、发展着幼儿的谈话内容，给幼儿提供了学习运用新的谈话经验的机会。

在这里需要特别指出，所谓新的谈话经验，是谈话活动目标在谈话活动中的具体化，是幼儿要学习的谈话思路和谈话方式的总和。教师在设计组织谈话活动时，要防止那种机械呆板理解"谈话经验"的问题。注意不要把一种句式或几个词汇的学习与新的谈话经验学习等同起来。每一次设计谈话活动时，都应当重视根据语言教育的要求和谈话活动的特点，寻找本次活动目标与新的语言经验点，力求从大的方面帮助幼儿整理谈话思路，掌握一定的谈话规则，获得一些适用于谈话的交往方式。具体而言，每一个谈话活动向幼儿提供的新的语言经验时，必须注意两点。

一是每个年龄班幼儿的谈话水平，应在幼儿原有谈话经验的基础上进一步扩展他们的经验范畴。例如，培养幼儿倾听谈话的意识、情感和能力，在小班、中班和大班都应有不同的要求，落实到每一次活动中，应逐步加入新的倾听经验要求。

二是各个谈话活动设计的新语言经验可能有所侧重。这次谈话活动可重点帮助幼儿学习围绕中心话题谈话，下次可能是重点学习围绕中心话题深入拓展小话题，再之后的谈话活动中还可能学习幼儿自己提出话题谈话，等等。另外，还应该明确一点，教师在此阶段向幼儿展示的新的说话经验，不是用示范、指示的方法说给幼儿听的，而是通过深入拓展的谈话范围将这种经验逐步传递给幼儿。教师用提问、平行谈话的方法，将新的谈话经验引入，让幼儿在谈话过程中不知不觉地沿着新的思路去说，潜移默化地应用新的谈话经验，最终学会这种新的谈话经验。

活动拓展

大班谈话活动：我最喜欢的书

活动中，教师引出图书的话题，重点引导幼儿围绕下列话题谈话：你看过哪些图书？说说它们的名字，书里讲了哪些内容？教师先让幼儿拿着自己带来的图书自由结伴交谈，再运用集体交谈的方式进行交谈。教师对幼儿的谈话进行了简单的评价和小结后，进一步提问：在你看过的图书中，你最喜欢哪本图书？为什么？幼儿都积极地发言。教师提问：除了图书本身很漂亮、精美外，你喜欢这本图书还有没有其他理由？幼儿的谈话思路进一步被开启。在活动中，教师参与幼

儿谈话，还向幼儿说了说"自己喜欢的一本书"，并注意听幼儿的谈话。

　　教师设计的问题看似很简单，"你看过哪些图书""说说图书的名字和内容""你最喜欢哪本图书，为什么"，通过这三个递进式提问，引导幼儿朝着一定的方向进行交谈，并传递和转换谈话的内容，使话题逐层深入。这种话题延续的基本顺序也是符合谈话活动"导向"和"传递"的语言要求的。用这样的逐层推进的方式设计话题，可以帮助幼儿开拓思路、唤起幼儿更多的回忆和内心体验，在此基础上再帮助幼儿学习新的谈话经验。

　　教师在组织谈话活动时，应当特别注意思考自己"说什么"和"怎么说"，因为此时教师说话的内容和方式，直接关系到幼儿有关新的谈话经验的学习。在谈话过程中，倘若教师准备不够充分，出现信口开河、随便说话或干巴呆板、无话可说的局面，都将直接影响这次谈话活动的教育质量。

二、日常生活中谈话活动的设计与组织

　　日常生活中的谈话是以问答或对话的方式与他人进行的一种口语交际活动，是谈话活动的重要形式。在幼儿的一日生活里，进行集体的谈话活动时间并不多，教师与幼儿有大量的时间和机会进行交谈，这类交谈带有极大的情境性和感情色彩，话题往往是随机选择的，交谈的对象经常变化，交谈可以在任何情况下开始或结束，不受时间、空间等影响。这种貌似随意的日常交谈对于促进幼儿语言理解和运用能力的发展，养成文明的语言习惯具有积极作用。

　　《指南》指出，语言是思维和交流的工具。幼儿期是语言特别是口语发展的关键时期，日常生活中的谈话具有自发性、随机性的特点。教师在组织开展日常生活中的谈话活动时应注意以下问题。

（一）选择幼儿感兴趣的内容作为日常谈话的话题

　　幼儿具有好奇好问的年龄特点，教师可事先撰写一些幼儿可能感兴趣的开放性的题目，在一日生活的过渡环节或区域活动时间组织幼儿交流讨论。一般来说，幼儿对以下内容比较感兴趣：喜欢吃的食物、喜欢玩的玩具、假期中发生的事情、自己的朋友和亲人、热播的电影电视、小游戏等。教师可以将这些谈话内容有计划地进行安排，比如每月一个大话题，每周一个小话题，将每月的大话题分成小话题，每周谈话几次。

（二）为幼儿提供语言交流的机会

　　一日生活中，只要不大声吵闹，在不影响正常进餐、睡眠和其他幼儿的情况下，不要过多地限制幼儿的交谈。教师应该提供更多的师幼之间、幼儿之间充分交流的机会，让幼儿在平等、轻松的环境中畅所欲言，尽情表达心中的各种想法与感受，克服压抑、紧张、胆怯的心理，保持轻松愉快的心情。教师可以在有空的时候跟幼儿交谈，这种交谈可以是面向集体的，也可以是与个别幼儿的，时间可长可短，轻松随意。对幼儿来说，这种闲聊

是非常宝贵的运用语言的机会，幼儿在无压力的环境中自然而然地学会运用语言。

例如，在餐前等待的时间里，让幼儿轻声地与同伴交流自己喜欢吃的饭菜，或者让幼儿说出各种主食、副食或蔬菜的名称。在吃点心时，引导幼儿说出热乎乎的稀饭、香甜的蛋糕、可口的饭菜等。

（三）耐心倾听，有效挖掘幼儿想说的话

教师在日常谈话中能够耐心倾听幼儿说话，既能使幼儿感觉到自己被重视，激发幼儿进一步说话的兴趣，又为培养幼儿良好的倾听习惯进行了亲身示范。在与幼儿进行个别交谈时，教师要蹲下身子，看着孩子的眼睛，用诚挚的表情和动作配合语言，对幼儿的话做出回应。老师应通过与幼儿的平等交谈，挖掘出想表达的想法，通过"为什么""你怎么知道的""为什么这样说"等，引导幼儿充分表达自己的想法。当幼儿表达不够清楚准确时，不应当指责，而应该积极引导孩子把话说下去。

（四）教师的语言要有良好的示范作用

当教师与幼儿进行谈话时，不仅能激发幼儿表达的欲望，更能丰富幼儿的语言，所以在与幼儿交谈时，教师语言的质与量影响谈话的水平。教师应注意不断提升自己的语言修养和日常积累，在交谈中做到语音标准清晰，用词准确优美，为幼儿树立良好的语言学习榜样。

知识拓展

日常交谈中的随机性谈话

1. 各类活动中的随机性谈话

早晨入园时，家长走后，教师让幼儿特别是来园较早的幼儿说说早上是怎么来上幼儿园的，早餐都吃了些什么，以及最喜欢吃的早餐等；在吃点心或用午餐时，教师可向幼儿介绍食物的名称，吃完后，让幼儿说说食物的味道，食物的颜色、形状等；散步时启发幼儿讲述观察到的事物和现象。如春天讲讲园内盛开的玉兰花、迎春花；秋天谈谈成熟的柿子、苹果，像扇子一样的银杏叶、火红的枫叶。

2. 热门话题中的随机性谈话

教师要善于挖掘幼儿感兴趣的热门话题：如每一周的趣事，双休日的见闻；重大节日以及在节日里游玩的景点，吃过的美食；在上午点名时，对没来的幼儿进行一些缺席原因的猜测；在点心或午餐迟未送到的情况下，进行一些迟到原因猜测；如遇天气突然变化，就让幼儿说说天气，如雪的颜色，雪像什么，雪花是几瓣的。

3. 语言指令中的随机性谈话

幼儿日常生活的组织离不开生活常规的建立，教师应在帮助幼儿建立生活常规的过程中，提高幼儿理解语言并按言语指令行动的能力。如每天早上，来得早的幼儿会在教师的要求下帮助全班孩子放好小茶杯，和老师一起把活动室的桌椅

靠边放，腾出室内晨间锻炼的场地。幼儿在餐点环节时，要先如厕、洗手、倒水，然后再进餐；进餐时要保持安静、桌面的清洁，尽量吃完自己的饭菜，不挑食；吃完后，把餐具放进指定的桶内，再去洗手、洗脸、漱口。

案例评析

案例 4.1　小班谈话活动：夏天真快乐

设计意图

夏季对儿童而言是个特殊的季节，从某种意义上说，夏季是属于儿童的。夏季，他们摆脱了衣物的束缚，可以自由自在地活动；夏季，他们和大自然最为亲近，可以裸着身体在风中、雨中、阳光中玩耍，可以赤着脚在大地上奔跑、在沙里嬉戏；夏季，他们可以做更多的自己喜欢的活动和游戏，如戏水、玩土、玩沙、玩小虫；夏季，他们还可以品尝各种各样的瓜果和冷饮——夏季真是一个快乐的季节！

活动目标

1）了解夏天最突出的季节特征。

2）能够与同伴一起畅享夏天里的快乐，对接下来的主题活动充满期待。

活动准备

1）体现明显四季特征的教学课件，《夏天真快乐》教学课件。

2）四季图卡每人 1 套。

活动过程

1．互动讨论：现在是什么季节

1）打开课件，分别出示春、夏、秋、冬四季的图片，教师简单介绍每个季节的基本特征。

提问：你认为现在是什么季节？为什么？

2）幼儿发表自己的意见并说明理由。

小结：春天花开了，燕子从南方飞回来，一切都在生长。秋天是收获的季节，有各种各样好吃的水果，丰收的庄稼，落叶片片像蝴蝶。冬天天空飘起雪花，小朋友们会堆雪人，玩得可开心了。

2．找夏天

1）引导幼儿回顾生活经验，说一说从哪里感受到了夏天。

小结：夏天非常炎热，人们开始吹空调，扇扇子，喝冷饮，小姑娘穿上了漂亮的裙子……

2）幼儿操作四季图卡：在特征比较明显的卡片中，把属于夏天的图片找出来。

提问：在这些卡片中，哪些是关于夏天的，请把它找出来。

3．夏天里的快乐

1）请幼儿结合生活经验说一说夏天里还有哪些好玩的事情，自己最喜欢夏天做什么。

2）教师与幼儿一起表演儿歌《夏天的太阳真顽皮》：夏天的太阳真顽皮，手里拿把红刷子，到处找人刷一刷。游泳的人，刷一刷，卖瓜的人，刷一刷，小朋友们，刷一刷，夏天的太阳真顽皮，刷得大家火辣辣。

4．活动结束与延伸

教师总结：夏天还有很多好听的歌曲和好看的舞蹈，我们下次活动的时候一起学一学。

教师再把夏天的图片放到活动区，请幼儿在自主游戏时看一看，玩一玩。还可以回家的时候和爸爸妈妈谈谈夏天还有哪些快乐的事情。

活动评析

夏天真快乐是一个以科学知识为主、多领域融合的谈话活动。在活动中，教师运用课件、各种图片、自己的亲身感受、已有的经验，运用各种感官，通过观察、感受、操作等活动引导幼儿观察夏天的自然现象，了解夏天天气的主要特征——炎热；通过对夏季景物及自然特征的表述，发展幼儿口语表达能力；使幼儿知道了夏季更要注意个人卫生，不可贪食冷饮等。活动设计思路开阔，将语言与科学、健康活动巧妙融合，既促进了幼儿语言能力的发展，又让幼儿获得了多种生活经验。

案例 4.2　中班谈话活动：家乡真美

设计意图

《纲要》指出，幼儿园要充分利用社会资源，引导幼儿感受家乡变化与优秀，激发幼儿爱家乡的情感。家乡是我们生长生活的地方，令人魂牵梦萦、倍感温暖。大班幼儿对家乡已经有了较强的情感认知，而且抽象思维也已开始萌发，对自己的家乡会有一定的认知经验，通过开展"家乡真美"的谈话活动，可以加深幼儿对家乡的了解，增进幼儿对家乡的热爱之情。

活动目标

1）热爱家乡，对家乡的发展感到高兴和自豪。

2）能对身边的环境进行细致的观察和比较。

3）了解家乡的变化，尝试运用多种方式进行表达。

活动准备

PPT 课件、视频、"济南历史文化馆"展板、"我眼中的济南"展板、幼儿操作图片等。

活动过程

1．我眼中的家乡——初步感知"家乡的美"

1）观看图片，激发兴趣。

指导语：大家知道我们的家乡是哪里吗？（泉城济南）前几天大家搜集了好多有关

济南的图片，现在我们一起分享一下。

提问：这是哪里？是什么样子的？

2）指导语：老师给大家带来一场视觉盛宴，一起来欣赏吧。（播放视频）

小结：这是济南现在的样子。马路宽、环境好、交通方便、住的舒适，我们的家乡济南可真美！

2．今昔对比——进一步感知"家乡越变越美"

1）创设情境：参观"济南历史文化馆"。

指导语：今天我们走进"济南历史文化馆"，了解一下济南过去是什么样子的。

2）幼儿自主布置展板"我眼中的济南"，进行今昔济南对比。

提问：原来的济南是什么样子的？和现在的济南有什么不一样？

小结：我们的家乡济南和之前相比变化可真大啊！

3）图片排序，进一步感受家乡的变化。

指导语：除了这些，济南还有什么变化？小秘密就在你们的桌子上，4个小朋友一组，我们去寻找小秘密吧。每组桌子上的图片都不一样，小朋友要先对比观察，按照从过去到现在的顺序排序。

A．幼儿根据排序内容进行讲述。

B．教师根据幼儿回答用图片演示，进行线索归纳线索提炼：

住房的变化：草屋——砖房——高楼——摩天大厦

道路的变化：土路——马路——公路——高架桥

交通工具的变化：自行车——老式公交车——小汽车——高铁——飞机

环境的变化：脏乱——破旧——干净——优美

小结：原来我们家乡在很多方面都发生了变化，我们住的房屋越来越舒适，道路越来越宽敞，交通工具更加多样方便，环境也越来越好，我们的家乡真是越变越美丽啦！

4）欣赏"现代济南"，再次感受家乡的美。

指导语：老师给大家带来一段视频，感受一下现代济南的气息。（播放视频）

小结：家乡济南可真美，济南的建设需要我们大家共同努力。你们有没有信心把我们的家乡建设得更加美丽？

3．情感体验——感受家乡的美来之不易

指导语：小朋友，你们知道吗？2017年，我们家乡济南被评为"全国文明城市"，2018年在全国文明城市测评中，济南取得了全国第一的好成绩，这份荣誉来之不易，需要很多人共同的努力。这么美丽的济南都是谁建设的呢？

1）PPT演示：各行各业辛苦劳作。

建筑工人：不怕苦、不怕累，为城市建设增砖添瓦。

环卫工人：起早贪黑，风里来雨里去，为大家营造干净的环境。

交通警察：维护交通治安，保证道路畅通无阻。小朋友以后想做什么职业？

小结：各行各业的工作者们都在自己的岗位上默默奉献，大家共同努力才有了家乡

的美丽。

2）夸济南。

指导语：谁能用一句话夸一夸我们的家乡济南。

小结：济南未来的发展需要你们的努力，只有这样，我们的家乡才能越变越美丽！

4．课后延伸

孩子们，让我们走进区域建构更加美丽的济南吧！（深入开展区域游戏）

活动评析

本节活动环环相扣，层层递进，紧紧围绕"家乡真美"这一话题展开谈话，充分发展了幼儿的语言表达能力。活动在观看图片、分享交流中引出了主题，幼儿纷纷说着自己家乡的样子。接下来是谈话的重点，通过教师布置的"济南历史文化馆"，让幼儿感受泉城今昔对比，更加深刻地感受现在家乡的美丽。紧接着，是本活动的难点，通过实际操作，从过去到现在的各种变化，例如住房、交通、道路等，让幼儿感受家乡从过去到现在的种种变化，发展幼儿的动手操作以及逻辑思维能力。视频的欣赏，更是给孩子带来了一场视觉盛宴，更直观的感受泉城的美丽。在情感升华环节，让幼儿感知现在家乡的来之不易，是各行各业劳动者辛苦工作的结果，通过让幼儿畅想长大后想做什么职业和夸夸我们的家乡，激发幼儿立志建设家乡的意愿。

案例4.3　大班谈话活动：名字的故事

设计意图

对于孩子来说，自己的名字是熟悉的，通过朝夕相处也能叫出班级中其他孩子的名字。进一步认识了解自己及他人的名字，符合大班幼儿的认知水平，孩子们通过观察、比较、记录从粗略到细微发现了每个人名字的不同，这既是对幼儿观察能力的培养，也有利于幼儿感受个体的多样性。幼儿已初步认识了自己的名字，了解了自己名字的汉字结构，通过比较认识了自己名字与别人的不同，孩子们在学习过程中还注意到了关于名字的其他知识，有的孩子在探索中发现名字的意义也是各不相同，这激发了幼儿继续探究的好奇心和求知欲，学习的积极性成了他们继续探索的动力。但对于自己名字的独特性和含义幼儿了解的还是比较少的，所以本案例为孩子们提供了一个讲述名字的故事的机会，设计了"名字的故事"的大班语言活动方案。

活动目标

1）了解自己名字是由姓和名两部分组成，感知姓名的重要性和中国姓氏的丰富。

2）大胆与同伴交流自己名字的含义和背后的故事，感受自己名字的与众不同。

3）在交流中增强自信心，体会父母对自己的爱和期望。

活动准备

1）经验准备：幼儿向家长了解关于自己名字的含义。

2）物质准备：游戏及百家姓课件、名字卡片。

活动过程

1．创设谈话情境，引出谈话话题

教师向幼儿提出问题："我们大家初次见面，相互都不认识，介绍自己的名字后就会认识了。"然后与幼儿一起做自我介绍："大家好！我叫……"由介绍自己的名字引起谈话话题。

2. 说一说自己的名字，知道名字是每个人交朋友必须了解的，是自己所特有的

教师出示大黑板，请幼儿找出自己的名字。然后请幼儿回答：名字又叫姓名，为什么叫姓名？

3. 聊一聊自己姓什么，了解中国的姓氏文化

1）教师提问："你姓什么？你为什么姓……"引出子随父姓。

小结：多数小朋友跟爸爸姓，有的跟妈妈姓。

2）教师请幼儿在黑板上找到自己的姓将它贴到自己的胸前，然后相互观察，发现有些人的姓是一样的，进而引出同姓一家。

3）老师带来一个名字，请小朋友猜猜他的姓是什么？（诸葛、欧阳）

小结：一个字的姓叫单姓，两个字的姓叫复姓。

4）你们知道我们中国人还有多少姓？出示课件：百家姓，引导幼儿观察发现姓在前名在后的规律。

小结：姓是每个人所特有的，但名呢？可有意思了。引出话题：名。

4. 讲一讲名字的意义，感受父母对自己的爱和期望

1）找到自己的名字将它贴在自己的胸前，与旁边的小朋友谈谈自己名字的含义。

2）请几个小朋友说说自己名字的意思。

3）请幼儿说说老师名字的意思。

4）老师读名字的意思，请幼儿猜猜是谁的名字。

小结：每一个名字都与众不同，都包含着父母浓浓的爱和美好的期望，我们应该好好学习，好好听话，来回报父母的爱。

5. 玩"给娃娃取名字"的游戏，感受父母给儿女取名字的一番苦心

1）两个小朋友一组，分别扮演"爸爸妈妈"，给小娃娃取一个名字，把你的期望和祝福也藏在名字里。

2）幼儿讲述给娃娃取的名字，并说出取这个名字的理由以及对宝宝的爱与期望，分享取名字带来的快乐。

6. 活动结束

给宝宝取名字是一件很不容易的事情，它需要有耐心、有文化。下面请大家带着自己的宝宝出去散散步，家庭间交流下宝宝的名字。

活动评析

1）选材贴近幼儿生活，是幼儿非常感兴趣的。"名字"这个话题，很贴近幼儿生活，幼儿在整个活动中有话说、愿意说，也会说，能积极地和老师、同伴互动，对于"名字"有了更深的理解。

2）活动内和活动外的关联性强，扩大了课程的含义。幼儿在此活动前通过调查表的形式，向自己的父母询问、了解自己名字的含义，在活动过程中和老师、同伴交流各自的信息。通过这种活动内和外的学习，幼儿得到的更多也更深刻，体现了现代课程观

的价值。

3）重视对幼儿语言运用和交往能力的培养。教师在活动中创设了真实而丰富的语言运用情境，利用了自己的名字，让幼儿有机会运用语言进行交流，培养幼儿有礼貌地与人交往，对幼儿社会交往具有一定的启迪作用。

4）注重幼儿社会性的发展。活动中教师把"怎样交新朋友"的问题提出来让幼儿思考，帮助他们初步掌握相应的交往技巧，这对幼儿融入小学生活有一定帮助。

5）随机渗透德育，激发幼儿积极向上的情感。教师巧妙地把德育和课程内容紧密地结合起来，引导幼儿对一些在世界上有影响力的或自己认识的名人的名字进行了解和分析，不仅开阔了幼儿的视野，而且使幼儿对名字有了更深入的认识。

同步训练

一、思考训练

1. 请结合实际谈谈你对学前儿童谈话活动教育目标的理解。
2. 请结合《指南》谈谈在谈话活动中应如何培养幼儿文明的语言习惯。
3. 请结合《指南》谈谈怎样为幼儿创造说话的机会。

二、实践实训

1. 结合所学理论为幼儿园小、中、大 3 个年龄班各选择一个谈话话题。
2. 从所选话题中任选一个，拟定谈话的提纲。
3. 观摩一次谈话活动，并记录详细的活动方案。
4. 模拟试讲一个谈话活动，并写出活动反思。

第五章
学前儿童讲述活动

学习与能力目标

1. 了解讲述活动的基本特征。
2. 理解各种类型讲述活动的特点。
3. 掌握各类讲述活动的组织与指导方法。
4. 能够根据幼儿的年龄特点设计组织讲述活动并进行试教。

知识结构图

```
                    学前儿童讲述活动
                    /            \
      学前儿童讲述活动概述      学前儿童讲述活动的设计与组织
        /        \                /          \
  学前儿童     学前儿童讲      讲述活动的      不同类型讲
  讲述活动     述活动的教      设计与组织      述活动的设
  的特点       育目标          的基本结构      计与组织
```

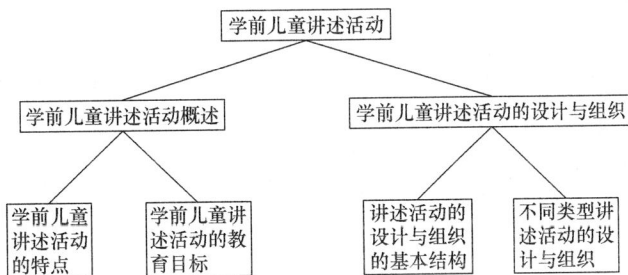

第一节　学前儿童讲述活动概述

　　讲述活动一直以来就是幼儿园语言教育的重要方式，是发展学前儿童独白语言的重要语言教育活动类型。讲述活动是以培养儿童独立构思和表述一定内容的语言能力为基本目的，给儿童提供积极参与命题性质语言表述的实践机会。

　　幼儿园的讲述活动为幼儿创设一个相对正式的语言运用情境，要求幼儿依据一定的凭借物，使用比较规范的语言来表达个人对某人、某事或某物的认识，进行语言交流。可以说，讲述活动对于培养幼儿的语言表达能力具有特别的作用。

一、学前儿童讲述活动的特点

讲述活动以培养儿童独立构思和完整表述一定内容的语言能力为基本目的，它和谈话活动一样，都是以培养学前儿童口头语言能力而进行的教育活动，但二者在活动目的、活动对象、活动方式等方面，均有较明显的差异。讲述活动具有以下几个主要特征。

（一）讲述活动有一定的凭借物

幼儿园的讲述活动，一般有一定的凭借物。这里所说的凭借物，是指讲述活动中教师为幼儿准备的，或幼儿自己参与准备的图片、实物、情景等。教师通过提供讲述活动的凭借物，给幼儿划定讲述的主题和范围，使他们的讲述语言具有明显的指向性。例如，教师提供图片，让幼儿讲述"快乐的节日"，幼儿则按照图片所展示的内容叙述节日里所发生的事情，以及主人公如何做的、怎样感到快乐的，等等。也就是说，在讲述活动中，一定的凭借物往往成为幼儿讲述的客体，对幼儿的讲述起着重要的作用。

讲述有一定的凭借物，是幼儿园讲述活动的独特之处。在讲述活动中出现凭借物，基于以下两个方面的需要。

第一，符合幼儿讲述活动的需要。我们知道，成人讲述一件事情或一个物体，既可以凭借当时出现在眼前的实物、情景，也可以凭借脑海中存留的表象进行。但对于幼儿来说，由于受已有经验和表象积累不足等实际情况的限制，在讲述活动中，不可能完全凭借记忆进行讲述。如果凭空讲述，有可能出现两种情况：一是幼儿因记忆中材料不够而无法按照要求讲述，二是幼儿因集中注意搜索记忆中的经验，而忽视讲述语言的组织以及正确表达方式的使用。因此，幼儿在讲述活动中需要有一定的凭借物。

第二，幼儿园讲述活动是一种集体参与的活动。无论这个活动参与人数多少，幼儿都要面向集体进行讲述。因此，我们组织的讲述活动需要有一种集体的指向，要求幼儿就相同的内容构思表述个人的见解。讲述活动出现的一定凭借物，这就为幼儿指定了讲述的中心内容。幼儿可以从每个人具体的认识角度去讲述相同或相似的内容，并且产生相互交流和相互影响的作用。

知识拓展

凭借物在讲述活动与谈话活动中的区别

"有一定的凭借物"是讲述活动的一个突出特点，但目前许多谈话活动也存在凭借物，也同样要求幼儿围绕凭借物来层层展开，推动谈话活动的进行。那么，凭借物在讲述活动和谈话活动中有什么区别呢？

首先，它们各自发挥的作用不同。讲述活动中，凭借物是幼儿讲述的依据，对凭借物的内容，幼儿要用语言原原本本地进行再现，可以用语言稍加充实和丰富，但不能任意进行修改，即"所现即所讲"。谈话活动中凭借物的出现主要为幼儿创设谈话情境，引出有趣的中心话题，只要不跑题，谈什么都可以，幼儿谈话的内容只要维持在谈话范围内就可以尽情发挥。

其次，对幼儿的思维要求不同。讲述活动需要大量的生活经验做铺垫。当凭借物出现后，幼儿要迅速搜集已有的经验和感受，并集中到凭借物的一个点、一个面、一个情节上。谈话活动要求在幼儿看到眼前的凭借物时，思维能够灵活联想到许多生活经验来充实、丰富谈话内容。也就是说讲述是聚合思维，谈话是发散思维。

再次，对语言的要求不同。讲述活动要求幼儿用较为正规的独白语言描述凭借物，强调语言运用的准确性。谈话活动则强调宽松、自由的交流，有较强的随意性，对语言的规范性要求不高。

（二）讲述活动有相对正式的语境

语境即言语环境，包括语言因素，也包括非语言因素。上下文、时间、空间、情景、对象、话语前提等与语词使用有关的都是语境因素。从交际场合的角度来看，言语交际的实质，是利用语言传递信息、交流思想感情。不同的语言情境，要求人们使用不同的语言。在一定场合中，说什么话和怎样说话，既与这个场合中所说的内容有关，也与参与说话的人有关，还与这个场合里其他人说话的方式方法有关。所有这些因素都会使人们在交往中不由自主地调节自己的说话范围、说话方式和说话风格，以便更好地适应这一特定场合的要求。如果是一个相当活泼的交际场合，参与交际的人就应当感受到这一语境的特点，要以相对活泼的内容方式和风格说话。反之则会与语言情境格格不入。

与谈话等其他几类语言教育活动相比较，讲述活动为幼儿提供的是一种学习和运用比较正式的语言的场合。要让幼儿既能在宽松的气氛中与别人交谈，又能够经过比较严密的组织，使用比较正规的语言来表达个人对某人、某事或某物的认识，就需要培养在不同的语言环境中运用不同的方式来表达自己看法和观点的能力。

总之，讲述活动为幼儿提供的是一种学习运用较正式的语言进行说话的场合。幼儿在讲述活动中不能像谈话活动中那么宽松自由地交谈，要慎重考虑后才能发表个人见解；幼儿说话不能有很大的随意性，需要经过较完善的构思，结构较完整地说出一段话来；在用词造句方面，要尽量准确性，并合乎规则。例如，同样是说与秋天有关的内容，在谈话活动中幼儿可以随便地谈论说："我看到树叶发黄了、落了，风吹过来，凉飕飕的。"而在讲述活动时，幼儿则要根据图片内容说："秋天到了，树叶纷纷飘落，秋风吹过，让人感到阵阵寒意。"总之，讲述活动必须根据语言环境要求，针对具体的讲述凭借物的实际，组织口语表达的内容和方式，运用较为正规的语言风格说话，这是讲述活动的一个重要特点。

（三）讲述旨在锻炼一种独白语言

讲述活动是为幼儿语言交际提供一个相对正式的场合，幼儿要学习的讲述是一种独白语言。独白，顾名思义，需要说话的人独自构思和表达对某一内容的完整认识。在谈话活动中，幼儿的语言交流是双向或多向的，交谈的对象是明确的，交谈的话语是简短的并相互紧扣连接的。而在讲述活动中，幼儿的语言交流对象是不明确的，往往是一个

人讲给许多人听，说话的话语相对较长，彼此所说的一段话并不需要上下紧扣，而是相对独立、各成篇章的。

讲述的独白语言特性，要求幼儿的口头语言表述经历这样一个过程：从独立完整编码到独立完整发码。所谓独立完整编码，是指幼儿按照所要表达的内容选择词语、组成句篇。讲述活动是要求幼儿独自完成一段完整话语的过程。例如，在讲述"快乐的节日"时，幼儿要依据图片确定先说什么后说什么，要大致打一个"腹稿"。同时幼儿还要在活动中独立完整地发码，也就是通过自己的发音器官，以口头语言的方式将自己构思的讲述内容说出来。完整编码在于把认知的信息变换成一连串有意义地联系在一起的语言符号，发码又是将这些成串成段的符号准确无误地发送传递出去。对幼儿来说，这是有一定难度的。因此，讲述活动的语言要求比谈话活动要求高，并且讲述是建立在一般交谈的语言基础之上的。在幼儿园里，幼儿要在谈话活动和日常交谈中发展自己运用语言与人交往的能力，也要逐步具备一定水平的讲述能力。讲述活动是培养、锻炼幼儿独白语言的特殊途径，与其他各类语言教育活动相比，有其存在的独特价值。

知识拓展

讲述活动与谈话活动的区别

1）从活动目标上看，谈话活动注重学前儿童运用语言与他人进行交流，而讲述活动则侧重学前儿童清楚连贯表述某一事、某一物的能力。

2）从活动内容上看，谈话活动往往围绕学前儿童已有经验的话题进行交流，而讲述活动则针对某一学前儿童需要认识的凭借物（如图片、玩具等）进行讲述。

3）从活动中学前儿童运用语言方式来看，谈话的语言属于对话范畴，不需要正式场合使用的规范严谨的语言，而是宽松自由、不拘形式的语言，以说明白想法为准。讲述是一种独白，类似正式场合的语言，要求规范清晰地表达相对完整的观点。

二、学前儿童讲述活动的教育目标

讲述活动是以培养儿童独立表述行为为主的语言教育活动，根据讲述活动的特点和儿童语言发展的需要，在讲述活动中主要侧重培养幼儿的以下 3 种能力。

（一）培养幼儿感知理解讲述对象的能力

感知理解讲述对象和内容，是幼儿清晰、完整、连贯地进行表述的前提和基础，这就要求儿童充分调动自己的观察能力，观察要讲述的凭借物，然后运用分析、综合和判断能力理解讲述的对象。不同的年龄班在这个目标上有不同的要求：小班的目标是能听懂并按照指令的要求感知并理解内容简单的实物、图片和情景；中、大班则要求用比较法、分析法理解较为复杂的讲述对象的主要内容，包含表面内容和深层次内容。表面内容指图片中的人物动作、事件、背景等，而深层次的内容则包括人物之间的对话和心理活动等。讲述活动既要让幼儿理解讲述对象的表面内容，又要帮助幼儿深入挖掘隐藏在画面背后的深层次的抽象的内容，从而为幼儿清晰、有条理地反映讲述对象打下坚实的基础。

从语言学习的角度来看，感知理解讲述对象、获得有关讲述内容是一个综合信息汲取过程。它不仅要求幼儿听懂指示，还要观察讲述对象——凭借物，然后通过运用概念、想象、判断、推理等多种思维形式的活动，获得一定的认识。这个过程并非简单地听和说，还有各种语言和语言之外的认知，如社会能力的参与、加工和协调工作。因此，将活动的目标之一放在培养幼儿感知理解讲述对象的能力上，非常有利于幼儿不断增强综合信息汲取的能力，这对幼儿语言和其他方面发展都会产生极大的促进作用。

（二）培养幼儿独立构思与完整表述的意识、情感和能力

讲述活动为幼儿提供了独立构思和清楚完整表述的好场所。通过讲述活动，可以从3个方面提高幼儿的语言水平。

1. 在集体场合自然大方地讲话

幼儿从3岁左右开始产生了在集体面前讲话的意识，但在集体面前讲话的能力需要通过不断的学习才能得到提高。比如，许多幼儿在集体场合讲话声音很小，完全不像在游戏活动或个别交谈时那样大方。通过教师指导，幼儿可以在讲述活动中逐步学会如何在集体面前自然大方地讲话。在集体场合自然大方地讲话，包括以下几点要求：一是勇于在许多人面前说出自己的想法；二是乐于跟别人分享自己的观点，积极地说话；三是在集体面前说话不忸怩作态，不脸红害羞，不胆怯退缩；四是用大于平时讲话的音量和正常的语调、节奏在集体面前说话。

2. 使用正确的语言内容和形式进行讲述

幼儿处于语言学习过程之中，他们的在讲述过程中不可避免地会出现语音、语法、词汇等方面的错误。但是通过尝试错误，错误可以不断得到修正，一步一步地向正确的方向靠拢。讲述活动要求幼儿使用规范化的语言，这就要引导幼儿不断地纠正错误，提高使用正确语言内容和形式的水平。

3. 有中心、有顺序、有重点地讲述

在讲述活动中要求幼儿使用独白语言，发展幼儿有中心、有顺序、有重点地说话的意识和能力。有中心地讲述，要求幼儿在讲述时不"跑"题，能够围绕讲述内容讲述，不说与中心内容无关的事；有顺序地讲述，教幼儿学习按照一定逻辑规律来组织表达自己的口语语言，增强他们说话的清晰度、条理性；有重点地讲述，要求幼儿抓住事件或物体的主要特征，传达最重要的信息，而不是主次不分，眉毛胡子一把抓。幼儿在讲述活动中，独立进行构思和清楚完整表达的语言能力，可以提高他们的表述行为水平，促进语言发展。

（三）培养幼儿掌握对语言交流信息清晰度的调节技能

心理语言学的研究表明，儿童在学习运用语言与人交往的过程中，需要不断提高个体对交流信息清晰度的调节技能。从总体上说，这种调节技能是针对交往场合中各种主客观因素，以及这些因素与个人使用语言关系的敏感性而言。幼儿有必要通过讲述活动学习获得这种语言运用技能。在讲述活动中，幼儿可从以下 3 个方面提高对交流信息清晰度的调节技能。

1. 增强对听众特征的敏感性

根据听者的特征来调节说话的内容和形式，使听者能理解和接受，这是保证交流信息清晰度的一个方面。按照皮亚杰的观点，4 岁前儿童的语言主要是以自我为中心的，他们之间没有真正的相互交流，即使在一起游戏他们也常常各说各的话。每个儿童在讲到自己正在做或准备做的事情时，既不注意别人在说什么，也不关心别人是否在听自己说。因此，他们对听者的特征是不敏感的。

但是在语言发展过程中，在教育的影响下，幼儿可逐步提高语言交流清晰度的调节技能。幼儿园的讲述活动，要求幼儿在所处的集体中说话、交流，并且这种说话有共同指向的内容。这样的活动可促使幼儿关注别人的言谈，以及自己所说与别人所说内容之间的关系，努力使听众对自己所讲内容产生兴趣，并能为他们所理解。于是，他们就可能渐渐学会去把握听者的特征，提高这方面的敏感性。

2. 增强对语境变化的敏感性

幼儿园的讲述活动是一种不同于其他语言交往的环境场合，所以要求幼儿使用不同于其他场合的语言进行交流。即使在讲述活动范围内，每一次给幼儿提供的语言环境也不尽相同，例如，讲述"春天的阳光"与讲述"有趣的星期天"不一样，看图讲述和实物讲述也有差异。可以说，每一次具体的讲述活动，都对幼儿提出了感知语境变化的具体要求，幼儿在学习讲述的过程中，逐步锻炼了自己对语言变化的敏感性，提高了随语言环境变化而调节自己表述方式的能力。

3. 增强对听众反馈的敏感性

在运用语言进行交往时，幼儿需要学习根据听众所做出的反馈，及时调整自己说话的内容和方式，这是保持语言清晰度和交流效果的又一种语言运用技能。

掌握这一种语用技能，需要幼儿获得两方面的能力。一是及时发现听众的信号。讲话人在说话时，要及时地捕捉听众是否听懂，以及表现出哪些困惑的、同意的、不赞成的反馈等信息，并做出相应的反应。二是讲话人要能够根据听众反馈的信息对所说内容进行修正。有关研究认为，幼儿修正自己讲话，以适应听众的能力还处在初级阶段。当听众发出不理解的反馈信息时，幼儿的反应多半是沉默或多次重复最初的话语。如果讲述的内容是他们熟悉的事情，幼儿能根据听众反馈的信息进行再编码，情况会显得好一些。

幼儿应当在讲述活动中学习敏锐发觉听众的反馈，从而及时调整交流内容和方式。在讲述活动中，幼儿要在集体面前讲述一段较长、较完整的话。就听和说双方而言，关注的是同一内容，均处于高度注意的过程，再通过教师的提示、插话，幼儿可以觉察自己所说的是否有遗漏和信息被接受的状态，并能按照要求进行修补，最终培养起根据听众所发生的反馈而及时调整交流内容和方式的能力。

5.2.1

讲述活动年龄阶段目标

1. 小班发展目标

1）能有兴趣地运用各种感官，理解内容简单、特征鲜明的实物、图片和情境。

2）愿意在集体面前讲述自己感兴趣的事件。

3）准确地说出讲述内容的主要特征或主要事件。

4）安静地听教师或同伴讲述，并用眼睛注视讲述者。

2. 中班发展目标

1）能仔细观察。

2）学习按照一定的顺序讲述实物、图片和情境的内容。

3）能声音响亮、句式完整地在集体面前讲述。

4）能积极地倾听同伴的讲述，从中学习好的讲述方法。

3. 大班发展目标

1）能通过观察，理解图片、情境中蕴含的主要人物关系，并有自己的思想感情倾向。

2）能有重点地讲述实物、图片和情境的内容，突出讲述的重点。

3）能根据场合的需要调节自己讲话的音量和语速。

4）语言表达流畅，用词造句较为准确。

第二节　学前儿童讲述活动的设计与组织

讲述活动是幼儿园语言教育活动的重要内容之一，在语言教育中发挥着不可替代的作用。讲述活动与实物、图片、情境和现实生活密切联系。掌握讲述活动的程序步骤是教师开展此类活动的基础。讲述活动虽然类型多样，但由于其有共同的特点，所以在实施中存在一个相对固定的结构，遵循着稳定的规律。

一、讲述活动的设计与组织的基本结构

指导讲述活动的设计与组织的基本结构由以下4个步骤构成。

（一）感知理解讲述对象

幼儿园讲述活动的显著特点之一是具有相对固定的讲述对象即凭借物，因而在设计组织讲述活动时，首先要帮助幼儿感知理解讲述对象。

感知理解讲述对象的主要途径是观察。这里所说的观察，大部分是通过视觉汲取信

息，当然也包括从其他感觉通道去获得认识。常见的看图讲述、实物讲述、情景表演讲述，一般都首先让幼儿仔细看图、看实物、看表演理解讲述对象。而听录音讲述，如"秋天的声音"，先让幼儿听一段录有秋天里各种小动物叫声的音频，请幼儿分辨出录音中各种声响，如知了、青蛙、鸣蝉的叫声等。通过听录音将各种声音联系起来，想象秋天里发生的有趣的事情。这是从听觉途径感知理解讲述对象的。而实物讲述"可爱的小白兔"，则要求幼儿先看看小兔子长的什么样，是什么颜色，然后请幼儿轻轻地摸摸小白兔，感受它柔软的皮毛。通过视觉、触觉的共同作用全面感知讲述对象。

教师指导幼儿感知理解讲述对象可把握以下 3 点。

1）依据讲述类型的特点感知理解讲述对象。如叙事性讲述，应重点感知理解事件发生的过程顺序以及人物在其中的作用。描述性讲述，重点则在理解物体的形态或人物的状态动作、特征以及像什么等。只有从这样的角度把握住了讲述对象，才能为讲述做好准备。而描述性讲述应重点观察物体或人物的状态、动作、特征以及像什么等。如讲述"秋天的树"，要求幼儿描述秋天里的树，就要具体说出树叶的颜色、形状和树叶可以做什么等，传递有关秋天的树的信息和人们美的感受。其重点在于初步尝试使用具体、生动、形象的词语说话，同时抓住事物的主要特征进行描述。只有从正确的角度把握住讲述对象，才能为讲述做好准备。

2）依据凭借物的特点感知理解讲述对象。讲述活动中的凭借物是多种多样的，有的是几幅平面的相互有关系的图片，有的是立体的固定的实物，也有的是活动的、连续动作的情景，还有的是听觉信息组成的活动情景等。教师在指导幼儿感知理解讲述对象时，应抓住这类讲述对象的特点去组织观察活动过程。

3）依据具体活动要求的特点感知理解讲述对象。每一次活动的目标要求是不一样的，有时要求幼儿学习有中心、有重点地讲，有时要求幼儿有顺序地讲。教师的任务是根据活动的具体要求，指导幼儿观察，以便为讲述打好认识上的基础。

（二）运用已有经验讲述

在幼儿感知理解讲述对象的前提下，教师引导幼儿运用已有的经验进行讲述。这一步骤的活动组织，要求教师尽量放开让幼儿自由地讲述，给他们以充分的机会、时间，运用已有的经验进行讲述。组织幼儿运用已有经验讲述的方式很多，基本上可以归纳为以下 3 种。

1）幼儿集体讲述。这种方式虽然保持集体活动的状态，但是给每位幼儿围绕感知对象，充分自由发表个人见解的机会。如中班讲述活动"我带来的玩具"，教师在活动设计组织时，可让幼儿根据个人经验，向同伴介绍自己带来的玩具，教师不做规定和提示。

2）幼儿分小组讲述。分小组讲述一般情况下每组四人，幼儿可有更多的机会围绕同种感知对象，轮流进行讲述。这种形式具有一定的直接交流的性质，能为每位幼儿提供讲述的机会。

3）幼儿个别交流讲述。个别交流讲述常常是幼儿一对一地讲述。教师可让幼儿就近与邻座的同伴结成对子，轮流讲述，也可让幼儿对着假想角色讲述，如讲述"我们班的小朋友"，幼儿对着假想角色讲述自己班不同的小朋友。这样的讲述方式对幼儿具有相当的吸引力。

（三）引进新的讲述经验

新的讲述经验是每次讲述活动学习的重点。在制定活动目标时，教师应考虑上次活动的重点、解决的问题、达到目的的情况，以便在此基础上向幼儿提供新的讲述经验。通过前两个步骤的铺垫，教师可以根据本次活动的目标要求，帮助幼儿学习新的经验。新的讲述经验主要是针对讲述的思路、讲述的方式和讲述的全面性而言。

1. 讲述的思路

教师在示范新的讲述经验时，很重要的一点就是帮助幼儿理清讲述的思路，使整个讲述有较强的顺序性和条理性。如看图讲述"捉迷藏"，教师可按这样的思路讲述："小熊来草地上做什么—后来谁来了—他们一起在做什么—在捉迷藏过程中发生了什么事—后来怎么样了……"帮助幼儿理顺讲述的思路。它有助于幼儿了解讲述的基本内容，避免重大事件、重要人物的遗漏或是没有围绕事件发生的顺序来讲述等现象的发生。教师还可以示范新的讲述思路，就同一个讲述对象发表教师个人的看法。但教师的示范显然不是幼儿复述的复制，否则将会降低幼儿讲述的主动性、积极性和创造性。

2. 讲述的方式

讲述的方式包括观察、感知理解讲述对象的哪些部分是重点内容而需要多加描述，哪些是次要部分而可以略讲或少讲。这样的讲述方式对幼儿分析、概括等思维能力的要求相对较高，因此一般在中班后期开始培养。此外，在讲述活动中，无论是看图讲述还是实物讲述，每种类型的讲述都要培养幼儿按照一定的顺序进行讲述的能力，即从上到下、从左到右、从大到小、从近及远、从表面到本质。所有这些方式都有助于幼儿清楚、有条理地进行讲述。

3. 讲述的全面性

讲述中，教师要帮助幼儿认识讲述的基本要素：人物（动作、对话和内心感受），地点，事件（开始、过程、结束），结果。幼儿在讲述活动中往往会遗漏其中的某一方面或几方面内容，使讲述缺乏完整性和连贯性。教师要帮助幼儿掌握这些基本要素，准确地将讲述内容完整且全面地表述出来。

教师可以用提问的方式引导幼儿一起讨论新的讲述内容，也可以依据某一个幼儿的讲述内容入手，与幼儿一起分析其讲述的内容是否全面、完整。在讨论达成一致意见的同时，幼儿也就学习了新的讲述经验。当然，这只是讲述方向全面性的一致，并非要求幼儿讲述的内容是整齐划一的。

教师在活动设计、组织指导时应该根据讲述活动的具体要求、幼儿的实际状况，运用多种策略指导幼儿观察、讲述，培养幼儿在不同的语言环境中运用不同的方式来表达的能力，促进幼儿讲述能力的不断发展。

引进新的讲述经验，指导幼儿讲述应注意以下 3 点。

1. 教师要面向全体，具体指导

为使多数幼儿得到讲述的机会，教师应面向全班幼儿加强指导，根据幼儿不同的语言发展水平，分别提出不同的要求。对语言发展好的幼儿提问要有适当的难度，使他们经过一番思考后才能讲述，或者请他们做总结性讲述；对语言发展比较滞后的幼儿可提些较简单的问题，或鼓励他们重复回答同一问题，鼓励他们讲述的信心。这样可以使不同水平的幼儿都能通过讲述活动的开展，在原有水平上得到发展。

2. 指导幼儿说话要有根据

讲述活动是依托凭借物开展的语言活动。老师应指导幼儿依据凭借物所提供的信息进行思考和讲述，做到言之有物、言之有据。如讲述小兔采蘑菇时，教师引导幼儿注意图片上的太阳、云朵、蘑菇、小兔子等，启发幼儿将这些观察到的线索联系在一起，讲述图片的内容。

3. 帮助幼儿用词组句，训练幼儿完整连贯地讲述

讲述活动除了让幼儿掌握更多的新词以外，还要帮助他们用词组句。在讲述活动中，可以让幼儿先观察一部分，讲述一部分；然后逐步把句子扩充完整，再让幼儿思考教师设计的一系列问题，要求幼儿按问题的顺序，把答案用语言表达出来，并能达到连续讲述。

（四）巩固和迁移新的讲述经验

在讲述活动中，仅仅引进新的讲述经验是不够的，还需要为儿童提供实际操练新经验的机会，以利于他们更好地获得这些经验。因此，还可以让儿童用同一种思路和方法说一说别的内容，进一步巩固所学的新的讲述经验。其主要的形式有以下 3 种。

1. 由 A 及 A

在教师示范新的讲述经验并帮助儿童理清思路后，让儿童尝试用新的讲述方式来讲述同一件事、同一情景。例如，实物讲述"我的玩具"，教师在儿童自由讲述后进行示范，再要求儿童用同样的方式进行讲述。

2. 由 A 及 B

当儿童学习了一种新的讲述经验后，教师立即提供讲述同类不同内容的机会，让儿童用讲述 A 的思路去讲述 B。例如，生活经验讲述"我喜欢的动物"，教师先示范讲述老虎后，让儿童借用教师讲述老虎的思路，去讲述长颈鹿、狮子、小乌龟等其他动物，由于儿童可以自由选择一种自己喜欢的动物来讲述，而且教师已经示范了讲述的思路，儿童就不会感到那么困难了。

3. 由 A 及 A1

教师在原讲述基础上，提供一个扩展或延伸原内容的讲述机会让儿童练习讲述。例如，拼图讲述"女孩、太阳和花"，在教师示范过新的拼图添画和讲述经验之后，进一步要求儿童自己拼图添画并讲述。

5.2.5

二、不同类型讲述活动的设计与组织

讲述活动存在着一个相对固定的结构，遵循着共同的规律。但不同类型的讲述活动又因其特点不同而各有侧重。

（一）看图讲述活动的设计与组织

1. 活动前的准备

首先，选择图片。看图讲述所使用的凭借物主要是图片，它可以是印刷出版的图画，也可以是教师自己构思制作的图片；可以是半成品的边讲边勾画的图画，也可以是儿童自己画成的图画。图片内容对儿童讲述能力的发展和讲述水平的提高具有直接的影响，因此在选择图片时应注意以下四方面的要求。

1）选择主题健康、符合时代要求，有利于儿童积极情感和社会性发展的内容。

2）选择具有时代感、密切联系儿童的生活实际，有助于丰富儿童生活经验的内容。

3）选择有利于培养儿童观察、想象和创造思维能力的内容。

4）不同的年龄班要选择不同的图片。为小班儿童选择的图片画面要大，以单幅画为主，主题要单一，人物角色要少，角色的动作、表情要明显，画面的背景简单或没有背景，使儿童易于观察到画面的主要内容；为中班儿童选择的图片主要是不超过 4 幅的连环画，画与画之间要有一定的情节联系，画面的主题要鲜明，情节较为复杂，要能反映人物的表情和动作，使儿童能从图片中看出人物的内心活动；为大班儿童选择的图片主要是连环画，最多不超过 6 幅。各画面的内容应有逻辑联系，能给儿童提供更多的想象空间，帮助儿童通过理解并讲述出画面中人物的主要关系。

其次，分析图片的内容。先要找出图片的重点和难点。教师应分析图片的重点和难点。对于难点图片，要指导儿童观察细节和发现图片之间的逻辑联系，明确讲述主题。对于重点图片，应引导儿童抓住图片的主题和主要情节，帮助他们讲深讲透。对于次要图片，要确定应该讲述的内容和可以一笔带过的内容，再根据主次分配每张图片讲述的时间，以更好地突出重点。比如大班看图讲述"大象救兔子"，一共有 3 幅面，重点内容集中在后面两幅图。第二幅图讲的是兔子们被大灰狼追赶到了无路可逃的河边，远处有一头大象。第三幅图讲的是大象做小桥，让兔子过了河，大灰狼气得哇哇大叫。教师应引导儿童结合自己的生活经验，借助想象和推理完成对故事的理解，并要确定儿童应该掌握的词句。教师应事先分析讲述活动中儿童可以掌握的词句，确定对儿童语言表达的新要求。大班看图讲述"大象救兔子"中，兔子们被大灰狼追赶时的"惊慌失措"，大灰狼看到大象救了兔子们之后的"又气又急"等词汇就可以适时地教给儿童。

最后，将教学内容序列化。儿童根据图片进行讲述时，需要综合观察力、分析力、想象力、创造力等智力因素，为了培养儿童独立讲述所需的各方面能力，应该将教学内容序列化。如从形象性描述开始，第一层次主要是以人物或物体形象为主的描述，重在培养儿童的视觉辨别能力；第二层次是动作性描述，即以角色动作变化为主的描述，重在培养儿童的观察、分析能力；第三层次是过程性描述，即以时间、地点、人物、事件四要素为顺序进行的描述，主要培养儿童的推理能力；第四层次是情境性描述，即场景

和角色相关联的描述，重在培养儿童的分析能力；第五层次是想象性描述，即以角色和场景为大部分依托的讲述，需要儿童发挥想象力；第六层次是独创性描述，是既包括图片角色、场景，又不受约束的讲述，可以让儿童的创新能力得到充分的发挥。

2. 活动的展开

第一步，教师以不同的方式出示图片，引起儿童观察图片的兴趣。

1）一次性出示图片。对于一些画面内容比较朴实，情节无多大曲折，图与图之间不需要形成思维波澜的，可以一次性地把几幅图都展示出来。教师引导儿童观察图片中的地点、角色以及角色的动作等，让儿童对整体内容有初步的了解，再逐幅进行仔细观察。

2）逐幅出示图片。对那些情节较紧张、扣人心弦、能不断引起儿童悬念的多幅图，可分批出示或对比出示。教师按照图片顺序依次出示图片，逐步引导儿童观察、思考、想象，理解每幅图片的意思及图与图之间的联系。

3）非顺序出示图片。教师先让儿童先观察一组打乱了顺序的图片，再让儿童动手按照自己的意愿排列图序，并说明排序的理由（因排列的顺序不一样，讲述的内容也不一样）。

4）对于单幅图可以一次出示。整体观察后再作局部的仔细观察，也可以先出示一部分（掩盖其余部分）再逐步扩大（或背景固定、按讲述顺序插入角色）。

第二步，启发提问，帮助儿童感知理解图片内容，进行独立构思，并使用恰当的词句表达图意。教师设计提问时要考虑以下几方面。

1）问题的中心性。设计的提问应突出图片的重点，能反映图片的关键环节或主要情节，与主题无关的问题应抛弃。有时应直接提出与主题有关的时间、地点、人物、环境等问题，有时则可以提出与人物动作、神态等有关的问题。

2）问题的顺序性。为了保证儿童讲述的逻辑顺序，教师在设计问题时应根据图片所提供的线索确定问题的顺序。根据画面人物出现的先后顺序或事件发生的前后顺序来设计问题的顺序，可以帮助儿童有序地观察，有助于提高儿童观察图片的效果。教师设计的问题要按照从整体到个别、由近及远、先具体后抽象的原则排序，问题和问题之间要有必然的逻辑联系，后一问题应是前一问题的发展或延伸。

3）问题的启发性。在组织儿童看图讲述时，教师不要将答案直接抛给孩子，而应通过启发性的问题，让儿童在积极思维中自己找到问题的答案。所以，教师设计的问题应带有启发性，能充分调动儿童积极思考，引导儿童发现图片内容的内在联系，以确保儿童讲述的质量。在提问中要尽量避免提选择性的带有暗示性的问题，如"是不是""对不对"等，这种问题不需要儿童过多思考，不利于培养儿童的思维能力和语言能力。

4）问题的针对性。问题的设计应该要考虑儿童的年龄特点。小班儿童的思维以直观行动思维为主，教师所提的问题应具体明确，问题直指图片所反映的内容，便于儿童看了图片就能回答。比如，图片上有谁之类的问题就很适合小班儿童。中班儿童的思维主要以具体形象思维为主，教师设计问题时应适当增加难度。所以，设计一些要求儿童对图片内容进行描述的问题，如"这是什么样的""它们该怎样做"等，以帮助儿童弄清楚图片中人物之间的关系。大班儿童开始有了抽象逻辑思维的萌芽，可以设计一些概括性的问题。比如，"它们在想什么呢""为什么会这样呢"，还可以把几个问题连在一

起提，或者提出一些图片上没有直接反映出来但与图片内容有必然联系的问题，以此提高儿童的思维能力。

第三步，引进新的讲述经验。

1）指导儿童说话要有根据，注意表达的准确性。

2）帮助儿童用词组句，练习连贯地说话。

3）根据表达的需要，帮助儿童理解和运用新词。

第四步，巩固和迁移新的讲述经验。

教师可以使用更换图片中的角色、改变场景或增添情节内容的方法，让儿童展开联想，进行创造性讲述，扩展儿童的讲述经验，获得表达的快乐。

（二）实物讲述活动的设计与组织

1. 出示讲述对象，引导儿童观察、感知讲述对象的特征

教师可以通过儿歌、谜语、游戏等方式引出准备讲述的实物，引起儿童的兴趣。继而引导儿童充分感知讲述对象，并掌握一定的认知方法，如有序观察、通过讲述对象的某些特征展开联想等，产生丰富的感知体验，为全面、有序、清晰地讲述做好准备。这里所说的观察，大部分是通过视觉汲取信息，但也不排斥从其他感觉通道去获得认识。例如，实物讲述"神奇的口袋"，则要求儿童闭上眼睛从口袋里摸出一样物体，然后通过触摸感觉物体的特征，猜出物体名称并讲述物体。

2. 引进新的讲述经验

实物讲述的重点在于明确讲述对象的哪些部分是重点内容，要多讲；哪些部分是次要内容，可以少讲。按一定顺序讲述，这种顺序包括从上到下、从左到右、从大到小、从近到远、从表面到本质的描述。所有这些讲述方法都有助于儿童清楚、有条理地进行讲述，不断提高儿童的口语表达能力。教师可以通过隐形示范的方式将新的讲述思路和内容潜移默化地传递给儿童。例如，大班实物讲述"可爱的娃娃"，教师可以这样讲："我喜欢的是穿婚纱的娃娃，她的头纱白白的，飘起来像一朵云一样。她的裙子有很多图案和花边，真漂亮。我想和芭比娃娃一起跳舞，拉着她的手转圈，把裙子转得又圆又大，肯定更漂亮。你们能像老师一样先讲讲你喜欢哪个娃娃，讲讲她是什么样子，再讲讲你想和她一起玩什么游戏吗？"

3. 巩固和迁移新的讲述经验

实物讲述活动可以通过更换讲述对象的方法来迁移讲述经验。例如，大班实物讲述"可爱的娃娃"，教师可以这样要求儿童："看看我手里的这个娃娃，她是谁呢？你喜欢她吗？谁能用刚才的方法来讲讲这个娃娃？"从而帮助儿童练习、巩固所学的讲述经验。

（三）生活经验讲述活动的设计与组织

1. 活动前的准备

丰富的生活经验是儿童生活经验讲述的基础，因此在开展讲述活动之前要对幼儿已

有的生活经验进行摸底。教师可以根据本班已经开展过的教育活动的内容和幼儿已有的生活经验，选择儿童熟悉的、感兴趣的和印象最深的主题。这个主题最好能反映所有幼儿共同经历过的事情，如参观游览的经历、日常生活中的观察、教育活动、游戏、电影或电视等皆可成为幼儿生活经验讲述的素材。生活经验素材越丰富、越完整，就越能触动儿童的情感，儿童的讲述就越生动形象。

生活经验讲述的主题可以由教师建议、幼儿讨论或幼儿和教师共同协商产生。教师可以通过观察、交谈等方式了解儿童的生活范围，知道他们经历过什么事，喜欢做什么，并及时根据儿童的兴趣相关注点预设或生成讲述的中心话题。

讲述前，教师还应找幼儿谈话，了解儿童对所选主题的生活经验和词语积累的情况，对这一事物的态度是否正确，做到心中有数，并在讲述前几天将要讲述的题目告诉幼儿，让幼儿做好思想准备，有意识地回忆或整理自己的生活经验，以提高讲述质量。

活动拓展

大班讲述活动：神奇的动物

在大班"神奇的动物"主题中，教师组织家长和幼儿去南海子麋鹿苑开展亲子活动，以增加孩子的感性经验。现场开展"我是小小讲解员"活动前，教师请每个孩子和爸爸妈妈搜集一个喜欢的动物资料并介绍给大家。幼儿讲解时，教师发现他们东一句西一句的，条理性差。参观后，教师组织了集体教学，帮助幼儿发现讲述的顺序：先讲外形再讲习性，或者先讲特点再讲本领等。后来，全体小朋友一起完善了梅花鹿的讲述："梅花鹿的鹿角可以做鹿茸，雄鹿岁数越大角上的杈就越多。梅花鹿身上有斑点。梅花鹿奔跑速度特别快。它的嗅觉、听觉很好、视觉不太好。梅花鹿最爱吃草。"

2. 活动的展开

第一步，感知理解讲述的主题及内容。首先，教师创设讲述的情境，通过谈话或出示有关的实物、图片，唤起幼儿生活中相似的回忆，产生讲述的兴趣和愿望。例如，讲述"购物"的活动，教师可以出示家乐福或其他超市的标志，问小朋友这是什么地方的标志，你们有没有去过这个地方购物，你是怎么做的等，以此激发儿童讲述的兴趣。接下来，教师通过提问启发儿童从多个角度依据凭借物的特点感知理解讲述的对象。例如，教师可以继续出示有关超市购物的图片，提问：去超市购物有哪些步骤？你知道超市里的商品都在什么位置吗？怎样快速找到自己想要的物品？超市购物需要注意些什么？

第二步，幼儿围绕主题自由讲述自己的生活经验。在讲述前，教师要交代清楚讲述的要求。如果是讲述一件事，要求讲清楚事情发生的经过；如果是描述事物，就要具体、生动、有细节，还要说清楚自己的态度和情感。

集体讲述活动的最大优势在于能够帮助全体幼儿通过认知冲突主动学习新的讲述方法，积累更多的讲述经验。例如，在"动物朋友"讲述活动中，教师带领幼儿为梅花鹿做一个名片。当教师问"谁能把大家说的梅花鹿的信息变成一段话"时，两个小朋友尝试后，教师请大家比较他俩谁讲得更清楚，并说出理由。孩子们发现，将梅花鹿从头到脚按顺序讲和使用连词将两个句子连接起来能让人听得更明白。

第三步，引进新的讲述经验。教师或幼儿可以采用平行讲述的方式进行示范。由于讲述活动要求幼儿使用独白话语，即幼儿需要对已有的生活经验独自构思和表达出对某一内容的完整认识，同时这是一种关于回忆的追述，对儿童来说有一定的难度，因此，教师或幼儿的示范就非常必要。示范性讲述要简洁明了、生动有趣，以引起幼儿的易于理解并产生共鸣。可以放在儿童讲述之前，便于引导儿童并激发儿童发言的积极性；也可以放在自由讲述之前，通过提问引导幼儿理解教师是怎样组织讲述内容的。例如，"老师刚才讲了一件什么事？是怎样讲的？先讲了什么时间？在什么地方？有哪些人……"然后，帮助儿童安排讲述的内容和顺序，启发儿童回忆有关印象，随时在儿童讲述中，根据儿童发言的思路提出一些辅导性的问题，提醒儿童围绕中心组织话题，帮助儿童把话讲清楚、讲完整。

第四步，巩固和迁移新的讲述经验。在儿童掌握了新的讲述经验后，教师可以在原讲述内容的基础上，提供一个让儿童联系自身生活经验，运用新思路进行讲述的机会，这样有利于激发儿童讲述的兴趣，有利于儿童在积极主动的练习过程中进一步发展语言运用能力。例如，大班讲述活动"旅游"，活动重点引导儿童按时间、地点、人物及事情发生、发展的顺序完整讲述，并会运用一些描述性的词表述人物的心情和动态。儿童先运用已有经验讲述"旅游"的内容，之后教师完整、连贯讲述，并与幼儿一起讨论、分析讲述思路，即按时间、地点、人物及事情发展的顺序讲述"假期爸爸带着小星友旅游的过程"。进一步练习之后，儿童将原来的角色换成了自己，运用同样的讲述经验谈谈自己跟家人出去旅游、上街、逛公园、爬山的活动过程。在儿童讲述过程中，教师始终注意引导儿童运用讲述经验进行生动、有趣的讲述。如儿童讲："有一天，我和妈妈到游乐场玩……"教师可引导儿童接着表述出：你们先坐什么去？然后又怎么进游乐场的？在车上你看见了什么？在游乐场怎么玩的？玩得怎样？

（四）情境表演讲述活动的设计与组织

1. **活动前的准备**

首先，选择讲述内容，准备道具及场景布置，排练表演内容。情境表演的内容应符合幼儿的年龄特点，确定的内容应动作性较强，便于表演，同时情节要简单，角色不宜太多，一般以 2~3 人为宜。表演中可以有适当的对话，但对话不宜过多，以免影响儿童的想象与思维。给中大班儿童观看的情境表演中可以适当增加一些哑剧成分，让儿童根据表演者的动作、神态和道具来理解意思。确定好讲述主题后，教师就可以组织幼儿进行排练。表演者可以是本班幼儿，也可以是高年级幼儿，还可以是教师。在排练中，表演者应该重点关注角色的动作、神态和对话，因为表演的质量将影响讲述的成功与否。为了增加情境表演的直观性，在组织表演前，教师应事先准备好表演的各种道具，包括场景布置、人物装扮等，力求使道具生动形象引人入胜。如给"奶奶"戴一副自制的老花眼镜，给"爷爷"的嘴边贴一些棉花做的白胡子等。

其次，教师还应制订一份活动计划，重点设计提问。这种讲述的提问应紧扣主题，按人物出场和情节发展的顺序展开提问，提问要富于针对性和启发性，能引导儿童调动相关的情绪记忆，有条理地进行讲述。

2. 活动的展开

第一步，观看情境表演，初步感知讲述内容。首先，介绍角色、场景，引起儿童的兴趣。情境讲述开始时，教师用富有表情和吸引力的语言揭示活动内容，介绍场景、角色和主演以引起儿童观察表演的兴趣，并提醒儿童仔细观看表演者的表情、动作，记住表演内容，以便在观看后进行讲述。接下来，组织儿童观看表演。为了使全体儿童都能看清楚表演，表演者要面向全体儿童，速度适中。表演可以完整演出，也可以分段演出。教师还要根据表演的启发性提问帮助儿童理解表演内容，提问要有顺序，一般按地点、角色、事件及结果进行提问，也可从角色的动作、对话及心理活动变化的角度提问，还可以从情节的发展上提问。

第二步，儿童运用已有经验讲述情境表演内容。教师可以采用提问的方式提醒幼儿围绕观察过的表演内容进行讲述。要根据观察到的动作和表演的顺序来组织讲述内容，使幼儿既容易接受，又可以得到思维逻辑的训练。

第三步，引进新的讲述经验。在上一环节中，儿童进行了自由讲述。教师可以根据幼儿讲述的情况，再提出一些围绕表演情节的线索问题，启发儿童思考和想象，丰富并完善幼儿讲述的内容，或者由教师进行完整连贯的示范讲述，帮助儿童建立新的讲述经验。

第四步，巩固迁移新的讲述经验。在本环节中，教师可以启发儿童变换情境表演中的角色、场景或角色对话、动作、神态等，让儿童重新观看新的表演，再用上述类似的讲述经验平行迁移讲述，提高儿童思维的灵活性。如果儿童的生活经验比较丰富，还可以让儿童根据自己的理解自编自演，从而发展儿童的讲述能力和表演能力。

案例评析

案例 5.1　大班实物讲述：我的文具盒

设计意图

站在幼儿座位前，最引我注意的是他们的文具盒。那各式各样的文具盒常诱我不由自主地端详：小的玲珑别致蕴携带之便；大的雍容华贵含容纳之功；素的力显淡雅秀色宜人；艳的尽抒缤纷绚丽夺目；简的通体一室一目了然；繁的小院楼台机关暗锁。为此我设计了活动"我的文具盒"。

活动目标

1）能用完整连贯的语言介绍文具盒。

2）在教师的示范指导下，能按照一定顺序介绍文具盒的外形和功能。

3）认真倾听教师的讲述，尝试发现讲述的不同之处。

案例 5.1

活动准备

布置"文具盒"商店、实物投影仪一台、铅笔、橡皮、削笔刀和尺子等。

活动过程

1. 谈话导入，引发幼儿参与活动的兴趣

提问："小朋友，你们马上就要成为一年级的小学生了，高兴吗？（高兴）上小学要准备什么呀？"（幼儿自由发表意见）

2. 感知理解讲述对象

1）提问："你们知道这是什么吗？（文具盒）这是什么形状？什么颜色？有什么图案呢？文具盒有什么用呢？（装铅笔、橡皮）

2）幼儿自由参观"文具商店"，每人选择一个自己最喜欢的文具盒回到座位。

3. 运用已有经验讲述

1）幼儿先与身旁的同伴自由交流自己选择的文具盒。

2）幼儿个别讲述。

4. 引入新的讲述经验

1）从实物投影仪里观察老师选择的文具盒，听老师用句式来介绍文具盒上的图案。

示范讲述：我的文具盒的形状是××；颜色是××；图案有××、××、还有××；打开里面有放……我很喜欢我的文具盒。

提问：我是怎么说的，我先讲的什么？然后说了什么？最后说了什么？（根据幼儿的回答教师出示相应的图标帮幼儿获得新的讲述经验。）

2）幼儿自由练习按序讲述。

要求：现在我们再来按着顺序说一说你的文具盒，记住要先说形状、颜色，再说图案，最后说功能，介绍完以后再说一说对它的喜爱程度。

5. 迁移新的讲述经验

教师："老师还准备了一些文具，有铅笔、橡皮、削笔刀和尺子。请你们每人来选一样文具给客人老师介绍一下，记住要按刚才的顺序说。"

6. 结束活动

今天，朋友把文具介绍得很清楚，让客人老师都知道了应该如何使用。可是小中班的弟弟妹妹们还不知道，我们去给他们说一说吧。

活动评析

本次活动的选材一定要具有生活化的特点，开展讲述活动的凭借物是幼儿日常接触且极为喜爱的。如果这次的铅笔盒没有实物，没有对铅笔盒的了解，孩子们是无法做到如此细致的比较的。因为所选择的是孩子们所熟悉的，运用的手段也是贴近幼儿生活方式的，所以更能让幼儿所接受，使孩子们在比比讲讲中学到各种知识。活动中充分运用了多种教学活动组织形式，既有集体讲述，也有个别讲述与练习，使每个幼儿都有练习和讲述的锻炼机会，能够较好地达成活动目标。最后的迁移经验自然贴切，符合幼儿的学习特点。

案例 5.2   大班排图讲述：西瓜船

设计意图

《西瓜船》是一个看图讲述活动，这一活动运用图画的形式，描述了两只老鼠乘坐西瓜船在水里玩耍，遇到危险后，在热心的青蛙的帮助下成功脱险的故事。《指南》中指出，语言是交流和思维的工具，幼儿期是语言发展，特别是口语发展的重要时期，大班幼儿在中班基础上，词汇量有明显提高，能够对画面进行一定的描述，本活动中整个故事画面形象、生动，情节丰富且起伏跌宕，十分符合大班下学期幼儿的认知水平和理解水平，能够为幼儿带来美的欣赏和开心的感受。

教学目标

1）细致观察图片，根据自己的理解，尝试用连贯的语言有条理地讲述画面内容。

2）能创造性地排列图片，大胆合理想象角色对话及其心理活动，形成有发展情节的故事。

3）体会变换图片顺序的乐趣，学会倾听他人讲故事。

教学准备

经验准备：幼儿有阅读绘本的经验，能在阅读的时候对画面进行一定的描述。

材料准备：教学 PPT，背景音乐。

教学过程

1. 用 PPT 播放两只小老鼠形象，启发幼儿大胆想象，引出西瓜船故事。

1）提问：这是谁？请你为他们起个名字吧！

2）出示小老鼠的不同表情，请幼儿观察并描述。、

提问：你看到小老鼠都有哪些表情？你觉得可能发生了什么事？

2. 逐幅观察图片，并讲述图片内容。练习用完整连贯的语言有条理的讲述画面内容。

1）教师配合音乐逐幅出示图片，请幼儿认真观察，师幼一起分析讲述，注意幼儿语言优美和逻辑讲述。

① 出示图 5-1 "两只小老鼠在西瓜船里高兴地玩"。（开心的音乐）

提问：你看到了什么？你觉得他们在做什么呢？

② 出示图 5-2 "起风了，两只小老鼠在西瓜船里惊慌失措"。（紧张的音乐）

提问：发生了什么事情？你从哪里看出来的？你能用什么词语形容一下他们的表情？（丰富词汇：惊慌失措、手忙脚乱、打哆嗦等）

③ 出示图 5-3 "一只小老鼠掉进了水里"，图 5-4 "一只小老鼠在西瓜船里"。

提问：两只小老鼠怎么了？有什么办法能救它？

结合故事经验，学会自我保护的方法。坐船时不嬉闹，落水时不慌张，想办法自救。

④ 出示图 5-5 "小青蛙推着西瓜船，两只小老鼠坐在西瓜船里"。图 5-6 "小青蛙坐在西瓜船里，小老鼠站在岸上和他再见"。

引导幼儿自由讲述。启发幼儿有礼貌，要感谢帮助自己的人。

图 5-1

图 5-2

图 5-3

图 5-4

图 5-5

图 5-6

2）请幼儿与同伴讲述自己看到的画面内容，尝试用连贯的语言描述角色对话及其心理活动。

① 教师引导幼儿在讲述时保持故事的完整性，并为故事起名字。

提问：这 6 幅图其实是一个好听的故事，你能用完整的语言来把这个故事分享给大家吗？

② 教师完整讲述故事，通过丰富的语气、语调变化，引导幼儿感受故事人物不同的心情。

③ 教师启发幼儿可以颠倒图片顺序进行讲述。

提问：这些图片如果颠倒位置，故事还会是这样吗？

3．幼儿分组操作，自由排序，大胆合理想象，形成有发展情节的故事，并完整交流讲述故事。

1）请个别幼儿尝试更换顺序进行完整讲述。

2）引导幼儿创造性的发挥想象力并排序。幼儿分组描述图片，鼓励幼儿用语言大胆与同伴分享自己看到的图画，并为故事起名字。

3）每组请一名幼儿来讲讲自己的排序，学习按故事发展的一定顺序讲述。教师提醒并指导幼儿用恰当的词语，连贯讲述故事。

4．活动结束和延伸

提问：你觉得小老鼠小青蛙之间还会发生什么故事？让我们用画笔记录下来。为故事写一个续集！好吗？

活动评析

排图讲述的活动程序基本上是"看→想→排→讲"，讲究的是先"排"后"讲"。这是一种创造性讲述活动，是幼儿的主动学习的活动。《纲要》中指出：能够根据故事的部分情节或者图书画面的线索猜想出故事情节的发展，或续编、创编故事。在逐幅引导幼儿观察图片的内容，采用两种"多元结合"的方式策略。例如，在问题设置上采用适合大班的开放性问题、启发性问题以及追问相结合，每幅图片内容分享则采用个别讲述与集体交流讨论方式将结合。逐步将活动中的核心价值潜移默化地让每个不同层次的孩子得到提升，高效实现目标，让每个孩子都能够品尝到"跳一跳够到桃子"的创造性讲述的快乐。

案例 5.3　大班生活经验讲述：说"哭、笑、着急"

设计意图

孩子从小到大，有过各种情感体验，也就有过多种多样的表情，有时，他们会饶有兴趣地模仿同伴的某一表情，有时会对着镜子做出各种滑稽的表情。本次活动，教师安排了"哭""笑""着急"等幼儿非常熟悉的表情，通过多种活动形式，满足幼儿好模仿的心理，让幼儿通过说一说来了解表情的多样性。通过做、贴、画来表现不同的表情，并让他们根据不同的情感体验做出不同的表情，从中感受到"笑"的表情让人看了最舒服，从而学会调节自己和他人的情绪，保持愉快的心理。

活动目标

1）教幼儿结合生活经验，讲述"哭""笑""着急"，并描述出这些表情。

2）要求幼儿用连贯的语句讲述，注意用词恰当。

活动准备

贴脸谱用的男孩和女孩的头形外轮廓画各一个，贴绒"眼睛"和"嘴"两套，与幼儿人数相等的头形外轮廓画和红色、黑色蜡笔，歌曲《表情歌》。

活动过程

1．活动导入

集体跟着录音有感情地唱《表情歌》。

2．谈话

（1）说"哭"

提问：过去，你们都哭过吗？说说看，你是为什么哭的？你是怎么哭的？（要求幼儿用恰当的词句描述哭的表情，如闭着眼睛哭，哇哇大哭，伤心地哭，难过地哭……）

出示一个头形的外轮廓，请一个幼儿从准备好的"眼睛""嘴"的贴绒教具里，找出表示哭的"眼睛"和"嘴"，贴上。

教师肯定：哭的时候，眼睛朝下，嘴角也向下，××小朋友贴得真好。

（指脸谱）继续提问：这个小弟弟哭得真伤心，他为什么哭呀？我们看见小弟弟哭了，应该怎么办？

小结：小朋友真懂事，都会劝小弟弟，小弟弟听了你们的话，就不哭了。

（2）说"着急"

出示"着急"的脸谱，提问：这个小弟弟又怎么啦？你怎么知道他很着急？（引导幼儿从皱起的眉毛上讲。）

小弟弟着急的时候把眉毛皱起来了，你们着急的时候是什么样的？（全班幼儿做着急的表情和动作，并请个别幼儿讲述。）

你们碰到什么事情会着急？（尽量启发幼儿根据各自的生活经验来讲述。）

（3）说"笑"

提问：你们碰到难过的事情会哭，碰到着急的事情会皱起眉毛，急得跺脚，那么，碰到高兴的事情又会怎么样？你碰到什么事情高兴得笑了呢？你是怎么笑的？（要求幼儿用恰当的词句描述笑的表情，如哈哈大笑、咯咯地笑、捧着肚子笑、笑弯了腰……）

请一位幼儿贴笑的脸谱。

教师肯定：笑的时候，眼睛眯起来，眼角朝下弯，嘴角向上翘，笑得真可爱。

3．画表情画

发给每个幼儿一张头形外轮廓画，请幼儿选择自己喜欢的表情，添画上眼睛和嘴（课前发给幼儿每人两支蜡笔：一红一黑，放在口袋里），画好后先抱在胸前，不要让别人看见，等老师说"一、二、三"，再一起翻过来给大家看，并且说出自己画的是"哭""着急"还是"笑"。

4．小结

这么多小朋友都画了笑，说明我们都喜欢笑，笑比哭好。

集体跟着录音唱《表情歌》：我高兴，我高兴，我就哈哈笑……

活动评析

这是一节别开生面的生活经验讲述课，教师选择了幼儿在生活中经常会发生的哭、笑、着急作为讲述内容，不但能激起幼儿讲述的愿望，而且能讲得生动、形象，有利于发展幼儿的思维和口语表达能力。教学中，用《表情歌》激起幼儿的兴趣，紧接第三段歌词，马上让幼儿说"哭"，过渡自然，又直接引出谈话主题。

在教学形式上，它打破了分科教学的框框，综合运用语言、美工、音乐等教学形式，让幼儿在唱唱、说说、贴贴、画画之中接受教育。整个活动结构新颖，重点突出，唱和画都是为谈话服务的，使幼儿学得更主动、积极。综合自然，不追求形式，而是从教学内容的内在联系出发，如让幼儿自己动手贴脸谱，既有利于提高幼儿对讲述的兴趣，又能帮助幼儿更好地描述各种表情。整节课中，幼儿学得生动活泼，气氛热烈。

案例5.4 中班看图讲述：母鸡和苹果树

设计意图

《母鸡和苹果树》是一则具有深刻含义又十分生动的故事，它通过母鸡和大灰狼之间的对话来表现故事情节，母鸡和大灰狼的人物形象鲜明，在学学讲讲中能激发幼儿参与活动的积极性。在活动中，我们试图让幼儿认真观看图片，感受一环紧扣一环奇怪紧张的故事情节。并让幼儿根据图片提供的线索，大胆猜测和想象，从而不断地提高幼儿的语言表达能力。通过故事让幼儿知道遇到危险时要动脑筋、学会自我保护的办法。

活动目标

1）理解故事主要情节和线索，学习角色对话。

2）能根据画面内容展开想象和推测，并用较完整、连贯的语言大胆表述。

3）懂得遇事要勤动脑筋。

活动准备

音乐《母鸡进行曲》、挂图等。

活动过程

1．设置悬念，引出故事

教师出示一幅小房子的图片，请幼儿猜一猜房子里住的是谁，并引导幼儿根据观察图片上的鸡蛋猜出房子里住的是母鸡，由此引出故事内容。

2．猜猜讲讲，理解故事

1）出示图 5-7，引导幼儿观察、思考：母鸡看到苹果树是什么表情啊？你们从哪里看出来的？

2）出示图 5-8，引导幼儿观察、回答：苹果树上发生了什么奇怪的事情？这是两只怎样的耳朵？母鸡看到苹果树上长出了耳朵会说什么？苹果树又会说什么呢？并及时让幼儿听一听母鸡和苹果树说了什么。

3）出示图 5-9，启发幼儿思考：苹果树上又出现了什么奇怪的事？这是什么颜色的嘴巴？你觉得这会是谁的嘴巴？这时候母鸡会说什么？苹果树又说什么了？并学习苹果树说的话："我们苹果树有的时候是这样的。"从而让幼儿熟悉并学习角色间的对话。

4）出示图 5-10，启发幼儿思考：苹果树又有了什么变化？苹果树长出了什么样的脚趾？母鸡看到苹果树上长出了尾巴又会说什么啊？苹果树又会说什么呢？进一步巩固学习苹果树说的话。

5）讨论：你觉得这是一棵真正的苹果树吗？那你有什么好办法让它现出原形？引导幼儿讨论并大胆表达自己的想法。

6）在讨论之后，出示图 5-11 和图 5-12，看一看母鸡想了一个什么好办法。

图 5-7

图 5-8

图 5-9

图 5-10

图 5-11

图 5-12

3．回顾情节，学习对话

1）"真奇怪，我从来没见过这样的苹果树，还长着尖尖的耳朵。"在学说这一句对话的时候，重点引导幼儿回忆母鸡看到苹果树奇怪、惊讶的表情，用奇怪的表情模仿母鸡说的话。

2）"真奇怪，我从来没见过这样的苹果树，还长着毛茸茸的脚趾。"重点为幼儿解释"毛茸茸"这一新词。

3）"真奇怪，我从来没见过这样的苹果树，还长着血红的大嘴。"重点为幼儿解释"血红"的大嘴这一新鲜词汇。

4．完整讲述，深化提升

1）教师为幼儿完整讲述故事。

2）请幼儿夸一夸母鸡，从而引出这个故事说明的道理：我们要像这只聪明的母鸡一样，遇到奇怪的事情，动脑筋仔细观察，这样才能更好地保护自己。

5．音乐律动，巧妙结束

教师播放音乐《母鸡进行曲》，和幼儿一起做律动，结束活动。

活动评析

在这个看图讲述活动中，教师采用分解观察和预期结果的方法，帮助幼儿理清故事的主要情节。制造悬念是激发幼儿好奇心的策略之一，因此，在教学活动中五幅图没有同时出示，目的是给幼儿制造悬念，为幼儿大胆猜测"这到底是不是一棵苹果树"提供推理和表达的机会，引导幼儿猜测故事情节，把"这到底是不是一棵苹果树"讲述清楚。通过教师提问和暗示，引导幼儿细致观察画面的内容，分析角色的表情，运用描述性语言描述角色的外形，从而推断角色内心的想法，读懂画面所要表达的信息。这样由表及里、由粗到细的观察引导，为幼儿生动讲述提供了有效支撑，化解了讲述的难点。学习母鸡与大灰狼的对话是活动的重点，教师采用剖析角色特征、角色扮演等方法帮助幼儿掌握角色之间的对话，理解"好奇怪"的语气语调，为幼儿生动讲述提供支持。最后的结束环节与音乐活动巧妙连接，将语言活动与音乐活动很好地整合起来，提升了活动的趣味性。

同步训练

一、思考训练

1．请结合实际谈谈自己对学前儿童讲述活动教育目标的理解。

2．有的幼儿想表达自己的观点，但又说不清楚，请结合《指南》谈谈怎样引导幼儿清楚地表达。

二、实践实训

1．模拟试讲一个幼儿园讲述活动，并写出活动反思。

2．看图讲述。

要求：

1）请根据图画内容，编一个情节完整的故事。

2）请给故事起个合适的名字。

3）请模拟向幼儿提问两个问题，以引导幼儿观察画面之间的关系和细节。

第六章

学前儿童文学作品学习活动

学习与能力目标

1. 掌握学前儿童文学作品学习活动的内涵、基本特征。
2. 明确学前儿童文学作品学习活动的目标。
3. 能够进行学前儿童文学作品学习活动的设计与组织。

知识结构图

```
              学前儿童文学作品学习活动
        ┌──────────────────────┴──────────────────────┐
学前儿童文学作品学习活动概述            学前儿童文学作品学习活动的设计与组织
  ┌───────────┼───────────┐         ┌───────────────┴───────────────┐
学前儿童文    学前儿童文学作品学    学前儿童文学作品    学前儿童文学作品学习    学前儿童文学作品学习活动中
学作品的特点   习活动的基本特征     学习活动的目标     活动设计的基本结构     几种活动形式的设计与组织
```

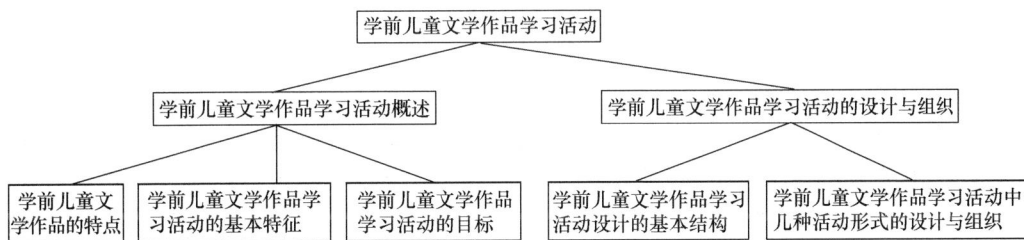

　　学前儿童文学作品学习活动是以 0~6 岁儿童为对象,围绕具体文学作品展开的与学前儿童心理发展水平及接受能力和阅读能力相适应的系列语言教育活动。学前儿童文学作品学习活动是学前儿童喜闻乐见的学习活动,是在成人的引导下,围绕文学作品而展开的系列丰富多彩的活动,可以帮助儿童理解文学作品所展示的丰富而有趣的生活,体会语言艺术的美,为儿童提供全面的语言学习机会。学前儿童文学活动对儿童的成长具有全方位、多通道的促进作用。

第一节 | 学前儿童文学作品学习活动概述

一、学前儿童文学作品的特点

　　学前儿童文学作品指与 0~6 岁儿童心理发展水平及接受能力和阅读能力相适应的各类文学作品的总称,具体包括童话、寓言、儿歌、儿童诗、儿童散文、绕口令、谜语

等多种文学体裁的作品。学前儿童文学作品主要有以下特点。

（一）教育性

教育性是指学前儿童文学作品要有思想教育性，主体鲜明、突出，作品内容健康向上，能对学前儿童进行真、善、美的启迪，有利于促进学前儿童体、智、德、美的全面发展，如故事中反映的爱清洁、懂礼貌、拾金不昧、互相关心等内容，有利于学前儿童道德感的形成。

（二）文学性

学前儿童文学作品是开启学前儿童心智的启蒙文学，往往具有新颖而巧妙的构思和丰富而奇特的想象，能让学前儿童充分感受到文学作品的魅力。同时，学前儿童文学作品中优美、规范化的语言也是学前儿童学习语言的范例，有助于提高学前儿童口语表达能力的提高。学前儿童文学作品中的语言与成人文学相比，要更接近口语，而这种口语是规范了的口语。这不仅因为学前儿童口语包含了学前儿童文学所具备的通俗易懂、准确生动等要素，而且也因为使用口语符合学前儿童语言发展的特点和规律。从孩子们的语言中，精心挑选和加工提炼的口语才是生动的、有趣味的，才更容易让学前儿童理解和接受。

（三）浅易性

学前儿童语言发展很快，但他们的词汇并不太丰富，对词义的理解也还不够深刻，对多义词、抽象的词等还不能很好地理解，只能理解基本的、常用的词义。因此，学前儿童文学作品中的用词要具体，尽量避免使用抽象程度较高的词汇。要用具体、形象的语言呈现人物和事物的声音、色彩、动作、神态、心理等，使学前儿童能够想象出具体形象，引发学前儿童的切身感受，进而理解作品的内容，得到启迪与教育。

（四）趣味性

学前儿童的心理特点决定了学前儿童文学作品应强调趣味性。学前儿童的思维具有具体形象性，注意力容易被新奇的刺激所吸引，具有强烈的好奇心和求知欲。首先，文学作品的趣味性应渗透于整个作品之中，并在题材的选择、情节、结构、语言等各方面表现出来。新奇、热闹的场面，形象的语言，有节奏的声调，夸张的手法，有趣的重复，都是引起学前儿童兴趣的重要因素。其次，趣味从学前儿童生活中来。学前儿童生活的本身就充满了趣味性，他们对周围世界充满了好奇，脑中充满了大胆、丰富的幻想，表现出儿童特有的天真。最后，趣味来自作者的艺术才能。巧妙的构思、生动的语言、新颖的想象等表现手法，是构成作品趣味性的重要因素。学前儿童文学作品的趣味性是很重要的，有趣的作品，能够带给学前儿童快乐，让他们的快乐中受到教育，使他们在享受艺术的同时健康、快乐地成长。

二、学前儿童文学作品学习活动的基本特征

（一）围绕文学作品教学开展活动

从文学作品教学入手，围绕作品教学教案开展活动是学前儿童文学活动的突出特征之一。这一特征由两个方面的因素所决定。

1. 活动对象的特点

在幼儿园文学作品学习活动中，学前儿童学习的内容是具体的文学作品。文学作品是语言艺术的结晶体，每一个具体的儿歌或故事都含有丰富而独特的语言信息。这些语言信息表征着学前儿童已知或未知的人、事、物概念，综合呈现了学前儿童所需要和渴望了解的社会生活现象。例如，《三只蝴蝶》《三只羊》《三只小猪》向学前儿童展示了一个个丰富而有趣的情境事件。相比其他语言教育活动，在文学作品学习活动中，学前儿童所感受的活动对象有着形象生动、信息丰富的特点，而在活动中，学前儿童与活动对象交互作用的首要任务就是学习理解文学作品。

2. 活动主体的特点

文学作品以书面语言的形式结构储存语言信息，学前儿童需要通过聆听、诵读、阅读图画，以及观看动画等方式接受理解文学作品传递出的信息，通过这种中介方式将书面语言信息转化为口头语言信息，然后围绕一个具体作品开展活动，让学前儿童完全理解文学作品丰富而有趣的信息。

（二）整合相关领域的学习内容

《纲要》中明确提出了幼儿园教育内容应是全面的、启蒙的和各方面内容相互渗透的，反映了幼儿园教育活动设计与组织整合的指导思想。幼儿园的文学活动应与其他领域的教育内容有机整合起来，更好地促进学前儿童的发展。学前儿童常常需要借助原有的生活经验理解文学作品中的内容，但是由于学前儿童的生活经验和知识经验比较有限，他们在学习文学作品时，经常要结合与此相关的其他学科的教育，以帮助学前儿童更好地理解作品。如故事《小熊开鞋店》，故事是这样的：小熊开了一个鞋店，但这个鞋店经常关门，什么原因呢？原来小熊的鞋店总是缺少顾客需要的鞋。大象需要大鞋；老鼠需要小鞋；小兔需要穿四只鞋，蜘蛛穿八只鞋。在这里，他们为什么需要穿不同大小和不同数量的鞋？这个知识点会影响到学前儿童对作品的理解，因此，在本活动中，要涉及科学教育，只有这样，学前儿童才能更好地理解作品。

文学作品本身的特点决定了包含丰富的语言信息，对学前儿童而言，一首儿童诗或一则童话故事，往往意味着不同层次的学习。因此，幼儿园的文学活动，常需要整合与其相关的其他领域的内容，使学前儿童认识某一文学作品中表现的社会生活内容。因此，要引导学前儿童把握文学作品深厚的内涵和蕴藉，仅向学前儿童讲述和传递作品的内容是不够的，需要在学前儿童接收了一个具体作品的内容后，进一步开展表现这一具体作品内容的活动。如童话《金色的房子》，在学前儿童熟悉了故事内容后，继而让学前儿童画一画"我的房子"，谈一谈"如果我有一座金色的房子"，也可以开展表演游戏活动，引

导学前儿童进一步感知理解作品，从而促进学前儿童语言及其他各方面能力的提高。

（三）提供多种与文学作品相互作用的途径

有关理论揭示儿童的发展，是个体与外界环境相互作用建构起来的，儿童的语言发展，也是通过个体与外界环境中各种语言和非语言信息相互作用逐步获得的。因此，幼儿园应通过多种操作途径，引导学前儿童积极地与文学作品相互作用。

学前儿童通过动脑、动手、动嘴等各种途径，调动视觉、听觉、嗅觉、味觉等多种感官参与到活动中，从而更深刻、更全面地理解作品和感受作品之美。例如小班故事《小兔子找太阳》，学前儿童看图画和听故事后，可以组织学前儿童到户外散步，想一想"我心目中的太阳"，通过绘画、折纸、泥工等表现出"我眼中的太阳"，提供给学前儿童多种与文学作品相互作用的机会，通过多种途径体会、表现文学作品，可以帮助学前儿童更好地掌握学习内容，同时也可以提高学前儿童活动的积极性。

三、学前儿童文学作品学习活动的目标

文学作品因其含载了丰厚的信息，对学前儿童的成长具有多方面的作用，在这里我们仅从语言教育的角度探讨文学作品活动对学前儿童语言学习的目标要求。

（一）向儿童展示成熟的语言，提高儿童对语言多样性的认识

文学作品为学习说话的学前儿童提供了成熟的语言样本，学前儿童可以模仿、记忆这些样本，并创造性地运用到生活中的其他场合。语言文学作品向学前儿童展示的成熟语言，首先体现在各种语言句式方面。语言文学作品给学前儿童提供了丰富的、规范的语言句式。学前儿童在讲故事、念儿歌的活动中，接触并理解了各种不同句式，在日积月累的过程中，学前儿童潜移默化地掌握了各种不同的句式。其次体现在倾听形象化的语言。语言文学作品向学前儿童展示的成熟语言，往往会突出作家精心选择的词汇，给学前儿童一些贴切于作品的内容的象征性语言。这些形象化的语言更清楚、准确、形象地表达了人对事物、人物、情景的思想、观念和印象，这些形象化的语言也非常符合学前儿童的认知思维特点。毫无疑问，学习这样的语言，能够帮助学前儿童更好地理解和表述个人及周围的一切。

（二）扩展儿童词汇量，培养他们自觉获取语言材料的能力

学前儿童的语言文学，是由各种词汇组合起来的语言艺术作品，而学习文学作品，是扩展学前儿童词汇，帮助学前儿童掌握语言内容的重要途径。首先，学前儿童可以在上下文中理解和学习新词。文学作品中含有对学前儿童来说的新词，学前儿童在学习文学作品时能够根据上下文的意思把握不懂的新词的意思，如果教师在教学中注意了新词的提问，学前儿童便能够掌握这些新词。其次，学前儿童可以通过专门介绍概念的书籍来学习归类的词汇。有些供婴幼儿学习的概念图书将婴幼儿日常生活中常见的或需要掌握的各种词汇归类并配以色彩鲜艳的图画来帮助学前儿童学习。再次，教师可以帮助学前儿童在语言文学活动中掌握和运用新词。在语言文学活动中，学前儿童不仅可以听故

事、念儿歌，而且还有表现语言的机会。对于一些词义复杂，且有一定的抽象性的新词，通过动作和活动来表现要比简单地用语言解释语言更有利于学前儿童的理解和记忆。在活动中学前儿童有机会运用所学新词，在重复和动作过程中巩固和掌握新词。

（三）培养儿童善于倾听的技能

学前儿童语言发展的过程中，学习做一个乐于听并善于听的人，是学前儿童运用语言进行交往的重要方面。首先，要培养学前儿童有意识倾听的能力。选择合适的文学作品是培养学前儿童有意识的倾听能力的必备条件。语言文学作品的形式和内容要符合学前儿童的发展特点，应具有较强的趣味性。除此以外，教师的教学方式也是影响学前儿童倾听效果的重要条件。其次，要培养评析性倾听的能力。评析性倾听又称分析性倾听，这种倾听的过程往往被打断，儿童要对所听的内容材料做出归纳、推断和评价，这是善于听的一个方面。在文学作品教学活动中，教师鼓励学前儿童参与评价，对听的内容做出评价，在教师的引导下，培养学前儿童对听的内容进行分析和评价的能力。再次，培养欣赏性的倾听能力。语言文学作品既有趣味性，又有审美价值。教师在组织教学时，应集中注意力，表现出赞美的态度，带领学前儿童用自己的想象重新讲述作品，引导学前儿童学习采用欣赏理解艺术作品的技能。

（四）鼓励儿童创造性地运用语言，提高儿童灵活运用语言的能力

在学前儿童发展的关键期内，鼓励学前儿童创造性地运用语言，有着不可忽视的意义。语言文学作品在帮助学前儿童创造性地运用语言方面有以下作用。首先是激励学前儿童进行语言游戏。学前儿童从讲故事、念儿歌中可以得到极好的暗示，他们可以在愉快的体验中发展从语言文学作品中获取的语言游戏的灵感，受到一种激励。故事中的人物、情节，甚至一句滑稽的话，诗歌里的节奏和韵脚，都可能出现在学前儿童的语言游戏里。可以说，学前儿童创造性地运用语言正是从积极投入语言游戏开始的。其次是帮助学前儿童在不同语境中创造性地运用语言。在什么样的环境中说什么样的话，面对什么样的交往者做出什么样的语言反应，这是学前儿童创造性地运用语言的一个方面。语言文学作品的教学可以帮助学前儿童在不同的语境中创造性地运用语言。再次是提高学前儿童的"语言结构敏感性"。学前儿童对语言结构的敏感性是在熟悉、理解文学作品的过程中逐步发展起来的。教师在教学过程中要注意引导学前儿童去注意感知文学作品的语言形式，提高学前儿童的这种敏感性。

第二节　学前儿童文学作品学习活动的设计与组织

一、学前儿童文学作品学习活动设计的基本结构

幼儿园文学作品学习活动的基本观念是引导学前儿童积极主动地学习语言文学作品，感知体验文学作品，并能创造性地运用所学与文学艺术思想相关联的观念、技术和

理解力。教师应结合文学作品本身的丰富性，组织和设计系列的、网络状的学习活动。这需要从具体文学作品入手，开展系列与作品相关的活动，帮助学前儿童在活动中学习语言文学作品，理解、体验作品，迁移个人经验，扩展想象，并通过语言等方式表达自己的理解和认识，具体可分为以下几个层次。

（一）学习欣赏作品

以文学作品为学习内容的网络活动的起点是学前儿童学习和欣赏文学作品，这是所有文学作品学习不可缺少的首要环节。教师可以采取不同方式组织教学，并根据学前儿童的年龄特点和作品内容的难易程度采取恰当的方式，如可以采用比较直观形象的幻灯片，或使用挂图，也可配以桌面教具辅助进行作品教学。对于比较浅显易懂的作品内容，也可减少琐碎麻烦的程序，直接给学前儿童朗诵作品。

文学作品教学的重点应放在学前儿童的理解方面，因为学习欣赏文学作品是文学作品学习的第一步，这一步决定了他们是否能排除学习上的认知、语言和社会知识障碍，同时决定了他们能否顺利进入到后面的学习活动。在引导学前儿童学习欣赏文学作品时，教师应注意以下问题。首先，在第一次教学作品时，教师不宜过多重复讲述故事，以免使学前儿童失去对文学作品的兴趣。其次，不能过于强调学前儿童机械记忆背诵文学作品内容，引导学前儿童更多地集中于文学作品的理解和思考。再次，教师可通过提问的方法帮助学前儿童理解作品的情节、人物形象和主题倾向。如诗歌《梳子》，教师不仅可以提问"你从诗歌里听到了一些什么？"还可以引导学前儿童讨论"风真的是梳子么？""为什么说风是树的梳子？"这些问题都有助于加深学前儿童对文学作品的理解。

（二）理解体验作品

在学习欣赏文学作品的基础上，教师还应进一步组织与作品内容认识有关的活动来帮助学前儿童深入理解作品内涵，引导学前儿童切身体验作品中所展示的情感心理和精神世界。

教师可根据每一个具体的作品内容设计相关的活动，以帮助学前儿童理解体验作品。例如学习《春天的电话》之后，教师可引导学前儿童自己动手制作电话。联系学前儿童的经验，让他们想一想自己或父母是怎样打电话的，是怎样说的，学习打电话时使用的称呼语，体验打电话的乐趣。还可以一起表演故事《春天的电话》，加深学前儿童对作品的理解。

教师在指导学前儿童理解体验作品时，要注意以下两点：首先，应从理解体验文学作品出发组织相关活动。教师可采用观察走访的活动方式引导学前儿童了解与作品相关的自然或情境，也可以选取绘画、表演的方式引导学前儿童表现对文学作品的理解，还可以组织专门的谈话或讨论帮助学前儿童理解体验文学作品。但需要注意的是，所有活动的出发点都应是文学作品本身。其次，在引导学前儿童理解体验文学作品时，绘画、表演等方式的使用要符合作品本身的特点。文学教育活动不是越花哨越好。如果活动过程非常热闹，活动中既有学前儿童的表演又有趣的绘画活动，虽然这些表演、绘画知识让活动过程的花样多了一些，但若不能达到让学前儿童深入理解作品的目的，那么这些活动方式也应予以摒弃。

（三）迁移作品经验

在帮助学前儿童理解体验作品的基础上，有必要进一步引导学前儿童迁移作品经验。文学作品向学前儿童展示了建立在学前儿童生活经验基础上的间接经验，这种经验，学前儿童既感到熟悉，又觉得新奇有趣。在学前儿童理解了这些间接经验的基础上，还需要进一步将这些间接经验与学前儿童的直接经验联系起来，进一步开展与作品主题相关的活动，帮助学前儿童在活动中将作品各方面的内容整合地纳入自己的经验范畴，从而使他们的直接经验与文学作品的间接经验实现双向的迁移。

迁移作品的活动往往是围绕作品重点内容开展的可操作的或具有游戏性质的活动。例如在"春天的电话中"活动中，教师引发学前儿童思考"如果你是小黑熊，你还会打电话给谁？"请学前儿童把自己想到的东西画下来，鼓励学前儿童大胆想象，画出与别人不同的事物。再如在"春风妈妈"活动中，教师引导学前儿童用"春风妈妈"的眼睛，观察周围生活中的事物，在春风吹拂下，发生的各种变化，用口头描述或绘画的方式记录下来，从而迁移作品经验。学前儿童在类似的活动中，进一步加深了对作品的理解，同时，也为下一步扩展想象和语言表达打下基础。

（四）创造性想象和语言表述

通过前面3个层次的活动，学前儿童对文学作品已有了深入的理解，对作品的主要语言特点和情感特色有了一定的认识，这时，可以引导学前儿童调动自己的想象力和创造力，创造性地运用语言去表达自己的认识和想象。

教师可引导学前儿童在原作品的基础上进行续编、仿编或围绕所学文学作品内容想象讲述。例如在"春天的电话"活动中，教师设计的这一层次的内容是改编故事"春天的电话"，引导学前儿童根据自己创作的画，针对自己想象的新事物的特点改变打电话的对话内容，将自己编的"春天的电话"讲给大家听。

教师在指导学前儿童进行仿编或创编时，应注意以下两点。首先，要鼓励学前儿童积极地创造。无论是仿编、创编或是续编故事，教师都要鼓励学前儿童积极动脑筋想象与思考，鼓励学前儿童有与众不同的想法。在评价中，也要鼓励有自己独特见解和看法的学前儿童。其次，指导中要注意因材施教。仿编或创编有着深浅不同的层次，对于不同水平的学前儿童，教师要有差别的要求。有的孩子能够大胆仿编句子，教师就应该给予鼓励；对于能力稍强一点的学前儿童，可以引导他们仿编或创编比较难的内容，使所有学前儿童都能在原有的能力基础上得到发展。

总之，文学作品的学习是一个系统的、网络状的活动群，是一个从理解到表达，从模仿到创造，从接受到运用的整合过程。在这样的活动中，学前儿童在教师的引领下，循序渐进地、由浅入深地提高语言艺术的敏感性，锻炼想象力，增长艺术思维能力，同时使学前儿童的语言能力得到发展。

二、学前儿童文学作品学习活动中几种活动形式的设计与组织

（一）学前儿童故事活动的设计与组织

1. 学前儿童故事的选材要点

选材问题是学前儿童故事教学活动的首要问题，学前儿童故事的选材除了要遵循文学作品选材的一般特点外，还需要考虑故事本身的一些条件。

（1）题材广泛、主题明确而有教育意义

童话、故事除了反映学前儿童熟悉的生活题材之外，还要反映学前儿童生活之外的且学前儿童能够理解的社会生活方面的内容。不同年龄班选择的题材应有所区别。针对小班学前儿童，一般选择反映学前儿童生活中发生的事，与他们的生活经历、生活体验息息相关的内容。中大班可以选择反映一定社会生活题材的童话、故事。童话、故事还应有教育意义，使学前儿童在娱乐中能得到启迪。

（2）结构完整，脉络清晰

根据学前儿童的年龄特点，为学前儿童选择的童话、故事作品一般不能太长，语言要生动、形象。作品结构完整，情节具体有趣，脉络清晰，人物对话长度适当，并尽量避免倒叙、插叙等手法的使用。

（3）时代气息和传统内容相结合

选择的童话、故事，在兼顾古为今用、洋为中用的同时，注意关注那些具有时代气息的内容，选择反映时代特点、贴近学前儿童生活的内容，如《城里来了大恐龙》，可以激发学前儿童兴趣并萌发对未来的畅想。同时，也要关注经典的传统内容，如《白雪公主》《小红帽》，让学前儿童充分体验童话、故事的独特魅力。

（4）故事要有针对性

选择童话、故事时，要关注学前儿童的年龄特点和实际情况，选择适合的作品进行教育。如小班学前儿童的阅读更注重感官上的需要，要选择人物形象鲜明、故事情节简单、有利于学前儿童理解与复述的作品。中大班学前儿童可以选择人物较多，对话清晰，角色关系鲜明，故事篇幅略长的作品。

在童话、故事的选择上，还要关注学前儿童的已有经验，如可以选择故事语言丰富和刻画人物情感细腻的《逃家小兔》等。除了可以从教材或儿童文学作品中选取童话、故事外，还可以结合学前儿童日常生活的精彩片段进行创编。

2. 学前儿童童话故事活动过程的设计

（1）创设情境，为引出童话、故事铺垫

教师在讲童话故事前，应先创设一个引起学前儿童对故事的浓厚兴趣的情境，为引出童话、故事做铺垫。幼儿园常用的导入手段有直接导入、提问导入、猜谜导入等。例如，教师在组织中班童话《小猴卖"○"》时，先出示小猴教具，并用指导语引起学前儿童的兴趣"小猴是儿童百货店的售货员，他卖了一样东西"○"，今天，老师就给大家讲一个《小猴卖"○"》的故事。"

（2）生动、有感情地讲述故事

教师首先要表现出对故事的兴趣，讲述时辅以适当的直观教具，如挂图、幻灯片等形式。讲述的时候，语言要生动、有感情，语气亲切，声情并茂，并辅以得体的教态。教师生动有感情地讲述故事，可以吸引儿童的注意力，也有助于学前儿童理解、识记故事内容。

（3）理解作品的主要内容和主要特色

1）理解童话、故事的主要情节和内容。教师可以采用提问、挂图、故事表演等方式帮助学前儿童理解故事的主题与内容。对情节较复杂或内容较多的故事，教师可以讲述两遍，在讲述前后，教师可向学前儿童提出一些问题，引导学前儿童有目的的听故事。教师在第一遍讲述完毕后，可进行描述性的提问："故事里有哪些人物？""故事的主人公做了什么事情？""这件事是怎么发生的，最后怎么样了？""主人公说了什么话？"通过这些具体明确的问题帮助学前儿童了解故事内容。第二遍讲述后可提出思考性问题，如"喜欢故事中的谁？""主人公最后干了什么？"这类问题可以帮助学前儿童理解故事主题、人物性格和心理特征。最后提出假设性问题，如"你从故事中学到了什么？""你会怎样做？"鼓励学前儿童大胆想象、拓宽思路回答问题。通过以上活动，学前儿童既理解了故事的主要内容和主题，还学会了欣赏故事的基本方法和技能（故事的发生—故事的高潮—故事的结束），这种能力的习得，对学前儿童独自阅读图书、欣赏文学作品起到了非常重要的作用。

2）体验作品所特有的艺术感染力。让学前儿童体验作品特有的艺术和情感特征是指让学前儿童理解并抓住作品中所表述出来的情绪情感。例如，作品表达的是悲伤还是愉悦的情感？此外，学前儿童的情绪还要随主人公的高兴和难过而发生变化，这样，学前儿童才能真正理解作品的主题和深层次艺术魅力。要做到这一点，教师应注意以下两点。

第一，教师要用极具感染力的语言讲述故事，为学前儿童描绘出一幅美好的图景。教师在讲述时，自己首先要投入感情，即自己被童话、故事的优美已经所感染，并已融入作品中。在此基础上，引导学前儿童理解作品的深层含义。

第二，教师要利用多种形式，如绘画、表演、动手操作、复述故事等，引导学前儿童调动各种感官参与表现童话、故事中的人物、动作、情节，加深学前儿童对人物性格特征、故事情节及故事所蕴含的情感特征的理解。

（4）围绕作品开展系列创造性语言活动

教师在理解或延伸环节围绕童话、故事安排系列创造性活动，如复述故事、故事表演游戏、编构故事等，帮助学前儿童理解掌握童话、故事。

1）复述故事。具体有对话复述、分段复述、分角色复述和全文复述等几种复述形式。对话复述与分段复述难度较小，适合小中班学前儿童使用；分角色复述和全文复述难度较大，适合中班后期和大班儿童使用。复述故事应注意调动学前儿童的主动性与积极性，鼓励学前儿童复述的愿望和自信心，并充分利用正式活动和日常生活活动等多种形式，为学前儿童提供更多的机会。

2）故事表演游戏。故事表演游戏是指学前儿童扮演文学作品中的角色，通过对话、

动作、表情再现文学作品，帮助学前儿童理解、体验作品的内容。故事表演游戏突出了游戏和活动的特点，在语言教育的过程中，尊重学前儿童的想象与创造，尊重学前儿童喜欢游戏与活动的特点。在故事表演游戏中，学前儿童用动作、语言、表情再现原来只由语言结构的人物形象与情节，使学前儿童身临其境、设身处地地想象与表达，自然地朝着用心理解和体验作品的方向努力，同时，这种形式也是符合学前儿童具体形象的思维特点的。

故事表演游戏可分为 3 种类型：整体表演型、分段表演型、角色活动型。

① 整体表演型要求学前儿童在理解作品的基础上，按照故事的情节发展，连贯完整地表演动作。学前儿童在进行表演活动时，一对一的扮演角色，即故事中的个体角色由一名学前儿童扮演，群体角色不做限制，可以由若干学前儿童同时担任。例如《猴子学样》《小兔乖乖》，表演过程中，教师在旁领诵故事，串联情节，在需要时，扮演某个角色的学前儿童则参与对话独白，其余学前儿童可随教师附诵故事。

教师在组织学前儿童开展表演游戏时应注意：首先，教师在讲述一两遍作品后，可以通过提问等方式，帮助学前儿童分析作品中人物形象的特征。其次，引导学前儿童自己讨论如何用动作表现角色的性格与特征。再次，在表演游戏的过程中，由教师作为串联情节、掌握活动进程的重要人物领诵故事，而不是严格要求学前儿童去复述故事。最后，为学前儿童表演提供的道具要简单，便于操作使用，可以虚代实，给学前儿童一点进入角色的启示即可。游戏的道具不要装饰性过强，以免学前儿童将注意力集中在道具上，忽略了角色动作和情感特征，影响学前儿童选择表情或动作的外在表现。

② 分段表演型是指将整个故事情节切成若干段落，讲一段故事，进行一段表演。在组织这种类型的游戏时，可由多人扮演同一角色。例如中班活动"三只蝴蝶"，在组织这个活动的表演游戏时，红蝴蝶、黄蝴蝶、白蝴蝶可分别让一组学前儿童扮演，其余学前儿童扮演红花、白花、黄花、太阳公公、雨等。总之，所有学前儿童都参与到活动中去，每个学前儿童都要扮演一定的角色，没有台下与台上之分，学前儿童才能够比较放松地投入游戏。

在组织分段表演型游戏时，应注意以下几点：首先，在组织这种类型的活动时，故事被分成若干段落进行，讲过故事后，为了帮助学前儿童体验角色特点，把握角色性格发展线索，需要教师引导学前儿童讨论作品中角色的情感变化。其次，在若干学前儿童表演同一角色时，教师可提示扮演同一角色的学前儿童相互交流，以期商量角色动作，同时，也鼓励学前儿童根据自己对角色的理解做出不一样的动作来。再次，这种活动由于参加人数多，增加了教师指导难度，教师既要巧妙地控制表演进程，又要防止失控现象出现，还要根据学前儿童的活动情况，及时予以指导。最后，分段表演型游戏的道具同样要求简单、方便，以帮助学前儿童进入角色。

③ 角色活动型的表演游戏兼有表演游戏与角色游戏的双重特点，这种双重性表现在活动的各个方面。在组织角色活动型表演游戏时，要注意以下几点：首先，根据文学作品中的主要活动环境设置场景，布置游戏角落。其次，在各个游戏角落放置一定数量的玩具或材料，便于扮演角色的学前儿童进一步发展和组织。再次，角色的扮演基本由

学前儿童根据自己的意愿自由选择为主。最后，指导游戏的过程中，教师可根据活动的需要，采用外部干预或内部干预两种方法。

3）编构故事。学前儿童编构故事就是学前儿童学习尝试运用语言来编出符合结构规则的游戏。学前儿童编构故事既要建立在学前儿童理解故事的基础上，又要依赖于学前儿童积累大量的知识经验。对学前儿童来说，它是一种具有积极意义的创造性活动。

学前儿童编构故事活动组织的思路如下。

在学前儿童感受理解故事类文学作品的前提下，不断提高学前儿童对故事类文学作品内容与形式构成的敏感性，从而逐步学会编构出完整的故事。总的来说，学前儿童编构故事活动，是一种系列的、多层次因素的，且含有渐进要求的活动。学前儿童编构故事活动的组织应当遵循以下几个顺序。

第一，从理解到表达的顺序。即要建立在理解故事基础上编构故事，编构故事活动的组织应从理解故事、提高对故事类文学作品构成的敏感性入手，帮助学前儿童逐渐把握编构故事的要求。随着学前儿童年龄的增长及编构故事经验的增加，可逐步提高编构故事的难度。

第二，按照故事类文学作品构成因素，发展学前儿童编构故事能力的顺序。故事包括语言、情节、人物、主题 4 个组成部分，这些构成要素中，每个要素从理解到掌握运用的过程是不一样的，难度也不同。所以，在组织学前儿童编构故事时，需要根据故事类文学作品构成要素的难度顺序，制定学前儿童编构故事活动的目标要求。

不同年龄学前儿童编构故事活动的组织要点如下。

小班：编构故事的结局是小班编构故事活动的重点。学前儿童根据个人对语言、情节、人物、主题的理解，在故事即将结束时为故事编构一个结局。如故事《三只小白兔的故事》，学前儿童可以根据故事情节的发展，结合个人经验为故事编构一个适当的结局。

中班：编构故事的"有趣情节"是中班编构故事活动的重点。此处所说的"有趣情节"是指故事情节的高潮部分。在讲述故事的过程中，当故事时间推向顶峰时突然停止，教师引导学前儿童积极想象，编构出可能出现的发展进程。如故事《老虎来了》，要求学前儿童在理解体验作品和迁移作品经验的基础上进一步扩展想象，编构出故事的"有趣情节"，最后寻找故事结局，完成故事编构。

大班：编构完整故事是大班编构故事活动的重点，要求学前儿童编出的故事具有语言、情节、人物和主题等构成要素。教师应逐步提高对故事结构上的要求，比如人物、情节等，经过从小班到中班、大班的有序活动学习，大班学前儿童能够顺利地完成完整编构故事的任务。

（二）学前儿童诗歌、散文活动的设计与组织

1. 学前儿童诗歌、散文作品的选择

（1）题材广泛，充满童趣

教师在选择作品时要注意题材的广泛多样性，可选择生动有趣的叙事诗，也可选择描绘美丽的大自然现象和人们美好心灵和情感世界的抒情诗，还可选择浅显易懂的古诗，引导学前儿童感受中国传统文化的美。如诗歌《梳子》，以普通的梳子为意象，传递了非凡的爱的深意。

> 妈妈用梳子，梳着我的头发；我也用梳子，梳着妈妈的头发。
> 风是树的梳子，梳着树的头发；船是海的梳子，梳着海的头发。

这首小诗短小精悍，想象新颖。以生活中常见的梳子为意象，从母女互相梳头，采用比拟手法，将风和船拟为树和海的梳子，为学前儿童呈现了一幅生动魅力的画面。在这首诗中用了重复的方式，学前儿童可以模仿参照句式仿编，是诗歌仿编的好教材。

（2）构思巧妙，富有想象力

选择文学作品时要多关注那些构思其妙，能拓宽学前儿童视野和启迪学前儿童想象力的作品，引导学前儿童感受体验文学作品的艺术美和语言美，激发学前儿童对文学活动的兴趣。如诗歌《摇篮》是一首具有感染力的优美抒情小诗。

> 春天是摇篮，摇着星宝宝，白云轻轻飘，星宝宝睡着了。
> 大海是摇篮，摇着鱼宝宝，浪花轻轻翻，鱼宝宝睡着了。
> 花园是摇篮，摇着花宝宝，风儿轻轻吹，花宝宝睡着了。
> 妈妈的手是摇篮，摇着小宝宝，歌儿轻轻唱，宝宝睡着了。

诗歌展开了美妙想象，自然界的事物现象春天、大海、花园比拟为摇篮，星星、鱼儿、花儿比拟为宝宝。诗歌最后笔锋转向人的世界，小宝宝听着妈妈的歌儿睡着了，整幅画面洋溢着亲情与温暖，充满了热爱自然、热爱生活、热爱亲人的情绪。

（3）符合学前儿童已有的经验水平

教师在选择作品时，要注意语言浅显、生动，易于学前儿童理解。作品应韵律感强，读起来朗朗上口，便于记忆、模仿。即应选择充满童趣，语言形象，符合学前儿童认知水平的作品。如诗歌《家》，语句简练明白，充满欢乐愉快的情绪，易于为学前儿童喜欢和接受。

> 蓝色的大海，是珊瑚的家。黑色的云朵，是大雨的家。
> 深深的地下，是石油的家。密密的森林，是蘑菇的家。
> 小朋友到了动物园玩儿，可别忘了回家！

《家》这首小诗，从新奇的角度，从学前儿童不熟悉的事物引入他们熟悉的经验范畴。作者大胆地把大海、云朵、地下、森林想象成珊瑚、大雨、石油、蘑菇的家，调动起学前儿童已有经验和亲切的感觉，帮助学前儿童从全新的视角看待和想象周围的世界。最后一句将学前儿童拉回到现实，使他们联想到自己，真实地感受到家的温暖。

2. 学前儿童诗歌、散文活动过程的设计

学前儿童诗歌、散文教学过程的设计，在遵循儿童文学教育活动基本结构的基础上，也可以结合诗歌、散文自身的特点进行必要的发挥和调整。一般来说可以分为以下几个步骤。

（1）创设情境，引出作品

教师创设一个与作品相关的情境，吸引学前儿童的注意力。教师要充分利用学前儿童文学作品的语境和想象，为学前儿童准确理解文学作品做好铺垫。一般而言，教师可以用以下方式进行情境创设。首先，利用图片、幻灯片，结合教师生动的语言描述，带学前儿童进入到文学作品的意境中。其次，用提问、音乐提示等方法，引导学前儿童在回忆旧经验、艺术美的启迪下接受作品。再次，借助音乐、美术等艺术手段，创设一个与作品意境相吻合的情境，以便于学前儿童进入到作品意境中。

（2）教师示范朗诵诗文

教师可以在布置好的情境中自然引出作品，如教师可以采用自己朗诵或放录音的形式声情并茂地给学前儿童示范朗诵，引导学前儿童欣赏文学作品。教师的示范朗诵要做到以下几点：普通话标准，发音准确、清楚，有节奏、有感情地朗诵，体现音韵美，以期打动学前儿童。

（3）帮助学前儿童理解诗文

在诗歌教学中，这一环节是重要环节，教师可通过以下方式帮助学前儿童理解诗文。

第一，通过观察教具或现实场景，帮助学前儿童理解诗文。教师通过语言所描述的意境展示诗歌的主题，教师可将这种意境画面做成可视的教学挂图，引导学前儿童在观察挂图的过程中理解诗歌的内容。例如诗歌《春雨》《阳光》，可引导学前儿童边观察图片，边理解诗句。诗歌《春天到》，可以结合学前儿童春游观察到的春天景象学习诗歌。

第二，通过提问，帮助学前儿童理解诗歌，如诗歌《小池塘》。

小池塘，藏月亮，鱼儿睡在蓝天上。

小青蛙，抬头望，乐得哇哇把歌唱。

风儿吹，水儿荡，摇得月亮轻轻晃。

教师可以通过提问的方式来帮助学前儿童理解诗歌大意，教师可提问："谁藏在儿歌中的小池塘里？""月亮为什么会在小池塘中？""鱼儿为什么会睡在蓝天上？""月亮真的在池塘里吗？""小青蛙抬头望见了什么？""晚上，小池塘里还会藏些什么呢？"教师通过提问引导学前儿童通过问答理解诗歌。

第三，理解难懂的字、词、句。学前儿童在学习诗歌过程中，可能会遇到一些比较难的字、词、句，影响了学前儿童对诗歌的理解，教师应帮助学前儿童理解这些难懂的字、词、句，如儿歌《小猫咪》。

小猫咪，爱梅花，一路走，一路画，朵朵梅花开在它脚下。

教师可以提问："小猫咪为什么爱梅花，梅花指的是什么？"可以引导学前儿童观察猫的脚印，回忆小猫咪走路的情景，想象朵朵梅花开在小猫咪脚下的画面来帮助学前儿童理解诗歌内容。

第四，理解诗文的情绪情感。诗歌和散文不讲究情节和人物形象的刻画，但传达着作者的思想感情。教师引导学前儿童理解诗歌和散文时，不仅让学前儿童理解作品中的语言，还应引导学前儿童体验作品的情绪情感，理解诗歌或欢快活泼，或沉郁平静，或宁静祥和，或充满温馨的感情基调，只有这样，才有助于帮助学前儿童更全面的理解作品内容。

第五，理解诗文的表现形式。从诗歌和散文的表现形式入手，引导学前儿童理解作品，有助于学前儿童更好地理解作品内容，有助于学前儿童了解诗歌和散文的构成方式，提高学前儿童对某种艺术性结构语言的方式的敏感性。学前儿童诗歌和散文采用的表现形式有重复、夸张、象征、拟人等表现手法，这些手法的运用增强了语言的丰富性、生动性。教师引导学前儿童了解这些表现方式时，没必要一定让学前儿童知道是什么表现手法，只需要让其感受诗歌和散文这样说的意思即可。

（4）学前儿童学习朗诵诗文

在学前儿童理解诗歌和散文的基础上，教师组织多种形式的朗诵，可以采用教师大声读，学前儿童小声读，集体诵读，小组诵读，个人诵读，角色诵读，对答式朗读等多种方式诵读，帮助学前儿童品味、领悟作品。教师在组织这一环节时，要注意多种形式的灵活运用，切不可让学前儿童枯燥的机械记忆，让学前儿童失去兴趣。

（5）围绕诗文主题开展相关活动

学前儿童初步理解诗歌和散文的内容后，教师应围绕诗文主题开展相关活动，引导学前儿童更好地理解和体验作品。常有的活动如下。

第一，配乐朗诵。一些抒情诗，本身意境优美、音韵和谐，教师可以配上合适音乐诵读，也可在配乐诗朗诵中引导学前儿童用舞蹈去表现诗歌中的意境。

第二，绘画。鼓励学前儿童画一画想象中的作品，将自己对作品的理解和感受用画笔画出来。

第三，诗歌表演游戏。可以让学前儿童表演那些很有趣、有情节的叙事诗，体验角色心理及感情，如作品《小熊过桥》《小弟和小猫》等。

第四，诗文仿编活动。学前儿童在欣赏诗歌与散文时，在理解其内容及结构的基础上进行一种创造性的学习活动即为诗文仿编活动。它是要求学前儿童仿照某一首诗歌或某一篇散文的框架，调动个人经验扩展想象，编出自己的诗歌或散文段落。仿编活动对发展学前儿童的想象力及创造性的学习诗歌散文很有益处。

1）学前儿童诗歌和散文的仿编活动要点如下。

首先，仿编准备。仿编诗歌对于学前儿童来说存在一定的难度，因此，在仿编前要做好相应的准备工作。一是要熟悉理解所仿编的诗歌或散文，了解要仿编作品的内容、形式；二是相应知识经验的储备，在仿编过程中积极调动学前儿童已有的知识经验，使学前儿童的仿编言而有物；三是学前儿童要具备一定的想象力和语言表达能力。教师要了解每个学前儿童的水平，并有针对性地进行指导。

其次，讨论与示范。在仿编活动开始时，教师组织学前儿童讨论将要仿编的作品。例如，教师在组织学前儿童仿编诗歌《摇篮》时，就可以先让学前儿童谈一下"摇篮是干什么的？""谁在摇摇篮？""花宝宝的摇篮是什么？""是什么摇动花宝宝的摇篮？"，通过提问启发学前儿童思考，接着进行示范，启发学前儿童想象。教师可用草宝宝为例，仿编为"大地是摇篮，摇着草宝宝，风儿轻轻吹，草宝宝睡着了。"教师的示范既启发了学前儿童的想象，又可以帮助学前儿童将自己的想象纳入一定的语言框架中。

再次，学前儿童想象与仿编。教师示范之后，要引导学前儿童展开想象进行仿编，教师可稍作提示或采用直观形象的教具，帮助学前儿童进行仿编。等学前儿童能够熟练地进行仿编时，可不再提示，要求学前儿童根据自己的想象进行仿编，逐步引导学前儿

童掌握诗文仿编的方法。

最后，串联与总结。学前儿童编出诗歌或散文段落后，教师可引导学前儿童把诗歌或散文原文复述下来，并加入学前儿童仿编的段落，朗读给学前儿童听，使学前儿童进一步体验仿编的乐趣。在串联和总结时，要求教师随时记录仿编过程中的信息，这样，在最后总结时，教师可引导学前儿童将仿编的内容逐段加到原来的诗歌后面。

2）不同年龄班学前儿童诗文仿编的重点要求如下。

教师在组织仿编活动时，要注意不同年龄学前儿童的发展水平，有针对性地提出重点要求。

小班：小班学前儿童诗歌和散文仿编的重点是在原有内容的基础上换词，通过更换某个词体现诗歌和散文的画面变化。例如，我们引导小班学前儿童仿编诗歌《摇篮》时，可允许学前儿童把"鱼宝宝"改为"草宝宝"，形成内容的变化。

中班：中班学前儿童仿编时可要求变换词句，使诗歌或散文整个画面出现新内容。例如《我是三军总司令》，学前儿童仿编出诗句："鸟妈妈问我，小鸟到哪儿去了，我说，小鸟做了我的降落伞。"仿编诗句的结构与原诗相同，但因词句的变动，构成了新的画面。

大班：大班学前儿童知识经验、想象能力和表达水平都有了一定的提高，欣赏和仿编水平也有了很大提高。大班学前儿童在仿编诗歌和散文时可考虑对原有诗歌散文的结构进行部分变化或根据学前儿童的知识经验，仅向学前儿童提供一个开头作为想象线索，让学前儿童自己完成诗歌和想象的创编。总之，在指导大班学前儿童进行仿编时，在仿编结构上的限制可相对少一些，鼓励学前儿童大胆想象和创造。

案例评析

案例 6.1　小班诗歌教学活动：水珠宝宝

设计意图

小班幼儿比较天真，常常把动物也当成人，甚至觉得没有生命的物体也会说、会动、会想，是他们的同类。他们常和"娃娃"说话，跟小椅子"再见"，这是幼儿思维"泛灵论"特点的体现。儿歌《水珠宝宝》以拟人化的手法写出了水珠宝宝在摇篮里睡觉，风儿亲亲它的脸蛋，鸟儿为它唱歌的优美意境。该儿歌不仅可以丰富幼儿的知识，发展语言，启迪智力，而且还可以使幼儿的心灵和情感受到良好的熏陶。培养幼儿对文学作品的兴趣，更重要的是可以发展幼儿的想象力和创造思维能力。

活动目标

1）学说儿歌，理解儿歌表达的内容，感受儿歌的优美意境。

2）尝试仿编第一句儿歌，体验学习儿歌的乐趣。

3）喜欢水珠宝宝，愿意大胆想象并表达自己的想法。

活动准备

经验准备：活动前，引导幼儿观察生活中出现的水珠宝宝，如树叶上的、花瓣上的等。

材料准备：多媒体课件、图片和背景音乐。

活动过程

1．出示图片，引出课题

出示可爱的水珠宝宝图片，提问：你们喜欢水珠宝宝吗？

2．教师配乐朗诵儿歌

提问：喜欢这首儿歌吗？你都听到什么了？

3．分段理解内容，学说儿歌

1）播放海浪的声音，出示大海、帆船的画面。

提问：海面上有什么呀？小小的帆船像什么？水珠宝宝在干什么呢？可以用什么动作来表现这句诗歌呢？

指导语：我们用好听的儿歌来说一说这幅美丽的图片吧："小小帆船，像个摇篮；水珠宝宝，睡在上面。"

2）播放风声，出示图片。

提问：是什么吹来了？风儿来做什么？风是怎样吹的？可以用什么动作来表现这句诗歌呢？

指导语：我们一起说一说："风儿轻轻，亲亲脸蛋。"

3）播放小鸟的叫声，出示图片。

提问：又是谁飞来了？小鸟来做什么？可以用什么动作来表现这句诗歌呢？

指导语：我们一起用好听的声音来说一说："鸟儿唱唱，做梦甜甜。"

4．完整欣赏并朗诵儿歌，感受优美意境

1）教师朗诵儿歌，幼儿欣赏，熟悉儿歌内容。（配乐朗诵）引导幼儿注意儿歌的语气和意境。

2）结合多媒体课件师幼共同朗诵儿歌。

3）鼓励幼儿加动作，大胆表现，完整朗诵儿歌。

4）个别幼儿表演，再次集体表演儿歌。

5．尝试仿编儿歌，体验快乐

指导语：水珠宝宝离开了大海，离开了帆船，想一想还有哪些东西可以做水珠宝宝的摇篮呢？

1）出示图片，引导幼儿说一说：小小花瓣，像个摇篮。小小树叶，像个摇篮等。

2）幼儿完整朗诵自编儿歌，加上动作自由表现。

6．活动延伸

表演区：表演儿歌《水珠宝宝》。

活动评析

活动中通过以下几个环节来完成预设目标：图片导入，激发兴趣；谈谈说说，理解儿歌；朗诵儿歌，感受韵律；创造想象，仿编儿歌。活动中主要采用谈话法，引导法，表演法等教学方法。在活动中以幼儿为主体，启发引导幼儿思考问题、回答问题，发展

了幼儿的思维能力和口语表达能力，以形象、生动、直观的方式，再现儿歌中所描绘的景象，配合互动表演等手段，对活动加以整合，使幼儿获得更直观的理解，充分调动了幼儿的学习积极性，从而达到科学性、愉悦性的和谐统一。

附：

水 珠 宝 宝

小小船帆，像个摇篮。

水珠宝宝，睡在上面。

风儿轻轻，亲亲脸蛋。

鸟儿唱唱，做梦甜甜。

案例 6.2　中班散文诗学习活动：如果我能飞

设计思路

《如果我能飞》这首优美的儿童诗，充满了幻想色彩。假设句的运用让幼儿在想象中展翅飞翔；拟人化的语言风格和重复性的句式结构，更是便于幼儿感受、记忆和理解。《纲要》（试行）指出，"引导幼儿接触优秀的儿童文学作品，使之感受语言的丰富和优美，并通过多种活动帮助幼儿加深对作品的体验和理解。"此活动让幼儿体验大胆想象"如果我能飞"的乐趣，感受诗歌优美的意境，在此基础上尝试仿编，从而体验成功的快乐。

活动目标

1）理解诗歌内容，学习用语言和动作表现诗歌。

2）能按照诗歌句式尝试进行仿编。

3）感受儿歌的优美，体验大胆想象"如果我能飞"的乐趣。

活动准备

1）经验准备：认识大海、森林、天空。

2）材料准备：与诗歌内容相关的课件，翅膀、天空、大海、森林等图片，两首背景音乐，与幼儿人数相等的翅膀（按颜色分在不同筐中）。

活动过程

1. 谈话交流，导入主题

提问：如果你们能飞，你们要飞到哪里？做什么？

小结：原来小朋友想飞到那么多的地方，今天有一位小姑娘，她也有一个想飞的愿望。那我们一起听听，她会飞到哪里？做什么？

2. 出示课件，理解诗歌内容，创编飞的动作

1）播放背景音乐，教师有表情的朗诵，然后提问："我"都飞到了哪里？变成了什么？什么样子？

2）引导幼儿用好听的声音，看课件完整地进行朗诵。

3）看图示鼓励幼儿创编飞的动作（使用翅膀），配合背景音乐进行完整的表演朗诵。

3．结合图片，学习仿编

提问：如果你能飞，你想飞到哪里？变成什么？做什么？

小结：哦，原来想象是这么神奇，我们想飞到哪里，就能飞到哪里，想变成什么就能变成什么，真美！

4．活动延伸

1）教师可组织幼儿在美工区继续展开想象，并用绘画的形式表现出"如果我能飞"的情境。

2）幼儿回家后，可以把自己仿编的诗歌朗诵给家人听。

活动评析

本次教学活动，教师运用多媒体课件、图片、富有启发性的提问及富有逻辑性的分析，引导幼儿感受诗歌优美的意境，理解诗歌的内容，发现诗歌的句式结构规律，为幼儿插上了想象的翅膀，使得最后的仿编难点迎刃而解。整个过程根据幼儿的认知特点及水平，以幼儿快乐的参与和体验为原则，让幼儿在倾听中感受，在体验中想象，在创造中发展。活动中，教师作为活动的支持者与引导者，积极启发幼儿的想象力和创造力，让幼儿在大胆想象中去感受飞行的乐趣，幼儿的主体作用得以充分发挥，使得原本枯燥的诗歌学习变得好玩而有趣。

　　附：

如果我能飞

如果我能飞，我要飞到蓝天上，

变成一颗小星星，闪闪发光。

如果我能飞，我要飞到大海上，

变成一朵小浪花，随风舞蹈。

如果我能飞，我要飞到森林里，

变成一只鸟儿，快乐歌唱。

案例6.3　大班散文诗学习活动：树真好

设计思路

《树真好》语言生动优美，意境诗情画意，散文诗中的生活情趣浓厚，将幼儿熟悉的生活场景进行了诗意的描写。诗中洋溢着对树的赞美和珍惜，展现了一幅人与动物、人与自然和谐共处的美好景象，读后使人萌发爱树护绿、保护环境的美好情感。散文诗共有六句，每一句都是以"树真好"开始，具有一定的韵律性，非常适合幼儿欣赏、感受和朗诵。

活动目标

1）欣赏、理解散文诗的内容，了解重叠词：叽叽喳喳、吵吵闹闹、清清爽爽。

2）初步尝试有感情地朗诵散文诗，并进行简单仿编。

3）体验、感受生活中有大树的美好，懂得爱护树木和保护环境的重要。

活动准备

多媒体视频、课件等。

活动过程

1. 播放歌曲

播放歌曲《小树苗》，引发幼儿对树的兴趣，感知树的作用。

提问：这首歌里唱的什么呀？为什么要爱护小树苗呀吗？树还能给我们带来什么好处？

小结：我们的生活中，到处都是树，大家都非常喜欢树。我给大家带来一首散文诗，我们听听诗歌里是怎么赞美树的呢？

2. 观看课件

利用课件，感受诗歌的语言美和意境美，初步尝试朗诵散文诗。

1）配乐完整欣赏，初步感受散文诗的语言美和意境美。

提问：听完散文诗，你有什么感觉呀？你都听到什么呢？

2）逐句赏析，理解树的好处，学习重叠词。

图 6-1：小鸟的心情怎么样？从哪里看出来的？小鸟在树上是怎么唱歌？

图 6-2：树是怎么挡住大风？如果没有这些大树，我们的生活会怎样？这里面也藏着一个重叠词，是什么？

图 6-3：这个小姑娘心情怎么样？为什么？在这样的屋子里生活，你有什么感觉？（清清爽爽）

图 6-4：小姑娘在树下干什么？为什么在树下睡午觉？

图 6-5：还可以和大树玩什么游戏？

图 6-6：树叶和微风会怎样唱歌谣？在静悄悄的夜晚听到这么美的歌谣，是多么美的事情呀！

图 6-1

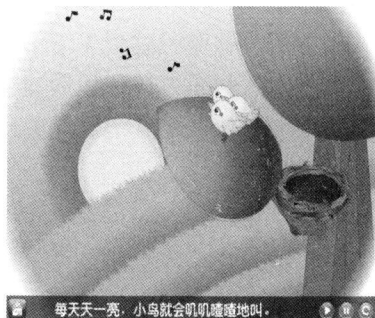

图 6-2

图 6-3

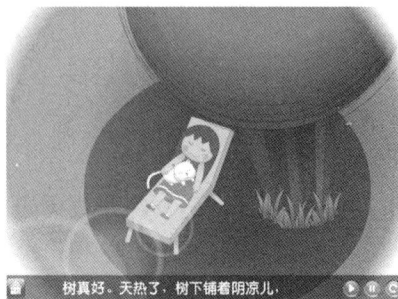
图 6-4

图 6-5

图 6-6

3．再次欣赏

再次完整欣赏散文诗，学习重叠词，并尝试有感情的朗诵散文诗。

1）学习理解重叠词：叽叽喳喳、吵吵闹闹、清清爽爽。

指导语：大家觉得这首散文诗美吗？我们一起试着说一说。

提问：在散文诗里，你有没有听到什么特别的词语呢？它们有什么特点？

2）尝试有感情的完整朗诵。

指导语：用好听的声音和好看的动作，像小诗人一样优美地朗诵。

4．尝试创编

尝试简单创编，体验、感受生活中有大树的美好。

提问：你喜欢大树吗？请你用散文诗一样的语言夸夸大树。

小结：树真好，给我们人类和动物朋友都带来这么多的好处和快乐。

5．观看视频

观看破坏森林的视频，引导幼儿交流"怎样保护树朋友"，懂得爱护树木和保护环境的重要。

提问：我们应该怎么保护树朋友？（浇水、施肥，照顾他们）

小结：树真好，希望咱们一起保护树朋友，用自己的实际行动，爱护树木，保护环境。

6．活动延伸

创编散文诗，绘制成自制图书《树真好》。

活动评析

活动设计以欣赏、理解和感受散文诗的语言美和意境美为主线，通过完整欣赏到观察了解重点内容、熟悉诗歌内容，再到师幼共读，最后是将幼儿的经验进行进一步的梳理和提升，从而引导幼儿更具体、更清晰、更充满感情地认识到树的作用，萌发幼儿热爱树木的情感，达到情感的共鸣。本活动以欣赏和感受散文诗为重点，注重幼儿对散文的倾听和有感情的朗读，寓情于景。同时，活动借助这一优秀的诗歌载体激发幼儿大胆表达、认真倾听的习惯和亲近树木、爱护树木的情感。

附：

树　真　好

树真好，小鸟在树上筑巢，每天天一亮，小鸟就会唧唧喳喳地叫。

树真好，能挡住大风，不许风吵吵闹闹，到处乱跑。

树真好，我家屋子清清爽爽，阵阵风儿吹，满树花香往屋里飘。

树真好，天好了，树下铺着阴凉儿，我和我的小猫咪，躺在树下睡午觉。

树真好，我做个秋千挂在树上，让我的布娃娃坐上去，摇啊摇。

树真好，夏天的夜晚静悄悄，只有树叶和微风在一起唱歌谣。

案例 6.4　小班故事教学活动：糖果雨

设计思路

糖果是幼儿熟悉并喜欢的，各种口味的糖果让幼儿一直都口留余味，如果能有吃不完的糖果那该多好呀。《糖果雨》就让幼儿的这个愿望实现了。天上有一片糖果云，下了很多各种口味的糖果，让小朋友兴奋地跳起来，这也同样是小朋友喜欢这个故事的主要原因。

活动目标

1）欣赏故事，理解故事内容，知道不同颜色的糖果有不同的味道。

2）能够大胆想象并用自己的语言清楚表达自己想要下场什么雨。丰富词汇"密密麻麻、鼓鼓的"。

3）感受听故事、参与想象的乐趣。

活动准备

经验准备：阅读图画书《神奇糖果店》，知道下雨时的云朵是灰色的，糖果有很多颜色和味道的。

材料准备：课件、画具。

活动过程

1. 情境导入，激发幼儿参与活动的兴趣

提问：孩子们，你们都吃过糖果吗？你吃过什么口味的糖果？它是什么颜色？那你们有没有见过糖果雨呢？有一天，有个城市下了一场神奇的糖果雨，我们一起去看看吧！

2. 用课件分段讲述，引导幼儿初步理解故事内容

1）提问：谁来捡糖果了？他们都拣到了什么样的糖果？这些糖果吃起来是什么感觉呀？密密麻麻是什么意思？（丰富词汇：密密麻麻。）

小结：密密麻麻就是又多又密。

2）他们都装在哪里了？（丰富词汇：鼓鼓的）人们的心情怎么样？

小结：孩子们一个个把自己的书包装得鼓鼓的。老太太们也摘下漂亮的头巾，把糖果放在里面打成一个个小包袱。

3．完整欣赏，鼓励幼儿积极表达自己的想法，大胆想象

1）提问：如果让你们来当小小魔法师，你们想下一场什么样的雨呢？

2）让幼儿把自己的想法画出来，讲给大家听。

提问：你下了一场什么样的雨？为什么要下这种雨？用故事里的话说一说。

3）鼓励幼儿充分想象大胆表达自己的想法。

4．活动结束

让幼儿带上自己的作品，把创编的故事讲给朋友听。

活动评析

应彩云老师说：一个有趣的好的故事，是好玩的，对小班孩子来说，最好是好吃的。《糖果雨》满足了好故事的条件：天上有一片糖果云，下了各种口味的糖果。这个话题幼儿非常兴奋，为这节课的顺利展开打下了基础。整个活动设计非常关注幼儿的生活经验。比如：如果有很多很多的糖果，你准备用什么装？如果让你来下一场雨，你想下场什么雨？教师为了帮助幼儿大胆想象，安排了幼儿绘画表达这一环节，这为幼儿的有意想象插上了翅膀，为创编故事提供了凭借物。该活动非常符合幼儿的年龄特点。

附：

糖　果　雨

有一次，有块糖果云飘过来，在城里下了一场糖果雨。绿的、紫的、蓝的、玫瑰色的，什么颜色的都有。

一个小孩捡了一颗绿的放在嘴里尝了一下，很快就知道这是薄荷味的；另一个孩子尝了一块玫瑰色的，那是草莓味的。

"快来呀！都是糖果，都是糖果！"

所有的人都到马路上来，都想把自己的口袋塞得满满的。糖果雨密密麻麻地落下来，大家捡都来不及。

雨下了一会儿就停了。但是，糖果雨已经像地毯一样铺满了马路，在脚下"咯吱咯吱"响。孩子们一个个把自己的书包装得鼓鼓的。老太太们也摘下漂亮的头巾，把糖果放在里面打成一个个小包袱。

直到现在，还有许多人等着从天上落下糖果雨呢！但是那块云再也没有从城市上空飘过，糖果雨也再没有下过了。

案例6.5　中班故事教学活动：春天的电话

设计思路

《春天的电话》是一个美丽的童话故事。它通过小动物相互打电话，描绘了一幅幅

具有春天气息的美丽画面，体现出小动物之间相互关心，分享快乐的情感。该故事语言朴实、结构简单，留给幼儿极大的想象讲述的空间。无论是故事中描述的每个情节，还是透过故事流露出的美好情感，都具有较强的审美价值，符合幼儿年龄特点，适合中班幼儿的知识水平和生活经验，有助于提高幼儿想象力和语言表达能力。

活动目标

1）理解故事内容，了解并说出春天的基本特征。

2）学说故事中的对话，能够分角色进行表演。

3）懂得与同伴之间要相互友爱、关心。

活动准备

经验准备：事先带领幼儿外出寻找春天，孩子们通过拍照记录、绘画、观察等方式了解了春天的变化。

材料准备

1）视频《春天的电话》，《春天的电话》多媒体课件，图片等。

2）小黑熊、小松鼠、小白兔、小青蛙、小公鸡等动物头饰。

活动过程

1. 谈话导入，引起幼儿活动的兴趣，初步感知春天的特征

指导语：今天我给大家请来一位新朋友，对，是小黑熊。

提问：你们知道小黑熊在冬天做什么吗？除了小黑熊，还有哪些动物冬眠？春天来了，这些冬眠的小动物们会做什么呢？

2. 利用课件，引导幼儿观察，激发想象，大胆讲述，初步感知故事内容

1）出示小黑熊的图片，激发幼儿说出小黑熊说了什么。

① 提问：小黑熊表情怎样，发生了什么事情，让小黑熊这么开心？

② 小黑熊把这个好消息打电话12345告诉了他的好朋友。会是谁？

2）出示小松鼠的图片，请幼儿观察，激发幼儿大胆猜想，小松鼠说了什么？

提问：① 小松鼠表情怎样，他为什么这么开心，小松鼠会告诉谁？

② 小白兔的电话号码是23451。你猜小松鼠对小白兔说了什么？

3）出示小白兔的图片，请幼儿观察，激发幼儿大胆猜想，小白兔说了什么？

提问：① 小白兔听完电话后心里会怎么想？（很开心）他也想到了给好朋友打电话，猜猜小白兔的好朋友是谁？小白兔就给小青蛙打电话，号码是34512。

② 小白兔对小青蛙了说什么呢？

4）出示小青蛙的图片，请幼儿观察猜想，小青蛙是怎样打电话的，说了什么？

提问：① 小青蛙听完电话后也好开心，他想到了给好朋友小公鸡打电话，小公鸡的电话是多少呢？请小朋友猜一猜。

② 小青蛙会对小公鸡说什么呢？

5）出示小公鸡的图片，请幼儿观察猜想，小公鸡会给谁打电话，说了什么？

① 提问：小公鸡听完电话后想到了好朋友小黑熊，就给小黑熊打电话，号码是多

少呢，请小朋友猜一猜。

② 小公鸡会对小熊说什么呢？

6）出示第六幅图片，请幼儿观察说出他们为什么这么开心。

3. 教师播放故事视频，幼儿完整欣赏，学说故事对话。初步感知小动物的快乐

1）幼儿完整欣赏故事，印证自己的猜测，初步感知自己的喜欢的对话。

提问：小朋友，小黑熊打来的这个电话，让他的好朋友都很开心，你想不想知道，到底是什么开心的事情，我们一起来完整的来听一听，他们都说了些什么？你最喜欢哪一句话？

2）大胆提问，幼儿学说对话，感知小动物的快乐。

提问："你最喜欢故事中哪一句话？"（并请幼儿每一句学说一遍，提醒幼儿用完整句子）为什么电话最后又回到小黑熊哪里？（引导幼儿说出同伴之间相互关心）

4. 教师创设故事中的情景，幼儿大胆表演，强化故事中的对话，感知在一起游戏的快乐

幼儿选好自己的喜欢的角色，带头饰进行表演。

指导语：小朋友，今天小动物的家也搬到我们的教室，咱们一起戴着头饰和他们一起玩，请选择你喜欢的角色进行扮演，每个小朋友的家里面都有一份电话表，请看一下，你要给谁打电话？

活动评析

整个活动以孩子的兴趣为出发点，在活动设计中，既给予孩子技能上的帮助，又给予孩子充分的创造空间。教师活动中始终作为幼儿的支持者、引导者、和合作者；充分尊重每位幼儿的创造，肯定、接纳他们独特的审美观和表达方式，让幼儿在特别宽松、开放、愉悦的环境中感受美、表现美。

活动前的导入，教师以提问的形式"小黑熊在冬天做什么？还有哪些动物在冬天冬眠？"唤起幼儿原有的经验，给幼儿创造了一个敢于积极说话的氛围。活动中材料利用得当：采用对故事画面局部遮挡和显现的形式对幼儿的猜测和验证服务。

附：

春天的电话

"轰隆隆！打雷了……"。睡了一个冬天的小黑熊被惊醒了，揉揉眼睛，打开窗户往外一看："啊，原来春天来了！"

他连忙拿起电话，"嘟——嘟——"拨电话号码——1，2，3，4，5，"喂，小松鼠吗？春天来了，树上的雪融化了，快出来玩玩吧！"

小松鼠听了电话，也"嘟——嘟——"拨电话号码——2，3，4，5，1，"喂，小白兔吗？春天来了，山坡上的草绿了，快出来吃草吧！"

小白兔听了电话，也"嘟——嘟——"拨电话号码——3，4，5，1，2，"喂，小青蛙吗？春天来了，河里的冰雪融化了，快出来游泳吧！"

小青蛙听了电话，也"嘟——嘟——"拨电话号码——4，5，1，2，3，"喂，小公

鸡吗？春天来了，地上的虫子爬出来了，快出来捉虫子吧！"

小公鸡听了电话，也"嘟——嘟——"拨电话号码——5，1，2，3，4，"喂，小黑熊吗？春天来了，山上的花开了，快出来采花吧！"

小黑熊听了电话，高高兴兴地来到外边，看见大伙儿全出来了。它碰见小公鸡，说："谢谢你给我打电话，告诉我春天来了。"小公鸡指指小青蛙，小青蛙指指小白兔，小白兔指指小松鼠，都说："是他先打电话通知的，应该谢谢他。"小松鼠却指着小黑熊说："我们应该谢谢小黑熊！是他第一个给我打电话的！"

小黑熊听了，连忙用两只大手捂住脸，连声说："不用谢，不用谢。"

案例6.6　大班故事：快乐的小公主

设计思路

《纲要》中指出："幼儿语言的发展与其情感、经验、思维、社会交往能力等其他方面发展密切相关，因此，发展幼儿语言的重要途径是通过相互渗透的各领域的教育，在丰富多彩的活动中去扩展幼儿的经验，提供促进语言发展的条件"。现在的孩子由于受生活环境的限制，缺乏与周围人相处的经验，普遍不会调节自己的心情，也不会照顾他人的情绪，更不懂得如何让自己快乐并带给他人快乐。《快乐的小公主》这个故事让幼儿发现身边快乐的事情，懂得给予也是一种快乐，能与同伴分享快乐。

活动目标

1）理解故事中小公主由不快乐到快乐的心理转变过程，知道给予也是一种快乐，了解让自己快乐的方法。

2）积极展开对故事情节的想象与讨论，尝试用语言、动作表达自己的感受。

3）乐于寻找生活中的快乐，喜欢把快乐的心情传递给周围的人。

材料准备

《快乐的小公主》课件，图片，音乐《幸福拍手歌》。

活动过程

1. 出示图片，引出课题

教师出示小公主的图片，引导幼儿观察小公主的表情，进而推测小公主的心情。

指导语：今天班里来了一位可爱的小公主，可是你们看小公主的表情是怎样的？她的嘴角向下，说明她的心情怎样？

小结：这位可爱的小公主并不快乐，可是她为什么不快乐呢？我们一起听听看。

2. 播放课件，分段欣赏

1）讲述第一段，提问：

① 小公主为什么不快乐、很孤单呢？

② 小公主孤单、不开心时会是什么样的表情呢？你可以试着做一下吗？

小结：小公主虽然有水晶宫殿，有漂亮的裙子，一屋子的七彩宝石，但是没有朋友，还是不快乐。

2）讲述故事第2～8段，引导幼儿积极展开对故事情节的想象与思考。

提问：小公主为什么把金手镯送给小老鼠？小公主送给小老鼠金手镯，它们会当成什么？怎么玩？

小结：原来有朋友是一件快乐的事情。

3）讲述故事 9～16 段，引导幼儿了解小公主心情变快乐的原因。

提问：① 小公主是怎样变快乐的？

② 小公主把贵重的金手镯、大耳环都摘下来送给了小老鼠，如果你是小老鼠，又会送给小公主什么礼物呢？小老鼠怎么说的？

③ 小公主现在开心了吗？小公主认为快乐在哪里呢？

小结：小公主把心爱的东西送给了小老鼠，小老鼠玩得很开心，小公主心里也很开心。原来朋友间互相关怀，互相分享，朋友快乐，自己也很快乐。

3．完整欣赏，理解内容

提问：① 小公主是怎么找到快乐的？（请小朋友完整表达）

② 刚才故事中告诉我们快乐在哪里呢？那小朋友觉得快乐还可以在哪里呢？

小结：就像刚才小朋友说的，快乐其实很简单，快乐就在我们身边。

4．经验提升，升华主题

提问：① 孩子们，你们有不快乐的时候吗？

② 那你们是在什么时候感觉不快乐的？谁来说一说？当时心里是什么感觉？

小结：孩子们，我们在生活中不快乐时不要担心，每个人都会有不快乐的时候，这都是很正常的事情，但是这种不快乐的情绪长期住在我们的心里，会伤害我们的身体健康。

提问：当我们不快乐的时候，可以用什么办法让自己快乐起来呢？

小结：你们想到了这么多让我们快乐的方法，比如听音乐、和朋友一起玩、抱一抱、吃好吃的、散步、看书、跳舞，可真了不起。

5．传递快乐，结束活动

教师和幼儿一起演唱《幸福拍手歌》。

小结：快乐的心情是可以感染的，你想把快乐传递给谁？校园里有没有不开心的小朋友呢，让我们轻轻起立，去把快乐传给他们吧。孩子们，让我们一起唱起快乐之歌，跳起快乐之舞，向着快乐出发吧！

活动评析

教学的三维目标设置清晰明确，且完成度较高。活动设计符合幼儿年龄特点，能激发幼儿兴趣，满足幼儿的需要。活动设计思路新颖，具有独创性；活动脉络清晰，层层递进。教师能了解幼儿，预设充分，善于引导，课堂调控能力强。幼儿知识、能力、情感态度得到了提高。借助"快乐的小公主"的故事，让孩子理解小公主由不快乐到快乐的过程，知道小公主不快乐的原因，最后小公主因为有了小老鼠做朋友而快乐起来，懂得快乐不在水晶房子和七彩宝石里，而在好朋友的陪伴里。最后情感迁移转入到孩子自己的生活体验中，让孩子知道快乐的各种不同的方法。

附：

小公主住在一座水晶砌成的宫殿里。她有许多镶着小星星的裙子，还有一屋子的七彩宝石，可是小公主不知道什么是"快乐"。

一天，小公主觉得闷极了，就大声说："哪怕有一只小老鼠和我一起玩也好嘛！"

咦，小公主话刚说完，真的跑来一只小老鼠。

小老鼠拉着小公主踏进一座彩色的小房子里。小房子里有那么多只小老鼠，全都是笑眯眯的。

小公主说："你们好！你们愿意做我的朋友吗？"

"愿意！"小老鼠们喊得又整齐，又响亮。

小公主真开心，她摘下一个金手镯，送给小老鼠们。

"一个呼啦圈！"一只小老鼠快活地喊。小老鼠把手镯套在身上，像呼啦圈一样玩起来。

"我也要玩，我也要玩！"小老鼠们争了起来。

小公主马上把另一只手镯也摘下来，又摘下两只大耳环，一个金项圈。摘下这些沉甸甸的东西，小公主觉得轻松极了："全送给你们好啦！"

小老鼠们玩着美丽的呼啦圈，快活地大喊大叫，唱着古怪的歌。

忽然，小老鼠们全停下来，一下子钻进另一个房间去了，一会儿，他们抬出了一个大大的呼啦圈儿。

"这是真正的呼啦圈，转起来呼呼响呢，我们太小了，转不动，送给你吧！"小老鼠们说。

粉红色的呼啦圈在小公主的腰上旋转着，缀着小星星的大裙子也飞起来了。

小老鼠们围着小公主，又跳又唱："我们是快乐的小老鼠，我们有个好朋友，她是一位小公主。"

小公主终于明白了什么是快乐，快乐不在水晶房子中，不在七彩宝石里，快乐在好朋友的陪伴里。

同步训练

一、思考训练

1. 请结合实际谈谈自己对学前儿童文学作品学习活动教育目标的理解。

2. 请结合《指南》谈谈怎样培养幼儿"喜欢听故事、看图书"。

二、实践实训

1. 观摩几种不同类型的文学作品活动，并分别写出详细的活动方案。

2. 模拟试讲一个幼儿园文学作品学习活动，并写出活动反思。

3. 故事学习活动：小动物交朋友。

要求：

1）模拟对幼儿讲故事。

2）模拟向幼儿提两个问题。（为什么小猴子可以和小动物交朋友，小兔却不能？山里的小动物会怎么说？）

3）请为故事配插图，并谈谈利用插图可以带领5～6岁的幼儿开展什么活动？

4）请模拟表演故事，表情动作语调要恰当。如果请幼儿表演这个故事，你将如何组织？

附：

小动物交朋友

有一天，小兔子、小猫、小猴子一起在山脚下做游戏，他们玩得可高兴了。

小兔子开心地对着大山喊："今天的游戏真好玩呀！"

这时，从山里传出了一个声音："今天的游戏真好玩呀！"

小动物们吓了一跳。小猫害怕地小声说："这是哪个小动物呀？为什么要学小兔子讲话呢？是不是一个人在山里不好玩？要不我们和它交个朋友，请它出来和我们一起玩吧！"小兔子和小猴子也同意了。

于是小兔子高兴地对着大山喊："你好，我是可爱的小兔子，人人都喜欢我。我们交个朋友吧！"

山里的小动物也高兴地说道："你好，我是可爱的小兔子，人人都喜欢我。我们交个朋友吧！"

小兔子听了有些不服气了："不对，不对，我才是最可爱的小兔子，别人都喜欢我！"

山里的小动物也有些不服气了："不对，不对，我才是最可爱的小兔子，别人都喜欢我！"

小兔子生气了："哼，我不和你交朋友了！"

山里的小动物也生气了："哼，我不和你交朋友了！"

这时小猫对着山里的小动物说话了："你好，我是能干的小猫，我有很多本领，我们交个朋友吧！"

山里的小动物也说："你好，我是能干的小猫，我有很多本领，我们交个朋友吧！"

小猫听了有些不服气了："不对，不对，我才是最能干的小猫，我的本领多！"

山里的小动物也有些不服气地说："不对，不对，我才是最能干的小猫，我的本领多！"

小猫生气了："哼，我不和你交朋友了！"

山里的小动物也生气地说："哼，我不和你交朋友了！"

最后，小猴子对着大山喊："你好，我是小猴子，我会做许多游戏，我们可以一起玩！"

山里的小动物也说："你好，我是小猴子，我会做许多游戏，我们可以一起玩！"

小猴子开心地说："那好吧，我们就是好朋友了，真高兴呀！"

山里的小动物也开心地说："那好吧，我们就是好朋友了，真高兴呀！"

一旁的小兔子和小猫听了觉得很奇怪：为什么小猴子可以和山里的小动物交朋友，而我们却不能呢？

小朋友，你知道这是为什么吗？

4．儿歌学习活动：春雨。

要求：

1）模拟对幼儿表演朗诵儿歌。

2）模拟一个引导幼儿学儿歌的活动。

3）请为儿歌配图，并谈谈利用你的作品和儿歌，带领幼儿开展哪些活动？

附:

春 雨

滴嗒,滴嗒,下小雨啦!

小草说: 下吧,下吧,我要发芽。

梨树说: 下吧,下吧,我要开花。

麦苗说: 下吧,下吧,我要长大。

滴嗒,滴嗒,下小雨啦!

第七章

学前儿童早期阅读教育活动

学习与能力目标

1. 了解早期阅读的含义与早期阅读教育的基本特征。
2. 理解早期阅读教育的目标、内容和形式。
3. 掌握幼儿园早期阅读活动设计与组织要点。
4. 能够设计并实施早期阅读活动。

知识结构图

```
                       学前儿童早期阅读教育活动
                    ┌──────────┴──────────┐
        学前儿童早期阅读教育活动概述        学前儿童早期阅读教育活动的设计与组织
      ┌─────┬─────┬─────┬─────┐     ┌─────┬─────┬─────┬─────┐
    学前儿  学前儿  学前儿  学前儿   阅读前  幼儿自  师幼共  幼儿讲
    童早期  童早期  童早期  童早期   准备性  由阅读  同阅读  述阅读
    阅读的  阅读教  阅读教  阅读教   活动                   的内容
    含义    育活动  育活动  育活动
            的目标  的内容  的特征
```

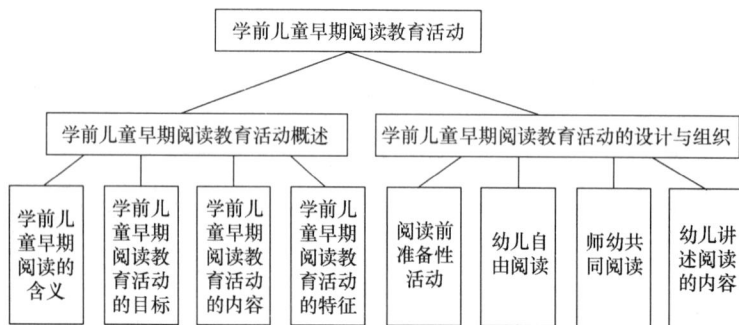

第一节 | 学前儿童早期阅读教育活动概述

在经济高速发展的今天，阅读能力被视为重要的、具有很高价值的能力，甚至被看作人们获得成功的基石。研究结果表明，人的主要阅读能力是在3～8岁期间形成的，3～8岁是儿童学习基本阅读的关键期。《纲要》中明确地把幼儿的早期阅读方面的要求纳入语言教育的目标体系，提出要"培养幼儿对生活中常见的简单标记和文字符号的兴趣；利用图书、绘画和其他多种方式，引发幼儿对书籍、阅读和书写的兴趣，培养前阅读和前书写技能"。《指南》中"阅读与书写准备"是语言教育重要的子领域，并且将"喜欢听故事，看图书"和"具有初步的阅读理解能力"作为重要的发展目标。教育者应切实把握发展早期阅读能力的契机，在关注幼儿口头语言表达能力培养的同时，帮助幼儿做好学习书面语言的准备。本章将从早期阅读的含义、特征、目标、内容形式等方面对学前儿童早期阅读进行阐述。

一、学前儿童早期阅读的含义

学前儿童早期阅读指学前儿童以自身经验为基础，在适当的情景中，对文字、符号、标记、图片、影像等材料的认读、理解和运用，也就是学前儿童凭借变化着的色彩、图像、文字和成人形象地读讲，来理解以图为主的低幼儿童读物内容的活动过程。一谈到阅读，人们首先想到的可能就是看书、识字。其实，对于学前儿童来说，阅读是一个相当宽泛的概念。成人阅读的材料主要是书面文字，而对于学前儿童来说，除文字外，符号、标记、图片、影像都是他们的阅读材料，都是他们文字阅读的基础。成人阅读主要依靠视觉，而对于幼儿来说，他们触摸书籍，翻阅图书、听成人讲故事、读懂画面，能从中发现事物的变化、自己复述故事、发表自己对故事的意见等都属于阅读的范畴。可以说，凡是有助于幼儿学习阅读的活动行为，我们都可以称之为阅读。

学前儿童早期阅读的意义不在于阅读的结果，而在于阅读的过程。早期阅读是幼儿认识世界、解释世界、融入社会、发展自我的重要过程。它可以激发孩子的学习动机和阅读兴趣，提高孩子语言能力，帮助幼儿从简单的口头语言过渡到规范的书面语言，同时对幼儿的思维品质、个性培养、习惯养成等各方面均有重要影响。早期阅读越来越受到人们的广泛重视并成为研究的热点。甚至可以这样说，"阅读影响儿童的一生"。

知识拓展

幼儿早期阅读行为

1）6个月大的婴儿抓着一本书，咿咿呀呀地玩着，甚至在撕书……（对书功能的认识）

2）妈妈一手抱着孩子，一手翻着一本图书，对孩子说："宝宝，你看，这是一只小狗。"孩子却只顾自己用小手拍着图画书，拍得越重越开心……（对书功能的认识）

3）看见大人坐在沙发上看报纸，孩子也拿起报纸，学着大人的样子，装模作样地看，但报纸却拿反了……（对阅读行为的认识）

4）3岁的孩子与父母一起上街，看到自己认识的字，兴奋地说："妈妈，这是'一'，这是'二'，我也认识……"（字形与字音的对应）

5）孩子假装看得懂电话簿，拿着翻来覆去、煞有介事地阅读，甚至口中念念有词。发现其中有好多个"李"字出现，问妈妈："这里怎么都是我的名字？"……（字形与字义的对应）

二、学前儿童早期阅读教育活动的目标

《纲要》中关于语言领域的目标、内容和要求中明确指出："能清楚地说出自己想说的事；喜欢听故事、看图书；引导幼儿接触优秀的儿童文学作品，使之感受语言的丰富和优美，并通过多种活动帮助幼儿加深对作品的体验和理解"等，要"利用图书、绘画和其他多种方式，引发幼儿对书籍、阅读和书写的兴趣，培养前阅读和前书写技能"。《纲要》中语言领域的总目标体现了对幼儿认知、能力和情感态度三方面的要求。早期阅读的目标应着重从这三方面加以体现。

（一）培养幼儿对书面语言的兴趣

学前儿童学习书面语言的基础是对书面语言感兴趣，并产生积极接触的愿望。对早期阅读活动而言，应着重培养学前儿童的两种兴趣。

1. 热爱书籍，培养自觉读书的好习惯

书籍是人类思想的宝库，是人类进步的阶梯。通过早期阅读活动，学前儿童有机会接触大量图书，能够被图文并茂、生动形象的故事所吸引，并在阅读的过程中理解故事，从而产生愉悦的情感体验，并能够与教师、同伴分享这种快乐。在阅读图书的过程中，可以培养儿童热爱书籍的情感态度。通过教师的引导，儿童还进一步学会爱护图书，养成良好的阅读习惯，形成自觉的阅读习惯等。

2. 乐意观察符号，对文字有好奇心和探索愿望

在世界上各种类型的符号系统中，文字是最纷繁复杂、含义丰富的符号体系。尽管学前儿童并未正式进入学习掌握文字的阶段，但仍然需要通过一系列的活动来培养他们对文字的兴趣。学前儿童早期阅读活动的目标之一，是激发幼儿对各种符号的敏感性，以及他们探索感知文字符号的积极性和主动性。儿童对生活中多种多样的符号，均会表现出极大的好奇。适当引导可激发幼儿探索文字的兴趣，从而帮助他们形成乐意学习文字的态度。

知识拓展

幼儿园里的标记

1）地面上的标记：通向卫生间的进出箭头标记和中间的分界线（避免拥挤，养成秩序感和走路靠右的习惯）；饮水机前等待的小脚印，注意第一个脚印和第二个脚印要隔开距离稍大些（避免后面的幼儿碰撞前面取水的幼儿）；洗手池前的小脚印、如厕等待的小脚印；作为进区标记的活动区门口的小脚印（能有效地控制幼儿的进区人数）；做操的站点标记；上下楼梯的小脚印等。

2）物体摆放的标记：活动区操作材料对应摆放的标记（为了培养幼儿操作后把材料放回原处的良好习惯，教师可在玩具柜上贴上摆放的标记或准备放材料的

容器，并在容器外面贴上材料标记，这样子在还原材料时就不容易出错）；桌子侧面贴上椅子对应的摆放标记，可以用两种颜色的标记，便于分清方位，准确摆放；给蜡笔找家（以小组为单位，给每组幼儿准备一个存放蜡笔的鞋盒，在鞋盒正面用艺术纸写上幼儿的学号或贴上标记，同时给幼儿的蜡笔也写上学号或贴上标记）；水龙头上的洗手线等。

3）活动规则图标：活动区活动规则标记图示；操作步骤示意图（如科探区里的实验指引图、美工区里的折纸示意图、洗手间里的洗手过程示意图等）；活动提醒图标（如图书角、卧室里保持安静的标记，卫生间里注意节约用水的标记等）等。

4）其他如值日生标记牌、进区标记牌、角色标记牌、来园晨检牌等。

（二）帮助幼儿掌握正确的阅读方法和技能

学前儿童早期阅读教育的基本目标是让儿童掌握正确的阅读方法，具有一定的阅读技能。早期阅读技能既不是学习具体字词，也不是学习汉语拼音，而是儿童今后全面学习书面语言所必需的基本学习策略的准备。

正确的阅读方法主要是教给儿童要学会有顺序地阅读，懂得看书要按顺序从前往后一页页翻书，在看单页单幅和单页多幅的图画时，也要有顺序地从上至下、从左至右阅读；明确图书有封面、封底和内页等。

学前儿童需要掌握的阅读技能主要有以下 3 项。

1. 观察理解的技能

观察理解的技能是儿童阅读中最基本的技能。在阅读过程中，儿童通过有顺序地翻阅图书来观察画面内容，理解画面的意思。儿童不但要观察理解单页画面的内容，还要能够通过对画面上和画面间各个角色的表情、动作及他们的关系进行观察、分析和判断，从而明确画面与画面、画面与整个故事之间的联系，使阅读活动顺利开展下去。

例如，在《我幸运的一天》中有这样的一个画面：狐狸在修剪指甲，桌子上还摆放着一本菜谱。孩子们只有观察到这一细节，并理解这是一只讲究卫生且爱美食的狐狸后，才能理解后面狐狸在吃小猪前给它洗澡，喂它美食，为它按摩等表现。如果孩子们没有观察理解这一内容，那么理解后面的内容就会有很大的困难，对于小猪最后的逃走也会觉得不可思议。

2. 预期的技能

预期的技能是预测故事情节发展的技能。这种技能与故事续编有所不同，故事续编要求儿童对故事结尾做各种合情合理的、富有创造性的想象，而想象的内容无对错之分。预期的技能则要求儿童在阅读图书的开始部分时，就要敏锐地根据故事中提供的线索，准确推断情节的发展过程和故事结局，且预测结果要和图书开始部分相呼应。

例如，当儿童阅读《小猪变形记》的故事时，能根据故事开头预测出故事的结局。

故事开头，小猪因为无聊想找点好玩的事，它先后变成了长颈鹿、斑马、大象、袋鼠、鹦鹉等动物，可还是觉得不快乐，直到最后做回自己，才发现做一只小猪很快乐。当幼儿读到小猪一次次变形时，总结出小猪碰到谁就会变成谁，这样来预测故事的发展。培养儿童预期的技能，可有效地帮助他们理解具体的阅读内容，不断扩展其阅读经验。当然，预期技能的培养必须通过大量的阅读实践活动，在刚开始时，教材的选择要简单一些，情节的发展不宜太复杂。在幼儿有较多同类阅读经验的基础上，教师给予点拨指导，帮助他们归纳、概括出一定的阅读内容规律。

3. 概括的技能

概括的技能是指儿童在阅读完一本书后，能够讲出图书的主要意思的能力。儿童在阅读过程中，能够对照前后画面的变化，寻找出画面与画面的相同点、不同点和衔接点，并能够口头表达出对图书主要内容的一个总的、概括性的印象。

上述几种基本技能的学习，可以在早期提高儿童对书画语言的敏感性，使他们获得学习书面语言的方式和方法。尽管此时他们还没有掌握大量的字词，也不一定会背汉语拼音，但他们通过早期阅读所掌握的书面语言知识、规律和学习的各项策略技能，将有助于他们学龄阶段迅速地、大量有效地掌握书面语言。

（三）帮助幼儿建立口头语言与书面语言的对应关系

口头语言和书面语言是人类语言的两种形式，对人们的生活都有非常重要的作用。学前期是口头语言发展的关键期，在此时期，儿童将基本完成口头语言学习的任务，并为学龄阶段集中学习书面语言做好准备，在学前阶段有必要帮助幼儿了解书面语言与口头语言的差异，初步感知和认识书面语言和口头语言的对应关系。

通过早期阅读活动，应该使幼儿认识到：第一，了解书面语言与口头语言一样，都可以储存信息，但书面语言用文字的方式记录，具有可视性。第二，懂得书面语言与口头语言都可以用来表达人们的思想。口头语言直接说出来，书面语言则用文字来反映。第三，了解书面语言和口头语言一样，是人们交际的工具，但交际方式不同。口头语言直接说出来，书面语言却具有文字反映的特点。如果没有书面语言，人们的交际将会受到空间和时间条件的限制，使交流出现问题。

学前儿童早期阅读中学习书面语言是就要调动儿童的口语经验，将书面语言信息与已有的口语经验对应起来，是幼儿自主阅读能力发展的重要方面。例如，引导幼儿认识自己储物柜上贴的姓名标签，知道自己的名字可以叫出来，也可以写出来，知道口头语言与书面语言的对应关系。看读绘本时，教师可以有意识地点读图书中的相关文字，让幼儿意识到老师是在讲图书中的内容，明白故事是由文字组成的。

口头语言与书面语言是对应的，也是可以相互转换的。教师可以帮助幼儿了解图书制作的经验，让幼儿知道图书上的故事是作家用文字写出来的，或是画家用图画表现出来的。幼儿可以尝试自己做小作家、小画家，把自己想说的事一页页画出来，还可以请爸爸妈妈在图画下面添加文字，再装订成一本图书。在这个过程中，幼儿可以更好地理解口头语言和书面语言相互转换的道理。

7.1.3

知识拓展

早期阅读的年龄阶段目标

小班：

1）喜欢阅读，知道阅读的基本方法，能初步看懂单幅儿童画书的主要内容。

2）能用口头语言讲述儿童图画书的主要内容。

3）对文字感兴趣，能在成人的帮助下认读最简单的汉字。

4）在活动中以描画图形的方式练习基本笔画。

中班：

1）能仔细观察画面人物情节，看懂单页多幅儿童图画书的主要内容，增强预知故事情节发展和结局能力。

2）懂得爱护图书，初步了解图书的制作过程，有兴趣模仿制作图书。

3）初步了解汉字简单的认读规律，并积极主动认读汉字。

4）喜欢描画图形，尝试用有趣的方法练习汉字的基本笔画。

大班：

1）能与同伴合作制作图书，进一步了解图画书的构成。

2）知道图书画面与文字的对应关系，开始有兴趣阅读图书中的简单汉字。

3）积极学认常见的汉字，并能注意在生活中学习和运用书面语言。

4）掌握基本的书写姿势，在有趣的图形练习中做好写字准备。

三、学前儿童早期阅读教育活动的内容

早期阅读是学前儿童开始接触书面语言的途径，因此早期阅读的内容，应该包括与书面语言学习相关的所有材料。根据学前儿童早期阅读教育的目标，为儿童提供的早期阅读内容包含三方面的阅读经验，即前图书阅读经验、前识字经验、前书写经验。之所以在这三方面经验的前面加上"前"字，是因为这些经验是粗浅的、初步的经验，与幼儿将来的系统学习是有根本区别的。

（一）前图书阅读经验

前图书阅读经验不仅包括通过给学前儿童提供图书的方式来培养其阅读能力，而且包括帮助儿童学习和积累若干具体的行为经验。一般来说，教师可以利用那些儿童感兴趣的图文并茂、丰富多彩的图书，来帮助他们学习如何阅读图书，培养阅读能力，同时还要挖掘日常生活中一切可供儿童阅读的材料，如报纸、广告、说明书等，这些都旨在丰富幼儿的前阅读经验。儿童要学会看图书，至少要学习以下具体的行为经验。

1）翻阅图书的经验。儿童要掌握一般的翻阅图书的顺序和方法。

2）读懂图书所展示内容的经验。儿童要会看画面，能从画面中发现人物的表情、

动作、背景等，将它们串接起来理解故事情节。

3）理解图书的画面、文字和口头语言有对应关系，会用口语讲出后面内容，或听老师念图书时，知道是在讲故事的内容。

4）图书制作的经验。知道图书上的故事是由作家用文字写出来，画家又用图画表现出来，最后装订印刷成的读物，儿童也可以用自己的文字和画笔，把想说的故事用一页页的纸表达出来，并把它们订成一本图书。

知识拓展

幼儿前图书阅读能力的发展阶段

　　台湾学者杨怡婷对汉语儿童图画书阅读行为发展进行了同种研究，她将汉语儿童图书阅读行为发展分为下列 3 个阶段。

　　1）看图画，未形成故事。幼儿从跳动翻页，说出事物名称，到手指图画，述说画面中人物行动，逐步发展到用口语说图画内容的能力，但此阶段还不能形成完整的故事。

　　2）看图画书，形成故事。在这个阶段，幼儿能够从图书中看出故事的连贯性，开始用口语说出与书上部分情节相似的故事。

　　3）试着看文字。幼儿这时开始注意到书上的文字，他们从部分地读到不平衡策略读，再进一步独立地读，最后学习独立而且完全阅读。

（二）前识字经验

虽然在学前阶段不主张进行集中、大量、快速识字，但通过有计划、有组织地开展早期阅读活动，可以帮助学前儿童学习获得前识字经验，从而提高儿童对文字的敏感度。但是需要特别注意的是，在各年龄班早期阅读活动中，教师绝不能要求儿童机械记忆和认读文字，更不能给儿童规定识字量。学前儿童早期阅读活动，向幼儿提供的前识字经验包括以下六方面内容。

1）知道文字有具体的意义，可以念出声音来，可以把文字、口语与概念对应起来。例如，认识"车"这个字，知道是指什么样的物体，看到"汽车"两个字时，知道读音，并知道什么是汽车。

2）理解文字功能作用的经验。例如，知道可以把想说的话写成文字，也就是书信，当邮寄到别人手中，再把它转换成口语，别人就能明白写信人所要表达的意思。

3）初步知晓文字来源的经验。初步了解文字是怎样产生的，文字是如何演变成今天的样子的。

4）知道文字是一种符号并可与其他符号系统转换。例如，认识各种交通与公共场合的图形标志，知道这些标志分别代表一定意思，可用语言文字表现出来。又如，知道禁止停车的标志，可以用文字"禁止停车"表示出来。

5）知道文字和语言的多样性经验。认识到世界上有各种各样的语言和文字，同样一句话，可以用不同的语言文字来表达；不同的语言文字又可以互译。

6）了解识字规律的经验。在前识字学习中，让幼儿明白文字有一定的构成规律，掌握这些规律，就可以更好地识字。例如，许多汉字与"目"有关，如睡、眼、看、眉等。把握这种内在规则，儿童会对识字感兴趣，也有利于他们自己探索认识其他一些常见字。

知识拓展

幼儿前识字能力的发展阶段

儿童的前识字能力与口头语言发展水平密切相关，可以分以下3个阶段。

1）萌发阶段。幼儿能够有兴趣地捧着书看，注意周围生活环境中的文字，会给书中的图画命名，能改编书中熟悉的故事内容，能辨认自己的名字，开始认识某些字，喜爱重复儿歌和童谣。

2）初期阶段。幼儿开始了解文字是有意义的，改编故事时注意原作者的文字，愿意念书给别人听，能够在各种情况下辨认熟悉的字。

3）流畅阶段。幼儿自动处理文字的细节，能够独立阅读各种文字的形式（如诗歌、散文或者菜单等），会以适合文字风格的语速和语音语调阅读。

研究发现，幼儿的阅读行为发展处于萌发阶段和初期阶段。

（三）前书写经验

学前教育阶段并不要求儿童像小学生那样学习识字写字，但仍然有必要帮助幼儿获得一些有关汉字书写的信息，为儿童入小学后正式学习书写做好准备。前书写活动主要在幼儿园中、大班进行。前书写经验学习活动，主要目的在于让幼儿积累有关汉语文字构成和书写的经验，具体包括以下内容。

1）认识汉字的独特书写风格，如能将汉字书写区别于其他文字。

2）知道汉字的基本间架结构，如懂得汉字可以分成左右结构、上下结构等。

3）了解书写的最基本规则，学习按规则写字，尝试用有趣的方式练习基本笔画。

4）知道书写汉字的工具，知道使用铅笔、钢笔、圆珠笔、毛笔书写时的不同要求。

5）学会用正确的书写姿势写字，包括坐姿、握笔姿势等。

特别需要注意的是，让学前儿童初步了解汉语文字的基础知识和多种书写工具，是要帮助儿童了解祖国文字及书写的独特之处，激发他们对祖国文化的热爱和学习兴趣，不要将这样的活动等同于练习写毛笔字，更不能强行要求儿童机械乏味地反复操练。教师可以根据儿童的认知特点，灵活创设有利于儿童获得前书写经验的活动，如在活动区投放小本子和钢笔、铅笔、圆珠笔等书写工具，鼓励儿童在阅读过程中尝试用笔和本对自己的问题和想法进行"记录"等。

知识拓展

幼儿前书写能力的发展阶段

幼儿前书写能力的发展过程大致如下：首先了解书面语言是有意义的；然后认识写字时一再重复使用几个笔画；进而发现这些有许多变化的形式；经过探索，幼儿再进一步认识形成字的笔画只能有限度地变化；最后发现写字有次序和方位规则。

四、学前儿童早期阅读教育活动的特征

（一）早期阅读活动需要适宜的阅读环境

学前儿童的早期阅读环境包括心理情境和物理环境两个方面，成人一方面应当注重物理环境的构建，为孩子们提供足够丰富的书，布置适宜的读书环境；另一方面还应当注重心理情境的构建，为孩子们营造良好的阅读氛围，点燃他们的阅读热情，提供充分的阅读动力。心理情境和物理环境都很重要，但相比之下，心理情境更为重要。因此，要对早期阅读环境做一个准确的界定，应从两个方面进行，也就是说，它包括以下两个方面的含义。

1）心理情境。在早期阅读中，教师或家长要为幼儿创设宽松、自由的阅读氛围，点燃他们的阅读热情，提供充分的阅读动力。在一个特定的时间段内，幼儿可以自己阅读图书，可以与同伴一起阅读，还可以围坐在教师或家长旁边欣赏有趣的图画故事。宽松、自由的阅读氛围有助于幼儿全身心地投入到阅读活动中，在阅读中获得无穷的乐趣。此外，教师、家长还要在幼儿周围建立浓厚的阅读气氛。要做到这一点，教师或家长本身要带头常看图书，常向幼儿讲述图书中的动人故事，使幼儿在这种良好的阅读氛围中耳濡目染，在潜移默化中提高阅读的兴趣和能力。

2）物理环境。早期阅读活动重在向幼儿提供阅读经验，因此教师要努力为幼儿创设丰富的阅读物质环境，这种物质环境包括阅读时间和阅读空间两个方面的内容。显而易见，早期阅读经验仅仅通过几次专门性的阅读活动是不可能获得的，它需要在大量的日常阅读中习得并获得巩固、发展。因此，教师安排完每月有计划的阅读活动之后，应该在日常活动中保证幼儿有一定的阅读时间。这种时间的安排可以是随机的、不固定的。教师可以利用幼儿日常生活的各个过渡环节让幼儿进行阅读，如晨间来园时幼儿之间可以相互欣赏各自的图书或幼儿园的书，教师也可以充分利用教学活动之间的过渡间隙引导幼儿阅读，还可以利用午睡起床、晚间离园的各个时间段鼓励幼儿进行阅读。如在午睡这个环节，有的幼儿睡不着或者起得比较早，老师就可以安排幼儿到图书角安静地阅读图书，以免干扰其他幼儿。这样的安排既尊重了幼儿的个别差异，又能让孩子体会到阅读的乐趣。

丰富的物质环境除了为幼儿提供阅读的时间外，还包括阅读的空间，即教师要为孩

子们提供足够丰富的图书、布置适宜的读书环境。在幼儿园里，较常见的阅读场所是语言角和阅读区，阅读区内有许多适合幼儿阅读的图书，幼儿在欣赏完一本图书后可以到语言角，将图书的内容讲述给其他幼儿听。此外，教师还可将活动室看作是幼儿阅读活动场所的扩展，在大班活动室的各个区域贴上相应的文字和拼音，使幼儿在潜移默化中获得有关书面语言的知识。例如，在电灯开关上贴上"开关"，在动手区贴上"小巧手"，在鱼缸边贴上"小鱼"的文字和拼音等，从而为幼儿提供蕴含丰富阅读刺激和阅读信息的教育环境。

知识拓展

幼儿阅读环境的情趣性

幼儿的阅读环境应讲究情趣性，凸显快乐阅读的整合特征。因为自在、有趣、丰富的阅读情境是早期阅读的必然要求，是区别于入小学后正规阅读的主要标志。幼儿阅读兴趣和自主阅读的意识需要在良好的阅读环境中进行熏染和培植，只有创设情趣盎然、材料丰富的阅读环境，才能朝着多维的阅读目标开展丰富多彩的阅读活动，引发幼儿阅读的兴致，培养幼儿对阅读的喜爱和热衷。

阅读环境的情趣性要求：开展早期阅读需要购置方便、实用、合适而美观的阅读设备，如儿童图书橱柜、桌椅、围栏、音像器材等，为幼儿阅读提供直观指引和便利设施，需要营造温馨、舒适、迷人而愉悦的阅读氛围，如为幼儿提供台灯、坐垫、茶点、背景音乐和亲切的交流等，让幼儿在品尝香甜的奶茶、酥脆的薯片或在老师、家人温情的陪伴中充分享受阅读的惬意和美妙。

此外，还需要提供生动、形象、直观而丰富的阅读材料，如图书、画报、杂志、纸笔、光盘等，且各类阅读材料的内容题材应丰富多彩，包括生活、科学、环境、生命教育、亲情、友谊、克服困难、奇险经历等；内容文体应多种多样，包括儿歌、童谣、儿童诗、故事、传记、散文、知识性图书、剧本等，在安全的前提下，将各类大书和小书等阅读材料放在幼儿伸手可及的地方，从而创设充满情趣的阅读环境，更好地激发幼儿阅读和书写的兴趣。

（二）早期阅读活动与讲述活动紧密相连

早期阅读活动为幼儿提供了众多有具体意义、形象生动的阅读内容，幼儿在阅读过程中不仅要理解图书的主要内容，还要将图书的主要意思以口头语言的形式表达出来，这是阅读活动的一个重要目标。因此，阅读活动与讲述活动紧密地结合在一起，幼儿可以边看边讲，也可以在看完之后把图书的大意讲述出来。从阅读讲述的组织方式来看，幼儿可以独自讲述图书的主要内容，也可以在小组、集体中为大家进行讲述；可以一个人讲述一本图书，也可以由两三个幼儿合作讲述一本图书。幼儿讲述的形式可以多种多样，讲述不仅让幼儿深入理解了图书的主要内容，而且还发展了幼儿的语言表达能力、思维的综合概括能力。

知识拓展

早期阅读与讲述活动教学指导的差异

1）核心要素不同。早期阅读教学的核心要素体现为图书、符号和文字、阅读兴趣、习惯和能力，前识字、前书写、前阅读等方面。讲述活动教学的核心要素是凭借物、独立构思、较连续完整的语言表达，较为正式的场合等。

2）目标侧重不同。早期阅读的目标呈多维复合的特点，目标内容较为复杂。讲述活动的目标单向明确，主要是为了培养幼儿独立完整连贯的语言表达能力。

3）感知对象不同。早期阅读的感知对象是多样而丰富的。凡是摄入儿童视觉器官中的一切外界刺激材料均是视觉符号，包括电视节目、手机视频等。讲述活动的感知对象称为凭借物，包括图片、实物、动画片、大自然情景及有意识创设的情景表演等。

4）语言运用不同。早期阅读的语言运用方式是多样性和综合化的，即在阅读活动中往往运用多样的语言方式。讲述活动的语言运用方式主要是独白语言。

5）重点安排不同。早期阅读的重点在幼儿自主阅读方面；讲述活动的重点则在完整讲述方面。

（三）早期阅读活动具有整合性的特点

整合性是早期阅读的实质。为富有成效地开展早期阅读，教师需要树立早期阅读的整体观，以整体系统的理论指导阅读活动，凸显早期阅读的整合特征，形成早期阅读整合的理论观念；需要形成早期阅读整合的理想信念，将早期阅读中相互关联的因素组合联系到一起，形成整体，追求整体教育成效的最大化，达到早期阅读的整合优化效应。早期阅读的整合性表现在以下两个方面。

1）早期阅读贯穿于各种活动中，应与其他领域教学活动紧密结合起来。例如，阅读活动可与美术活动相结合，在幼儿阅读完一本图书后，让他们制作图书中的人物头饰并进行表演，或让他们模仿图书的基本结构自己制作图书，以此提高幼儿参与阅读活动的兴趣和积极性。又如，阅读活动可与家、园联系相结合，在幼儿阅读完一本好书的基础上，让他们将图书的主要内容讲述给爸爸妈妈听，或让家长观察幼儿在家看图书的情况，并将幼儿在阅读中出现的新问题反馈给教师，从而使家、园配合形成合力，共同促进幼儿阅读能力的提高。

2）早期阅读是书面语言与口头语言的结合。阅读活动不仅能促进幼儿口头语言表达能力的发展，幼儿在阅读中还会认识一些文字，了解书面语言的特点，获得有关书面语言的初步知识。因此，在幼儿中、大班的早期阅读活动中，可以适当地进行一些书面语言的学习，但要谨慎对待这种学习。例如，可以引导幼儿初步了解汉字的间架结构、识字规律等。但早期阅读的根本目的不是让幼儿识多少字，而是将幼儿培养成自觉的、独立的、热诚的终身阅读者。

7.2.1

活动拓展

《好饿的毛毛虫》系列活动

　　小班开展早期阅读活动《好饿的毛毛虫》，充满情趣、情节丰富的故事一下就把幼儿带入到了美丽的童话世界，孩子们不禁特别想了解蝴蝶的成长过程，更为画面中那只美丽的蝴蝶所感染。于是教师组织了专门的科学活动"毛毛虫的一生"，让孩子了解。

第二节｜学前儿童早期阅读教育活动的设计与组织

　　早期阅读活动是有目的、有计划地发展幼儿阅读能力，培养幼儿良好阅读习惯和态度的活动。所以，如何设计与组织早期阅读活动，是语言教育中需要重点探讨的问题。

一、阅读前准备性活动

　　早期阅读正式活动开展前，教师应从以下两方面做好准备，以保证阅读活动的进行。

（一）选择或改编适合幼儿阅读的读本

1. 选择适合幼儿审美需求和年龄特点的读本

　　不同年龄班的幼儿，应选择不同的阅读读本。大班幼儿所需要的阅读读本与小、中班有很大的区别。由于审美能力的逐渐发展和受阅读教育的原因，大班的孩子已由简单的形式审美要素的无意识感受、局部形象的感受，发展到完整形象及细节的感受，即对较为深沉寓意的感知和理解，对形式审美特征的感知和理解，对艺术形式审美特征复杂化的追求增加了许多。因此，给大班孩子阅读欣赏的图画书应当内涵比较深刻、图画风格明显、形式多样，给小、中班孩子阅读欣赏的绘本则应色彩鲜艳、构图与线条简单、人物形象鲜明、篇幅较短、情节生动有趣。同时特别要注意的是，读本应以文学图画书为主，知识性过强或以思品教育为重而忽视文学性、艺术性、趣味性的图画书，是不宜拿来作为阅读教材的。幼儿园的阅读教学应以实现审美教育的功能为主要目标，如果一本图画书失去了它应有的美学价值，那么阅读教学也就失去了它的意义。

2. 选择贴近幼儿生活经验的读本

　　为幼儿选择读本要尽量建立在幼儿生活经验的基础上或接近幼儿的生活。如过中秋节时，就可以结合幼儿过节的经验和节日的浓厚氛围，选择《中秋节》等读本；植树节来临时，可以选择《鸟窝上的树》等读本。当然，教师也可以征求孩子们的意见和建议，选择他们自己喜欢的读本，以激发他们学习的热情和主动性，也更有利于幼儿理解。总之，只有尊重孩子的需要及已有经验的读本，才有益于幼儿对文字的感受，激发幼儿的阅读兴趣。

3. 应根据需要适当改编或自编读本

教师自己改编或自编自制读本，是幼儿园早期阅读活动进入到较为成熟阶段的标志之一。为了配合主题活动，或为了满足幼儿的某种兴趣，教师可在一些经典读本的基础上根据幼儿的年龄特征和教学目标，对其进行改编，或自编自制图书。例如，在开展小班主题活动"圆圆的世界"时，教师可以将《小猪逛商店》改编成《圆圆找朋友》，即把商店中的商品都改成皮球、葡萄、红绿灯等生活中常见的圆形物品，从而既保留原读本的有趣性，又与主题活动的目标相吻合，让孩子在迁移生活经验的同时形象地掌握有关"圆"的知识。又如，在开展认识家乡的主题教育活动时，淄博幼儿园教师就自编自制了《淄博风味小吃》《美丽的瓷器》等绘本；为了让孩子更好地感悟、理解散文《春雨的色彩》，教师根据散文内容自制大书《春雨的色彩》，让孩子在图文并茂的阅读活动中感受春天的美，了解春天的特征，理解相关的词汇，极好地实现了活动目标。

知识拓展

引导幼儿阅读创意阅读材料

教师可以尝试为儿童提供大图书、样板书、图夹文书籍等创意图书，用以激发儿童的阅读兴趣，逐步培养儿童良好的阅读习惯、阅读技能和自主阅读能力。

大图书是指将小图书按一定的比例放大，制作成大尺寸的图书，以便全班或小组儿童有机会一起阅读书上的图画和文字，可以弥补标准尺寸的图书只能供几个儿童一起阅读的不足。许多出版社在出版儿童图书时都会提供比例超大的大图书，为幼儿园集体阅读活动提供便利。大图书教学活动的常见形式是"手指点读"，即教师引导儿童从封面向封底、从上到下、从左到右依次阅读图书内容，同时教师还会用手指点读画面和文字。手指点读的方法可以帮助儿童集中注意力阅读图书中画面和文字的主要内容，培养儿童有意注意的能力。这种方法在儿童进行早期阅读的初期阶段非常适用。儿童还可以模仿教师的翻书动作，熟悉阅读图书的程序。同时，儿童在与教师和同伴共同阅读大图书时分享了集体阅读的快乐，大大提高了阅读的兴趣。教师借助大图书开展早期阅读活动，不仅可以引导儿童掌握书面语言，增强阅读理解能力，而且能促进儿童形成关于文字的基本概念，提高文字识别能力。

样板书（或称可预测的书）是指由至少一半重复性的或可预测的文本组成的图书。样板书的经典之作是比尔·马丁所作的《棕熊，棕熊，你看见了什么》。故事的第一页画着一只栩栩如生的红色小鸟，旁边印着棕熊的回答："我看见一只红色的小鸟正在看着我。"第二页上再次提出这个问题："红色小鸟，红色小鸟，你看见了什么？"第三页上出现第三只动物，旁边印着红色小鸟的回答："我看见……"接下来的每一页中都只是画面中的动物和相应的动物名字有所不同。儿童只要观察画面就可以判断下面要问的问题和要回答的答案。通过阅读这种可预测的书，儿童可以在培养基本阅读习惯的同时，学会如何通过预测来提问和回答，加深对文本内容的了解。

对于超越儿童阅读能力的文字或词语，可以通过小图画或者画谜的形式在文本中表示出来，我们将这类书称为"图夹文"书籍。美国的入门级图夹文书籍通常是对 the、of、is、are 等一些简短而常见的功能词进行基本的视觉描述。我国的图夹文书籍则一般是对名词、动词、形容词等进行视觉描述。研究显示，入门级的图夹文书籍可以逐渐引导儿童进入真正的阅读和书写活动。这类书籍不仅可以培养儿童的有意记忆能力和想象能力，而且可以间接提高儿童的文字识别能力。

（二）做好幼儿阅读活动前的经验准备

1. 丰富幼儿与阅读有关的生活经验

幼儿已有经验对阅读活动的成效有着十分重要的制约作用。教师应事先了解幼儿的知识和经验，并为其做好与阅读活动相关的经验准备和知识准备，从而为他们顺利阅读、提高阅读质量奠定良好的基础。例如，在学习图画书《沙滩上》之前，教师可以带领幼儿到附近公园的大沙滩上去玩捉迷藏、放风筝的游戏。阅读时，幼儿就很容易理解其内容了。又如，在阅读绘本《化装》之前，由于海盗、妖怪等与幼儿生活离得比较远，如果不事先准备，幼儿就说不出人物的名称，也不能很好地掌握"我是……"的句型，这就需要教师在活动前先向幼儿介绍有关水手、海盗等各个角色的特征，以及海盗船的外形特点与特殊用具等，才能保证幼儿正确理解绘本的内容。当然，知识、经验的准备也应是幼儿比较感兴趣，且能够理解和接受的。

2. 做好文字认读的前期准备

幼儿阅读前的准备还可能涉及对读本中文字认读的前期准备。《纲要》指出，培养幼儿对汉字的敏感性是早期阅读教育的任务之一。我们应利用早期阅读自然、有效渗透汉字教学的方法，为孩子进入小学学习语言与文字做好积极的准备。比如绘本《摇摇晃晃的独木桥》的画面中就频繁出现与偏旁"木""口"有关的字，如"桥""森林""树木""哗啦啦""呼喊""叫喊"等，如果教师事先让孩子初步理解"木""口"的意思，便可为幼儿阅读这一图画书提供很大的帮助。

知识拓展

怎样选择最适合幼儿的绘本

1）选择图文并茂的高品质绘本。加拿大学者培利·诺德曼认为，绘本文字讲

述的故事要情节变化起伏，有悬念和猜想，文字宜浅显易懂，符合幼儿的言语特点；图片要能够完整表达故事，呈现出故事情节、角色、气氛和主题，幼儿能通过自主读图猜测故事大意。图文应该相互配合，共同叙述一个完整而富有童趣的故事，而且要富有创意的构想、趣味的情境、新颖的技法、和谐的版面和美感的造型。

2）选择符合幼儿情感体验的绘本。幼儿喜爱充满童趣味的绘本作品。幼儿文学的三大主题为教师选择绘本提供了有益借鉴：幼儿教师可以选择爱的主题系列丛书，反映幼儿被爱的需要，传达爱与美，如《猜猜我有多爱你》《爷爷一定有办法》《父与子》等；选择顽童主题系列的丛书，反映幼儿生活经验和情感体验，如《迟到大王》《长袜子皮皮》；选择动物主题系列的丛书，符合幼儿"泛灵"的思维特征，如《小熊维尼》《彼得兔的故事》）。

3）选择切合课程主题活动的绘本。很多幼儿园课程采用主题活动的形式，绘本阅读可以为主题活动提供知识、技能、情感的储备。教师要结合幼儿的生活经验，选择充满童趣的绘本，引导幼儿在绘本阅读中学习知识、爱上阅读。比如，针对幼儿园开展"我与我家"的主题活动，可在阅读区放置《我爸爸》《我妈妈》等描述亲人主题的绘本，并进行集中绘本阅读活动。在讲到"我的家"的小板块时，可选择《打瞌睡的房子》《我的橱里有个噩梦》等绘本供幼儿进行阅读。

二、幼儿自由阅读

自由阅读是进入正式阅读的第一个阶段。教师在简单介绍完图书的名称和封面内容之后，就要提供机会让儿童自由阅读。由于在准备阶段幼儿对阅读过的内容留有一定的印象，所以给儿童自由阅读的机会，让幼儿能通过观察，再次认识阅读对象，获得相关经验，加深对图书内容的理解。在此期间，应当允许幼儿边翻阅图书边小声讲述，儿童也可以在看完整本书后再讲述。儿童主要是独自讲述，一般不与同伴产生语言上的交流。

因为这是幼儿正式阅读的第一个阶段，教师在指导时也应更注意技巧。第一，教师可以采用提问的方式引导幼儿理解图书内容，提出的问题要有启发性，有助于幼儿把握阅读的重点，引导幼儿带着问题边阅读边思考。第二，教师要对幼儿进行细致的观察，注意幼儿在阅读中的不同表现，如阅读速度、阅读方法、阅读态度等。幼儿的自由阅读，并不意味着教师可以不闻不问，而要更巧妙地引导幼儿完整、安静地阅读，养成良好的阅读习惯。

知识拓展

会说话的小书签

在幼儿自主阅读这个环节中，总有一些孩子不得要领。为此，有人想了一个

7.2.4

办法，用书签来引导孩子们进行有目的的自主阅读。这个人设计制作了若干分别画有"！"和"？"的书签投放到阅读区。画有"！"的书签叫"感叹号书签"，主要可用来插在自主阅读时发现的自己最感兴趣或让自己最开心、最惊讶、最难过、最气愤，也最想介绍给同伴的书页间，以便到时自己能及时翻到这一页，与大家分享。画有"？"的书签叫"问号书签"，主要可用来插在自主阅读时发现的自己看不懂或有疑问的书页间，以便提醒自己反复阅读或请教师、同伴帮助找到问题的答案。

"会说话的小书签"成了孩子们阅读绘本时的好帮手，促使孩子们更细心地阅读，有重点地交流、大胆地质疑，让孩子们体验到了智慧阅读、智慧分享的乐趣。

三、师幼共同阅读

师幼共同阅读是早期阅读教学中最能体现教师指导作用的环节，教师与幼儿共同阅读，实际上是在幼儿自己观察认识接触到的书面语言信息的基础上，由教师带领幼儿进一步学习理解这些书面语言信息。这个步骤又可以分为以下几个阶段。

（一）引导幼儿理解图书的主要内容

经过前面两个环节的活动，幼儿对图书的主要情节和内容已经有了一定的了解。在师幼共读环节，教师首先要引导幼儿理解图书的主要内容。常见的引导方式是提问。用来提问的问题不要太多，以3～4个为宜，但问题涵盖的画面要多，儿童必须在理解1～2个画面的基础上才能回答这个问题，这样避免了反复观察一个画面单调乏味的做法，使活动更活泼流畅，同时有效地将阅读图书与看图讲述区分开来。

幼儿在看图书时，常常发生的问题是把一张张画页割裂开来，缺乏对整个故事情节的理解。因此，教师在与幼儿共读中，要注意帮助幼儿将前后画页联系起来看，从而形成对整个故事人物情节的理解，帮助他们提高阅读理解能力，激发和维持他们对阅读的持续兴趣。而此时的教师"提问"应在深刻理解教材的基础上，抓住故事情节线索，紧扣主题。如在故事《漂亮的花帽子》中，老师设计了这样的问题："喜鹊妈妈没有了帽子，宝宝就没有房子了，谁会来帮助她呢？""小兔子怎样帮助喜鹊妈妈的？""小兔子没有了帽子，谁会送给她帽子呢？""喜鹊妈妈和宝宝送给小兔子的帽子是怎样的？"这些提问一环紧扣一环，有利于帮助幼儿理清故事情节线索，使他们全面、具体地理解故事。

师幼共读是阅读活动的重点，教师在这个阶段应注意以下问题。

1）避免陷入一问一答的误区。师幼共读的目的在于帮助幼儿深入理解图书内容。一问一答这种提问方式，会使幼儿感到单调乏味，还会使整个故事支离破碎，影响幼儿对图书大意的总体把握。

2）不同年龄阶段指导重点不同。一般来说，对小班幼儿教师应指导幼儿从前往后一页一页地理解每幅图。中班老师要让幼儿知道图画下方页码的作用，能在一个问题下理解2～3个单页单幅画面或一个单页多幅画面的主要内容。对大班幼儿，教师则应要求他们能将一本情节复杂、内容丰富的图书，按情节发展分成几个部分，并能预测故事的情节发展。

（二）围绕阅读重点开展活动

每个阅读活动都有其自身的重点、难点问题，对这些问题教师要做到心中有数。图书的前后连续性较强，如果一个重点或难点画面没有被儿童正确地理解，往往会影响到其后的阅读，甚至影响对整本图书主要内容的把握，此类问题，小班和中班前期的儿童最为常见。所以，教师一定要认真观察了解前面几个阶段儿童的阅读困难，并结合图书的主要难点进行必要的指导，使儿童能将图书的细节与内容相结合，从而深入理解图书的主要内容，并能体验到图书中人物的内心感受。

大班早期阅读活动"小猫的一天"是一个既包含前识字又有前书写要求的教育活动。活动重点有两个：一是认识和理解"早上、中午、晚上"，教师通过观察讨论的方式，帮助幼儿认识和理解"早上、中午、晚上"的含义及字形。二是通过描画游戏帮助幼儿从观察实物对象中的线条过渡到认识抽象的笔画。教师出示画有鱼、鱼骨和鼠身的图片，然后请几位能力较强的幼儿上来添画鱼钩、鱼刺和鼠尾。再请 3 位幼儿将"早上""中午""晚上"的字卡分别贴在相应的画面上，然后用掌声给予表扬和鼓励。教师通过游戏的方式及生动有趣的图像，帮助幼儿理解活动学习的重点内容，并将枯燥的笔画练习融入有趣的描画图形活动，从而使幼儿产生浓厚地学习兴趣和操作欲望。

（三）归纳阅读内容

在幼儿对图书的主要内容有深入地理解后，教师要鼓励幼儿将主要内容用语言总结、归纳出来，从而巩固、消化所学的内容。归纳图书内容，可以有以下 3 种形式。

1）一段话归纳法。这种形式要求幼儿用一段话将故事的主要内容讲述出来。例如，大班阅读活动"我的幸运一天"中，幼儿这样归纳："一只小猪走错了门，进了饥饿的狐狸家。它想出了好几个办法，把狐狸累倒，最后小猪顺利逃走了。"这种归纳方法难度相对较小，适合小班后期或中班幼儿。

2）一句话归纳法。这种形式要求幼儿用一句话将图书的主要内容总结出来。例如，小班阅读活动"好饿的毛毛虫"中，幼儿这样总结图书内容："这本书讲的是毛毛虫变成蝴蝶的故事。"

3）题目归纳。这种形式要求幼儿用简练的词或短句给图书起个名字。例如，在给图书《小兔借尾巴》起名字时，有的幼儿想出"尾巴的故事"的名称，有的幼儿想出的名称是"小兔子"等。

以上 3 种归纳形式难度各不相同，因此适合于不同年龄段的幼儿。一句话归纳法和题目归纳要求幼儿在理解图书的基础上，准确地用简短的语句将图书主要内容加以概括，对幼儿要求较高，一般适合于中班后期以后的幼儿。

四、幼儿讲述阅读的内容

幼儿讲述阅读的内容是幼儿将所理解的图书内容以口头语言的形式表达出来，它是幼儿将图画符号转化为语言符号的阶段，因此也是阅读活动中不可缺少的一个环节。讲述形式可以是面向集体讲述、小组内讲述，也可以是同伴间讲述。教师在指导这个阶段时应注意以下几点。

1）幼儿讲述的内容是他们经过思维加工后所理解的图书的主要内容，因此只要他们基本上将图书的主要内容讲述出来就可以了，而不必就每个画面进行反复的斟酌，那样很可能会降低幼儿对讲述的兴趣。同时，教师还要鼓励幼儿大胆想象，将与情节有关的人物动作、对话和内心体验讲述出来，当然这并不是要求幼儿用规范的语言将每个画面的意思都彻底讲透，而是培养幼儿围绕图书重点，将主要情节尽可能讲得生动、详细。教师在指导时，一定要将这两种讲述区分开，使幼儿能自由地依据自己的理解和想象，将图书的主要内容淋漓尽致地表达出来与大家共享。

2）在讲述时要注意个别差异。幼儿在集体面前独自讲述或与小组合作进行讲述时，教师一定要注意不能只邀请那些能力强的幼儿，而应该同时兼顾能力中等和能力较弱的幼儿。在小组合作讲述中，可以让能力较弱的幼儿选择较简单的那一部分进行讲述，从而使这部分幼儿也能从讲述中获取乐趣、提高自信。

案例评析

案例7.1　小班早期阅读活动：一步一步，走啊走

设计意图

绘本中有趣生动的图片，非常适合幼儿观看学习。小班孩子年龄小，比较喜欢小动物，爱模仿。绘本《一步一步，走啊走》内容比较简单，故事中的动物都是幼儿熟悉喜欢的，适合小班幼儿年龄特点。这本书的故事情节趣味性强，画面富有童趣，特别是在模仿每个小动物走路时，孩子比较感兴趣。

活动目标

1）理解故事内容，了解各种小动物走路的样子。

2）能大胆表述自己的想法。

3）体验大胆地猜猜、讲讲、动动的乐趣。

活动准备

课件、自制绘本和音乐。

活动过程

1. 以"羊村"吸引幼儿注意，导入活动

指导语：老师带小朋友去一个地方，这是哪儿？羊村，羊村里都有谁？我们今天到羊村去玩，好不好？

2. 欣赏画面，了解绘本中小动物的走路特点

让幼儿观察画面，进入故事情节。教师出示小男孩的图片。

提问：有个小弟弟也想到羊村去，他是怎么走路的？

（一步一步走啊走，一步一步走啊走……）学一学小弟弟走路。

3．模仿小动物走路的动作

1）出示乌龟的图片，请幼儿仔细观察图片，引导幼儿说出乌龟的行走方式，并模仿乌龟一步一步爬啊爬的动作。

2）出示大白鸭的图片，请幼儿仔细观察图片，引导幼儿说出大白鸭的行走方式，并模仿大白鸭一步一步摇啊摇的动作。

3）观察画面。指导语：3个小朋友学着大白鸭的样子，一步一步摇过来，他们正在往前走，看，小弟弟看见谁来了？

原来是小灰兔。

小灰兔是怎么走过来的？

小灰兔是一步一步跳着来的。

还有哪些动物也是一步一步跳着过来的？

原是小兔子一步一步跳着来的。

大家来模仿小灰兔跳着的动作。（一起做活动）

4）他们学着小兔子一步一步跳着走，这时候他们遇到谁啦？

大鸵鸟是怎么走过来的？

谁来学学鸵鸟是怎么走过来的？模仿鸵鸟大步走路的动作。

鸵鸟的腿很长，所以是一步一步跨过来的。

5）看，5个朋友，排好队要去羊村了哦！我们也排好队到羊村去吧！

4．游戏

1）（播放背景音乐）一步一步走啊走，一步一步爬啊爬，一步一步摇啊摇，一步一步跳啊跳，一步一步跨啊跨。

2）羊村到了，我们去玩吧！

活动评析

《一步一步，走啊走》以去森林参加舞会这一情境，将绘本的故事内容串联起来。其中小弟弟是整个故事内容的主线，他模仿小动物们走路的方式，觉得很有趣。该活动让幼儿一起参与模仿，同时了解小乌龟是一步一步慢慢爬的，大白鸭是一步一步摇啊摇的，小灰兔是一步一步跳啊跳的，大鸵鸟是一步一步跨啊跨的。幼儿在模仿的时候，兴趣盎然，气氛非常活跃。通过完整讲述，幼儿了解了小动物们走路的方式后进入舞会，模仿自己最喜欢的动物的走路方式，在愉快的氛围中结束活动。

附：

一步一步，走啊走

一步一步，走啊走……

看见一只大乌龟。

喔——唷，喔——唷，像大乌龟一样慢慢爬。

来了一只大白鸭。

摇摇摆摆，摇摇摆摆，像大白鸭一样踱着走。

来了一只小灰兔。

嗵、嗵、嗵，像小灰兔一样蹦蹦跳。

来了一只大鸵鸟。

啊哟，啊哟，啊哟，像大鸵鸟一样大步跨。

大老虎来啦！

"嗷呜——"

呼——回家了。

（作者：许恩美）

案例 7.2　中班早期阅读活动：小兔子分萝卜

设计思路

对于幼儿来说，规则意识的培养很重要。绘本《小兔子分萝卜》通过简洁、生动的故事情节，给大家讲述了一群可爱的小兔子从争抢萝卜，到有序排队分萝卜的事情。它让幼儿知道在集体生活中要有初步的规则意识。我们知道，幼儿的一日活动有很多环节需要大家遵守一定的规则，比如，人多时有序地排队盥洗、饮水；活动结束时，有序地摆放物品。因此，在活动中设计简单的排队游戏，使孩子在故事情境中游戏，并进一步了解故事的主旨：在集体活动中要懂得谦让，要遵守一定的秩序和规则。这样才能体会到集体活动的快乐和有序。

活动目标

1）倾听故事，知道排队可以让活动变得更加快乐、有序。

2）尝试用不同的语气表述小兔分萝卜前后的话语。

活动准备

绘本《小兔子分萝卜》，教学课件。

活动过程

1. 观察封面，引出故事

提问：① 画面上有什么？

② 这是在什么季节？

③ 谁爱吃萝卜？（引出书名《小兔子分萝卜》）

小结：今天我们一起来听一个发生在冬天里的故事，这是一个关于小兔子和萝卜的故事。

2. 倾听故事，理解故事内容

1）出示第2～9页：

提问：① 老爷爷和小兔们在干什么？

② 小兔们表现得怎样？（观察画面，引导幼儿说出小兔看见萝卜后的动作，模仿小兔看见萝卜后兴奋的话语）

小结：能在大冬天吃上一个萝卜，那可是一件多么开心的事呀！所以小兔们的话语充满着兴奋和喜悦！

2）出示第 10～11 页：

提问：① 小兔们在干什么？

② 它们可能会说些什么？

3）出示第 12～19 页（模仿学说小兔争抢萝卜时话语）：

提问：① 小兔们想了哪些方法来分萝卜？有谁得到萝卜了吗？

② 如果你是小兔爷爷，你会怎么分萝卜呢？

4）出示第 20～25 面：

提问：最小的兔宝宝想了什么办法分萝卜？（引导幼儿说说排队的重要性，模仿学说小兔排队领萝卜互相谦让时的话语）

5）出示第 26 页结束：

提问：① 为什么兔子们会给老爷爷送礼物呢？

② 你喜欢老爷爷吗？为什么？（引导幼儿学会谦让和关心他人）

小结：原来，学会排队也是一件开心的事。遵守秩序的人，谁见了都喜欢。

3．排排队

1）提问：小兔们学会了排队，你们会吗？老师准备了好多好吃的东西，请你们也来排排队好吗？要让幼儿听清楚要求。

2）小朋友们排队排得真好！现在我们一起去吃东西吧！

活动延伸

请你们想想，幼儿园什么时候也需要排队？哪些活动需要排队进行？

活动评析

活动开始首先采用了观察讲述的方式让孩子们了解故事的开端，引导孩子为兔子们想办法分萝卜。然后在绘本阅读过程中，引导幼儿猜猜讲讲，认识到有序排队是解决拥挤问题的最好办法。绘本结尾，故事发生了转折，通过小兔给老爷爷送礼物，让幼儿知道吃了人家的东西要回报，进而感受到相互关心、相互帮助是一件美好的事情。活动最后，是回归生活，让幼儿在排排队的游戏中，切身体会有序排队解读问题最快最好，初步萌发遵守规则的意识。

附：

小兔子分萝卜

在一个寒冷的冬日，天下起了鹅毛大雪。"哎呀！雪下得这么大，山上的兔子们一定饿坏了！"老爷爷替那些山上的兔子担心起来。

"把这些剩下的胡萝卜给兔子们送过去。"

老爷爷从仓库里取出一大麻袋萝卜装在推车上，老爷爷推着车向深山里走去，哎哟，老爷爷卸下大麻袋，倒出来很多胡萝卜。胡萝卜堆成小山了，等老爷爷离开后，兔子们从四面八方跑了过来。

"哇，好吃的胡萝卜！"

"啊，好多胡萝卜啊!" 饿坏了的兔子们开始挤来挤去，"不对，是我先到的!" 转眼间你争我抢，乱糟糟的。

兔子爷爷走过来说："你们这么争来抢去的，难道就没有更好的办法来分胡萝卜了吗?"

"爷爷，您把胡萝卜一个个扔给我们怎么样?" 高个兔子说把胡萝卜一个个分给兔子们，小兔子们争着要胡萝卜，又蹦又跳吵吵闹闹。

兔子爷爷又喊道，有没有更好的办法? 小机灵兔子急忙说："比跳远怎么样?"

跳远比赛一直持续到了第二天，小兔子们一个个都累坏了。

这时最小的兔宝宝说："爷爷咱们排好队按顺序领胡萝卜不就可以了吗?"

听完兔宝宝的话，大家都点点头，排成一支长长的队。

"叔叔您来得早，您站在前面吧!"

"不不，你还是个孩子，你站在前面吧!"

兔子们互相谦让地排着队，兔子们一起高高兴兴地吃着胡萝卜。兔子爷爷笑着说："排队拿东西真快呀!"

老爷爷打开仓库门，看到眼前的一切愣住了：推车上哪来的这么多暖融融的兔毛呢? 是谁放着这里的呢?

（作者：Hemingway　翻译：郑毅）

案例 7.3　大班早期阅读活动：鳄鱼爱上长颈鹿

设计意图

《鳄鱼爱上长颈鹿》讲述的是矮小的鳄鱼爱上了挺拔的长颈鹿的故事。绘本中，动物行动夸张，情节前后反差大，让人忍俊不禁，但也让人读得感动与心酸。最后非常善良的结尾，让人从内心泛起一种幸福、满足的回味。书中的图画十分精彩，鳄鱼和长颈鹿的神态惟妙惟肖，大量使用的纯净而明快的色彩，不仅仅让孩子感受到有趣可爱的图画，同时也能体会到爱需要勇气和坚持不懈的决心。

活动目标

1）通过细致观察画面，发现故事中的反义词，对反义词感兴趣。

2）在理解的基础上用较完整的语言大胆表述故事内容。

3）感受故事中鳄鱼为了爱克服困难、坚持不放弃的温暖情意，理解爱的意义。

活动准备

1）教学课件一套。

2）《婚礼进行曲》的音乐。

活动过程

1. 开始部分：课件导入活动

1）认识鳄鱼先生。

提问：鳄鱼先生这是怎么了? 引发幼儿进行各种猜想。

2）通过观察画面及教师讲述，知道鳄鱼先生爱上了长颈鹿小姐。

提问：你们知道什么是恋爱吗?

幼儿回答。

教师小结：恋爱就是两个相互喜欢的人在一起，永远不分开。

3）鳄鱼先生爱上长颈鹿小姐最大的苦恼是长颈鹿根本看不到鳄鱼最甜蜜的微笑，为什么看不到呀？

2．观察画面内容，认识并学习反义词

1）引导幼儿大胆说出鳄鱼和长颈鹿的种种不般配，引导幼儿认识反义词。

矮—高　　冷—热　　难过—高兴

2）出示小黑板，让幼儿在图片中寻找反义词。

大—小　　胖—瘦　　圆—扁　　长—短　　多—少　　上山—下山　　弯—直

黑—白　　开—关

3）教师说出上面的反义词，幼儿说出下面的反义词。

4）游戏：看谁反应快：教师做动作，幼儿做出相反的动作。

5）说说相反话：教师说一句话，幼儿说出相反的话。例如：

教师：屋子里真热呀！

幼儿：屋子里真冷呀！

3．理解故事内容，体会鳄鱼的坚持不懈

1）怎样让长颈鹿看到鳄鱼的微笑呢？幼儿大胆猜测。

2）观察画面，大胆说出鳄鱼让长颈鹿看到自己微笑的办法。

鳄鱼先生经过了两次失败，他会放弃吗？

鳄鱼先生到底会怎么样？

你们觉得鳄鱼幸福吗？

4．初步理解爱，学习表达爱

1）刚才我们一起看了一本书，鳄鱼爱上长颈鹿。爱在什么地方？

2）请幼儿说出自己的爱。

3）引导幼儿尝试用自己的方式，表达对他人的爱。

5．结束活动

鳄鱼先生和长颈鹿小姐结婚了，我们一起去当伴郎伴娘，参加它们的婚礼吧！

活动评析

《指南》在语言领域的教育建议中强调："鼓励幼儿自主阅读，并与他人讨论自己在阅读中的发现、体会与想法。""鼓励幼儿依据画面线索讲述故事，大胆推测、想象故事情节的发展。"这些建议无一不在要求教师必须把阅读的主动权交给孩子，看他们的反应，听他们的想法，支持他们的创造。整个活动设计，教师完全放手让孩子独立思考与体会，以"因为爱"这一情感为主要线索，给予他们充分的表述与思考的空间，在孩子观察讲述的基础上，借助提问等方式适时帮助他们进行梳理与提炼。让幼儿通过充分的自主思考，用自己的生活经验，去分析绘本中人物的形象、神情与特点，去理解故事中起伏的问题与情节，去感受情节背后蕴含的浓浓的情感美。

附：

鳄鱼爱上长颈鹿

有时候，他冷得发抖。有时候他热得发昏。有时候，他觉得很不开心。有时候，他高兴起来，就想拥抱全世界，觉得一切都是那么美好。很明显，鳄鱼恋爱了！

当某人恋爱的时候，几乎都会发生这种小问题。更何况，鳄鱼爱上的是长颈鹿。

长颈鹿非常非常高大，这还不是问题。问题是，当鳄鱼想给长颈鹿一个最甜蜜的微笑时，她根本看不到。

"我应该再高大一点。"鳄鱼想，"如果我踩高跷，她肯定看得到我。"

可惜，这一天，长颈鹿骑着自行车从下面穿过，根本没看到鳄鱼最甜蜜的微笑。

"我要在天桥上表演一些特技，"鳄鱼想，"这样她肯定会注意到我。"

可惜，长颈鹿的好朋友，正在对长颈鹿说很重要的事情，她根本没看到鳄鱼表演什么特技。

鳄鱼想："我要爬到她最喜爱的树上，然后请她吃树叶。"

为了不出一点差错，鳄鱼还去买了一些特别鲜嫩的树叶。

想不到，长颈鹿那天喉咙痛，好像打了一个结，她完全没有胃口。

她去买了治喉咙的药水，对那棵她最喜爱的大树，还有鳄鱼，看也没看一眼。但是，鳄鱼并没有放弃希望。

"我要为她演奏一首情歌，她肯定会从门外看过来。"

可惜，那天长颈鹿一直都在听自己的音乐，完全没听到鳄鱼的情歌。

"有了！"鳄鱼忽然想到，"我可以用一根绳索套住她的脖子，把她的头拉下来。这样，她就能看到我了。"

鳄鱼把绳索用力一抛，套住了长颈鹿。长颈鹿吓了一跳，突然，她把头向后一甩，鳄鱼直接被送进了医院！

当他康复出院的时候，他已经放弃了所有的希望，他永远也不会送给长颈鹿最甜蜜的微笑了。他伤心地走回家。

突然，砰！砰！

一阵混乱的碰撞后，鳄鱼倒在了地上。

当他恢复知觉时，看见长颈鹿正趴在自己面前。长颈鹿说："对……不……起，我……没有看到你。"

就这样，他们坐在地上，满头绕着"金星"。

当他们彼此相望时，忍不住笑了。

他们心中都感到很温暖。

（作者：达妮拉·库洛特）

同步训练

一、思考训练

1. 请结合实际谈谈自己对学前儿童文学作品学习活动教育目标的理解。

2．如何为不同年龄阶段的幼儿选择合适的早期阅读图书？

3．你认为应该怎样指导幼儿讲述阅读的主要内容？

4．请结合《指南》谈谈怎样培养幼儿良好的阅读习惯。

5．有人认为，阅读就得识字，你如何理解这一问题？

二、实践实训

1．观摩一个早期阅读教育活动，写出详细的活动方案。

2．模拟试讲一个早期阅读教育活动，写出活动反思。

第 八 章

学前儿童语言教育讲课与说课训练

学习与能力目标

1. 了解学前儿童语言教育讲课和说课训练的目的和意义。
2. 理解学前儿童语言教育讲课和说课训练的内容及对教师的基本要求。
3. 能科学地进行学前儿童语言教育讲课和说课。

知识结构图

```
        学前儿童语言教育讲课与说课训练
                    │
        ┌───────────┴───────────┐
  学前儿童语言教育讲课训练      学前儿童语言教育说课训练
        │                           │
  ┌────┼────┬────┐          ┌────┼────┬────┐
学前儿童  学前儿童  学前儿童  学前儿童    学前儿童  学前儿童  学前儿童  学前儿童
语言教育  语言教育  语言教育  语言教      语言教育  语言教育  语言教育  语言教育
讲课训练  讲课训练  讲课训练  育讲课训练   说课训练  说课训练  说课训练  说课训练
概述      的意义    的内容    对教师的基本  概述      的意义    的内容    对教师的基本
                            要求                                    要求
```

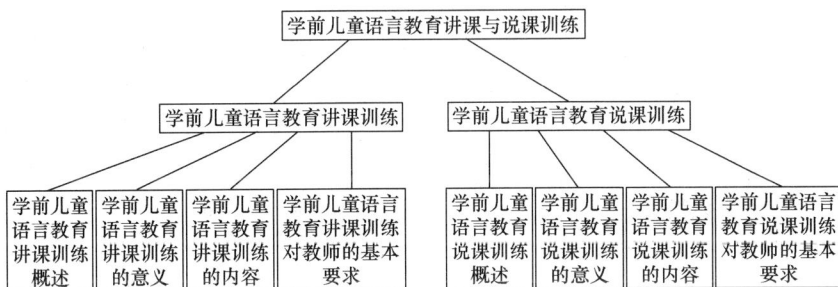

第一节　学前儿童语言教育讲课训练

讲课训练是学前教育专业学生巩固和运用专业知识、形成教育教学能力、提升专业素养的重要途径之一。学前儿童语言教育讲课训练是培养学生语言教育教学能力的重要实践环节。

一、学前儿童语言教育讲课训练概述

教师职业技能训练是培养师资这一系统工程的技术项目。对在校学生有目的、有计划地进行系统的教师职业技能训练，目的是引导学生将专业知识和教育学、心理学、学科教学法的理论与方法转化为具体从师任教的职业行为方式，并使之趋于规范化。这对

于形成学生的教育和教学能力，对于学生毕业后胜任教师工作都具有重要的作用。对于这个问题的研究，在 20 世纪 70 年代就受到国际社会的普遍关注，之后在我国也得到了日益重视，1994 年国家教育委员会印发的《高等师范学校学生的教师职业技能训练大纲（试行）》，要求各高等师范学校结合实际，贯彻执行，使得该研究进入综合化、规范化、实践化的阶段。

（一）什么是讲课训练

学前儿童语言教育讲课训练是指教师为学生创设体现职业要求的真实情境，让学生具备作为一名幼儿教师的教育教学语言表达能力，同时也为教育见习、实习，更为顺利通过幼儿园教师资格考试，成为合格的幼儿教师奠定基础。

学前儿童语言教育讲课训练是指为培养学前教育专业学生的语言教育活动设计与实施能力而进行的实践教学活动。开展讲课训练的最终目的是使学生能够胜任幼儿园语言教育教学的要求。

（二）讲课训练的类型

根据学前儿童语言教育讲课训练的目的和要求，可以将讲课训练分为以下几种情况。

1. 名师模仿课

名师模仿课是指学生在观摩名师执教的教学活动后，将其再现出来的过程。学前儿童语言教育领域有一批著名的幼教老师，如应彩云、吴佳瑛等，她们开阔的活动设计思路，娴熟的教学技能技巧，随处可见的教学智慧，对学前教育专业的学生来说无疑是方向，更是榜样。讲课训练从名师模仿开始，为学生的教学生涯奠定了一个较高的起点。通过对名师的模仿，学生们不仅可以掌握学前儿童语言教育各类活动的设计与组织，还能在模仿中深刻体会教学的节奏、感染力、表现力。模仿是通向创造的必经之路。

名师模仿课的基本步骤：观摩—模仿—揣摩—打磨。①观摩是指教师精心选择优秀的教学视频供学生观摩学习并与学生一起赏析。②模仿是指学生认真反复地观摩名师视频并据此写出活动设计详细方案。③揣摩主要是揣摩名师的上课用语、活动环节的过渡和教学细节的呈现。在揣摩时，新教师要做到以下三个方面：一是认真揣摩名师的教学语言，如怎样使教学语言言简意赅、通俗易懂；怎样提问才更具有启发性、调动性。二是揣摩名师在活动环节之间如何过渡。自然巧妙的过渡是课堂的"润滑剂"，能够让幼儿在不知不觉中转换思维方式，全神贯注地投入到活动之中。三是揣摩名师的教学细节。一堂课的细节问题往往是决定成败的关键，同样的教学内容采用不同的教学策略，则可能导致不同的教学效果。④打磨是指要坚持"于微观处去改进"的原则，对教学内容、幼儿情况及教学策略等必须做到"精雕细琢"，在不断地精心"打磨"中删繁就简，去芜存菁，实现课堂教学的最优化。

2. 微格教学

微格教学又称"微观教学""录像反馈教学"，它是采用现代教育技术，对学生进行教学技能培训的一种新途径。它将复杂的教学活动细分为许多易于学握的单项技能，在有控制的教学环境中逐个展开训练—评价—再训练，使受训者的教学能力得到发展和提升。微格教学经过许多专家的长期实践得到证实，极大地促进青年教师和师范生的教学技能的提高，是师范生在校期间迅速提高教学技能的有效途径。学前儿童语言教育讲课训练中广泛采用这种形式进行实训。

微格教学的具体步骤如下。

1）事前的学习和研究。学习的内容主要是微格教学的训练方法、各项教学技能的教育理论基础、教学技能的功能和行为模式。

2）提供示范。通常在训练中结合理论提供教学技能的音像示范，便于学生对教学技能的感知、理解和分析。

3）确定培训技能和编写教案。每次训练只集中培训一两项技能，以便使学生容易掌握。微格教学的教案具有不同于一般教案的特点，它要求说明所应用的教学技能的训练目标，并要求详细说明教学过程设计中的教学行为是该项教学技能中的哪些技能行为要素。

4）角色扮演。在微型课堂中，十几名学生轮流扮演教师角色、幼儿角色和评价员角色，一名学生负责摄像操作。

5）反馈和评价。这是微格教学中最重要的一步。在教学结束后，必须及时组织学生观看教学实况录像。先由试讲学生进行自我分析，检查实践过程是否达到了自己所设定的目标，是否掌握了所培训的教学技能，指出有待改进的地方，也就是"自我反馈"。然后评价员和小组成员对其教学过程进行集体评议，找出不足之处，教师还可以对其需改进的问题进行示范，或再次观摩示范录像，以利于进一步改进、提高。

6）修改教案后重新进行角色扮演。对反馈中发现的问题按评价员及学生集体的建设性意见修改教案，经准备后进行重新扮演。若第一次角色扮演比较成功，则可不进行重新扮演，直接进行其他教学技能的训练。

3. 幼儿园讲课实训

在学生对学前儿童语言教育活动的设计和实施有了一定的认识理解，具备一定的组织教学技能后，组织学生到幼儿园进行现场教学，在真实的教育情境中检验自己的活动设计方案是否可行，活动实施过程中存在哪些问题等。

幼儿园讲课实训具体分为以下几个步骤。

1）确定活动内容。根据幼儿园的教学进度或园方建议，确定活动内容。

2）撰写活动设计方案。在活动内容确定后，深入分析教材，确立符合幼儿心理发展水平的活动目标，准备充足的活动材料，科学合理地设计活动过程，对活动内容进行充分的预设。

3）幼儿园现场教学。由于幼儿园班额所限，不可能每个学生都有机会到幼儿园现场执教。一般会选择较为优秀的学生进行现场教学，其他学生观摩教学活动，并做出评价。

4）评价反思与调整。现场执教结束后，一般首先由执教的学生进行自我反思，谈谈在执教过程中的得与失，然后由幼儿园教师、语言教法教师和观摩学生分别对活动进行评价。执教学生根据自我反思与他人评价对设计方案进行调整，使之更适合幼儿园的教学需要。

二、学前儿童语言教育讲课训练的意义

学前儿童语言教育讲课训练是对幼儿园各种类型语言教育活动的仿真或真实体验，是帮助学前教育专业学生掌握、巩固、运用所学的知识、技能解决实际问题的过程，是学生在模拟或真实的教育情境中感受由学生到教师的角色转换，逐渐具备学前儿童语言教育能力的过程。通过讲课训练，可以使学生逐步学会各种类型语言教育的设计要点与实施步骤，并能初步驾驭这些类型的语言教育活动。

学习过程中发现，很多学生觉得已经很会写教案了，观摩名师的课程后，认为自己也能讲得很好。实际上，在教学实施过程中总有一些偶然性因素，或者突发性的情况对活动造成干扰，会让学生"卡壳"，陷入困境，所以讲课训练就显得尤为重要。

（一）加强理论与实践的密切结合

讲课训练时学生往往要注意教态亲切、自然，要多于幼儿进行交流；导入要能够唤起幼儿的已有经验，激发幼儿学习兴趣；教学时间安排上要突出重点难点；要体现幼儿的主体地位，引导幼儿积极参与，主动学习等，这些理论知识学生要逐步运用到讲课训练中，学以致用，提高理论联系实践的能力。

（二）提供锻炼机会

很多学生会出现这种情况：课前教案已经背得很熟，教具也准备得很充分，但在开始讲课的一瞬间，脑子却一片空白，都忘了，说了上句想不起来下句。这种情况对于学生来说很正常，很多学生讲课的时候会紧张、忘词、语速加快等，准备的工夫下了十分，表现出来的不到五分。对这类学生，讲课训练给他们提供了机会，通过多练、多讲，慢慢熟悉教师的角色，提高教学组织能力。

（三）修正、提高教学能力

讲课训练的过程也是学生不断反思、总结的过程，通过讲课训练，学生对于自己存在的问题有了基本的了解，就可以进行针对性的训练，不断地完善自己，为以后的教学工作打基础、做准备。

学生在讲课训练中集中出现的教态不自然，语速过快，语言成人化，没有给幼儿留出思考空间，内容条理不清，没有注意活动环节间的过渡，提问随意，缺乏设计等问题，教师可以进行针对性的辅导，帮助学生解决问题。

三、学前儿童语言教育讲课训练的内容

从一个活动的设计与实施角度来看，无论是名师模仿课，还是微格教学或者幼儿园现场讲课，都包含导入、讲授、提问、评价、结束等必备技能。学前儿童语言教育讲课训练都要从这些必备技能的训练入手。

（一）导入技能

导入是在教学活动中明确活动目标的情况下，引起幼儿的注意，将幼儿的注意力吸引到特定的教学任务和程序之中并激发幼儿的活动兴趣的一种方式。幼儿园语言活动的导入是帮助幼儿进入语言学习情境的方法。

教师通过提出问题，创设情境，营造出一个轻松自由的活动氛围，激发幼儿的思绪，使他们对所参与的活动产生浓厚的兴趣，从而体会到其中的乐趣，保持活跃高涨的情绪。不仅如此，在教学活动开始前进行导入能给予幼儿适当的刺激，引起和集中幼儿的注意，使幼儿进入活动的准备状态，为活动做好心理准备，以及产生对活动的欲望。

导入方式应精练简洁，以充分调动幼儿的听觉系统，使幼儿的注意力集中到课堂上。在进行教学时，可根据实际情况运用不同的导入方式。

1. 提问导入

通过提问，引起幼儿对已有经验的回忆，并引导他们发现与该经验密切相关的新活动内容的联系，进而产生探索问题的兴趣。例如，诗歌《家》这节活动，可以从生活经验导入，"小朋友们，你们知道这是什么吗？"（手语中的家）"那么小动物的家在哪儿你们知道吗？"通过这个疑问把幼儿的兴趣给调动起来。

2. 情景表演导入

根据故事情节，教师创设一个情景，通过这种生动形象的表演能调动幼儿学习的积极性和对学习故事的兴趣。这种导入方法是由教师事先排练一段情境，活动开始时让幼儿观看，对随着情节引发出的问题展开讨论，再进一步引入新内容。例如"老鼠娶新娘"就是利用情境表演的方式来引入的。"四个小朋友分别扮演抬轿的轿夫，一位小女孩扮演老鼠新娘盖着红头巾，坐在轿子里，再请一位小男孩胸前戴朵大红花，做老鼠新郎"，听着热闹的音乐出场。通过观察，引导幼儿讨论，他们抬着轿子，戴着红花，在干什么？鼓励幼儿各抒己见，能使幼儿的注意力迅速集中起来。

3. 多媒体展示导入

现在的幼儿园大多数使用多媒体，多媒体教学资源已被广泛应用于幼儿园教学实践。多媒体课件具有人机交互、反馈及时的良好性能，能使幼儿产生强烈的学习欲望，从而形成学习动机。在上课前的导入，教师运用多媒体播放优美的音乐配上好看的动画，定能一下子抓住幼儿的注意力，幼儿会静静地边听优美的音乐边欣赏动画，这比老师一遍又一遍地讲述故事要强多了。幼儿的好奇心强，运用多媒体的形象性、生动性、游戏性，幼儿会进入自觉的学习状态。

4. 难点前置导入

有的活动的知识点幼儿很难听懂，所以在导入的时候可以把活动的难点前置，有意识地设置一些既能体现教学重点又有趣的问题，这样就很容易激发幼儿的好奇心和求知欲。例如故事《小壁虎借尾巴》这节活动，先出示小壁虎的图，对幼儿说："今天有只小壁虎来我们班做客了，可是它很伤心，因为它的尾巴没有了，然后它就要去借尾巴。

你们想知道小壁虎的尾巴是怎么没有的吗？它都向谁借了尾巴啊？下面就让我们来听故事《小壁虎借尾巴》。"这样一来，幼儿听故事的积极性和兴趣一下子被调动起来，通过教师生动、形象的讲述，孩子们是带着问题走进故事，带着答案走出故事的。

5. 经验导入

在了解了幼儿原有的知识水平的基础上，教师提供一些新旧知识的连接点，从而调动幼儿运用已有的知识和经验去进行新的探索。比如"水的污染"这一节活动，教师出示污染的图片给幼儿看，并问幼儿："小朋友们，这些水怎么变得那么脏啊？""那么你们知道水是怎么被污染的吗？"幼儿在老师的提问和启发下，联系已有的经验，很自然地就进入了活动之中。

6. 音乐导入

这些音乐可以是才学过的，也可以是世界著名乐曲和经典歌曲、歌谣。幼儿对这些会很有兴致，从而也对接下来的活动充满了期待。如活动"小兔子和大灰狼"，这首歌幼儿已经学过，教师跟幼儿一起唱："小兔子乖乖，把门儿开开……"唱完教师问幼儿："你们都听到了什么？都有哪些小动物？"然后可由幼儿说出答案，点出本节活动的内容。

7. 直接导入

直接运用简洁明快的语言阐明活动的目的和要求，使幼儿明确活动的主要任务。例如，在活动前，教师说："今天老师要讲个故事，故事的名字叫《神奇的玻璃》，小朋友们要仔细听哦，然后告诉老师故事里发生了什么事。"

8. 直观教具导入

幼儿的思维是比较形象、直观的，因此借着精心制作的教具可以使幼儿能够集中注意力而且便于幼儿理解。如给幼儿展示一幅图画，幼儿的注意力就一下子被吸引过来，接下来的教学也就方便而且轻松了。

9. 游戏导入

游戏是幼儿最喜爱的活动，在活动中可以用游戏的方式引出话题，激发幼儿的学习兴趣。如学习儿歌《手指歌》，教师可以用游戏的口吻说："今天我们来比比谁的本领大，会编出各种各样好玩的东西。"教师可以用儿歌中的语言暗示幼儿。又如看图讲述"捉迷藏"，开始时，老师可以告诉幼儿："今天我们和小动物一起来玩捉迷藏的游戏，你们快找一找小动物躲在了什么地方，找到的小朋友可以说说小动物藏在了什么地方。"

10. 谈话导入

谈话导入是一般教育活动中常用的方法，教师通过谈话来调动幼儿的注意力，激发幼儿情感的共鸣，从而产生探索意向。在故事讲述活动"大象救兔子"时，可以这样导入："这是一只慌张的小兔子，它在干什么？这是一只高兴的小兔子，你从什么地方看出来的？为什么兔子先是慌慌张张的，后来又是高高兴兴的，发生了什么事情？"幼儿通过猜测，激发出对语言活动的兴趣。

导入本身不是活动的主题，更不是活动的重点，它只是为了引起幼儿的兴趣，有效地调动他们参与活动的积极性。所以导入的内容一定要巧妙、准确、有趣味性，主干也要突出，这样既能造成悬念，又富有吸引力和艺术感染力。

（二）讲授技能

语言是教师的主要劳动手段，教师的语言表达能力，直接影响着教学效果的好坏。讲授是最古老、最传统的教学行为，是幼儿教师运用语言向幼儿传递教学信息的符号系统，是帮助幼儿获得经验、行为、能力和心理倾向等方面变化的一个桥梁。

教师语言表达的优劣、口头语言表达能力的强弱，都将直接影响幼儿语言和思维的发展，影响语言教育的质量和效果。有些学生的课堂语言比较生硬，语气粗重，平淡，少情寡味，既不能引起幼儿的听课兴趣，也不能调动幼儿的学习积极性，对教学质量的提高很有影响。讲授应做到声音甜美、口齿清晰、富有启发性和艺术性，更要能够通过语调的起伏有度，吸引幼儿的学习兴趣，激发幼儿对知识的渴求。

1. 讲授要科学具体，不能笼统

幼儿缺乏必要的知识经验，辨别是非能力差，但模仿能力非常强，因此教师在讲授时，表述一定要条理清楚，层次分明，讲授的内容要符合科学性的原则，用词要恰当、准确无误，否则可能对幼儿造成误导。

2. 讲授要浅显易懂，简洁明了

由于语言发展水平所限，幼儿词汇量相对较少，能够理解和掌握的句型比较简单，教师在讲授时要充分考虑这一特点，不要使用过于书面的语词，句子结构不要太过复杂，以便让幼儿能够听懂。在试教中班语言活动"母鸡和苹果树"时，有这样的句子：我从来没见过长着长长的脚趾和毛茸茸的尾巴的苹果树。对中班的幼儿来说，这句话无疑太长了些，定语也太多，所以应把句子缩短。

3. 讲授要生动形象，富有童趣

幼儿期具体形象思维占优势，幼儿对直观形象的事物非常感兴趣。这一特点决定了生动形象的、配合着表情和适当动作的讲授很难吸引幼儿的注意力。幼儿教师的讲授要富有表现力，贴近幼儿的生活，用生动形象的讲授让幼儿有身临其境的真实感受。在讲故事《青蛙卖泥塘》时，教师要用不同的语音、语调把青蛙、老牛、野鸭、小鸟等不同的角色特点体现出来，并且还要通过抑扬顿挫、高低起伏的变化勾画出不同的角色。

（三）提问技能

提问是教学活动中不可或缺的语言形式。研究发现，教师大约80%的时间用来进行提问和回答问题。在幼儿园的教学活动中，教师的提问能影响幼儿的认知能力、思维能力和口语表达能力的发展，也可能对幼儿的学习和发展产生不同的影响。教师在教学中要抓住"问点"，设计难度适宜的问题，让儿童"跳"一下才能"摘到果子"。也就是说，

将问题置于对儿童有障碍但又能跨越的认知发展区，让儿童产生兴趣并积极思考。

1. 教师的提问应抓住重点，分清主次

教师要钻研教材，精于设计问题，注意问题的目的性、价值性。力求少而精，并符合幼儿的发展需要，优选问点，问在关键处。例如，教师在小班语言活动"小老鼠的魔棒"中设计了三个关键性的提问：猜一猜小老鼠和它的魔棒会发生什么事情呢？小老鼠的魔棒有哪些魔法？小老鼠是怎样用魔棒帮助小动物的？这样的提问能够紧扣教学重点和难点，由浅入深、循序渐进，构成了一个指向明确、思路清晰且具有内在逻辑关系的"问题链"，为幼儿提供了适宜的"支架"。

2. 教师的提问应有层次性

在语言教学活动中教师应该关注到不同能力水平的幼儿，为其设计不同层次的问题。例如，语言活动"小花籽找朋友"，可以按幼儿能力低、中、高 3 个不同层次来设计提问。比较简单的问题"小花籽在寻找快乐的路上都遇见了谁？"只要是注意倾听的幼儿，这个问题一般都可以回答出来，所以就请平时比较胆小、不爱表现自己的幼儿来回答；而需要探讨性、发散性的问题，如"如果你是小花籽，你会怎样去寻找快乐？"就请表达能力较强的幼儿来回答；需要归纳、总结类的问题，如"你来说说你身边的快乐有哪些？"则请理解能力强的幼儿来回答。在这样低、中、高 3 个不同层次的提问中尽量使每一个幼儿都能体验到课堂互动的快乐。

3. 教师的提问应有开放性

教师要恰当地搭配封闭性问题和开放性问题，多提一些较高认知水平层次的问题，以激发幼儿的积极情感。《纲要》明确地把情感态度的目标放在了首要位置。这就要求教师要善于观察幼儿的情绪反应、情感、态度、兴趣与需要，通过开放性问题，激发幼儿的积极情感。在语言活动中如果将故事中的提问"怎么说的？怎么做的？"改为"假如是你，你会怎么做？还有什么好办法呢？"这是一个开放性问题，教师不要求一个答案，而是鼓励幼儿说出自己的独特想法，这样孩子们的答案就不会仅仅局限于故事原文，他们可以凭借日常生活中的积累，拓展思维，大胆想象。如语言活动《小猴卖"○"》，老师先出示"○"形状，请幼儿猜一猜这是什么东西。这一问，马上就把幼儿的思维调动起来，他们有的说是鸡蛋，有的说是游泳圈，也有的说是数字 0……接着又提了一个问题："小猴卖'○'，谁会来买？买来干吗？"这时的答案就更多了。提出具有想象力的问题但不追求唯一正确的答案，而是使幼儿产生尽可能多、尽可能新、具有丰富想象的答案，提高幼儿的创新思维能力。

4. 教师的提问应双向互动、鼓励幼儿提问

教学过程是一个动态的、连续的过程，所以不能只是一味地以教师提问，孩子处于被动的回答状态。教师要围绕教学目标、重点设计一些加强师幼间的互动的提问方式。如在学习故事中的对话环节，可以尝试采用"老师问－幼儿答""幼儿问－教师答""幼儿问－幼儿答"等模式进行。这样多元化的提问方式有利于师幼之间共同探讨，相互激发，而在这个过程中，幼儿有了更多的提问机会，他们的问题意识和自我提问的能力也

就在无形中得到提升。同时，幼儿参与活动的积极性、主动性会提高，教师与幼儿的关系会变得和谐，能很好地达到活动目标。

（四）评价技能

教师要充分认识教师评价在儿童身心发展中的作用。对于儿童来说，最适宜的评价是恰当鼓励型评价。正确的评价不仅能满足儿童的成就感、被赞许的需要，还能强化儿童的正确行为，更能激发儿童的学习动机，使儿童获得自信心、安全感。但是在实际情况中，还需要鼓励与批评相结合，才利于幼儿的健康发展。

尽管因为年龄小，幼儿无法去评价他人，但是幼儿在参与评价中不仅能感受到老师对他们的尊重和信任，而且在评价别人的同时，也提高了他们自己的评价能力。

1. 积极的评价

积极的评价是指教师对儿童的表现行为予以肯定的评价方式，它的使用率很高，能够有效地调动学生的积极性，创造良好的课堂气氛。在儿童幼小的心灵中，都是渴望教师的积极评价的，一个关爱的手势，一个小小的拥抱，甚至一句信任的话语，这些都能带给孩子们力量和安慰。特别是在集体的教育活动中，教师如果能够做出引导，善于对幼儿做出准确、正面、清晰且有导向性的评价，使评价在教学活动中起到点睛的作用，就能帮助幼儿正确认识自我、发展自我。

积极的评价对儿童具有一定的肯定性，是对儿童的行为做出的一种回应方式，也是教师对幼儿的某些活动做出的好与坏、对与错的口头语言评价。在集体活动中，教师要注意表扬的廉价性，不要每个幼儿都"棒！棒！你真棒！"这样变成了老师的口头禅，就体现不出表扬的珍贵和激励作用了。

在教学活动中，教师要通过指出幼儿的具体表现来表扬幼儿。如中班语言活动"问路"中，老师问："这是一只怎样的老鼠？"幼儿回答："帅气"。老师这样回应："帅气的！这个词用得真好！它听了真高兴！"这种表扬语简单明了，语气和语调自然而不夸大其词，通过这种具体的表扬语言，使幼儿明确教师具体的评价标准和期望，幼儿会明白自己为什么得到表扬，自己的哪些做法是好的，对于将来能否及如何得到表扬，幼儿可以做出一定的预测和控制，教师也通过表扬与幼儿实现了有效的信息交流和沟通。

2. 消极的评价

著名的"罗森塔尔效应"告诉我们：一个孩子被看成什么样，被说成什么样，被怎么样的对待，在不长的时间内，就会变成现实。孩子刚生下来就像一张白纸，我们在上面添画什么，孩子就获得什么，孩子容易被事物所带动。在消极的评价中给予孩子的是否定性评判。委婉的评价可以让幼儿步入正确的轨道，而太过于直白的评价就会把孩子带到一种消极的状态去。教师批评的语言严禁过于指责、挖苦和羞辱孩子，教师用语言来埋怨孩子的某些行为时，孩子的心理也会受到不必要的伤害和打击。

教师要选择恰当的语言和表达方式。如在活动结束时，教师准备让幼儿到户外做个游戏。孩子们拍手、欢呼，有的甚至蹦了起来。这时候老师说："高兴、兴奋，老师理解你们的心情，但不能声音太大。"（温和的语气，压低声音。）

在这个案例中，幼儿一听要做游戏，高兴得手舞足蹈，大声地喊。教师怕声音过大，影响别人，就要求幼儿声音小一点。对于幼儿的这种行为，教师不是严厉的批评，而是自己做出榜样，用低声说，其批评语言温和，易于幼儿接受。

教师的评价语言与教师的教育观念是相互联系的，有不少教师认为批评就是"挑毛病、找错儿"。持这种评价观的教师，在评价幼儿时，常常会使用一些过激的语言，如用挖苦、讽刺的语言羞辱幼儿，用恐吓性的语言威胁幼儿，用教训、指责、怪罪的语言埋怨幼儿。尽管批评往往引起幼儿反感，但是心理学家认为：学习也是孩子不断尝试错误的过程，因此在对孩子做出赞美的同时，善意的批评也是必不可少的。

（五）结束技能

结束环节是一个完整的教育教学活动必不可少的有机组成部分，"一个好的结束是下一个活动的开始"。显然，精心设计一个适宜而有效的结束方式很有必要。在设计时，应从如下几个角度考虑。

1. 注意运用交替的原则

在开展教育活动中，通常采用"交替"的办法来调节幼儿机体，减少疲劳，让幼儿始终保持着充沛的体力和浓厚的求知欲望与兴趣，从而达到提高活动质量的目的，如活动状态的动静交替和活动场所的室内外变换等。作为教育活动结束方式的设计，应善于结合整个活动过程（特别是活动的主体部分）设计的具体情况，灵活运用交替原则。若活动过程的主体部分是在"静"的状态中进行，则在结束方式的设计上应适当结合"动"的形式；活动过程的主体部分是在室内进行的，则在结束方式的设计上可适当采用"户外活动"的形式等。这一点结合具体的教育活动来考察，也许会更清楚。例如，在幼儿文学作品教育活动中，通常是"先静后动"，即活动过程的前面部分基本上是属于偏向"静"的——对作品内容的理解及情感基调（主题思想）的把握等；后面部分（包括结束方式）一般是采用偏向"动"的——用对作品的朗诵、复述或结合动作表演等建立在欣赏感受基础上的创作活动来结束。

2. 要重视体现整合的理念

整合的理念，可以说是幼儿教育改革以来被普遍接受并深入人心的一种教育观念。显然，在活动结束方式的设计上，应尽量地将整合教育的思想有机地渗透体现在其中。整合既包括活动内容的整合，也包括活动方法和活动形式的整合。如在故事教学结束时，安排幼儿将自己续编的故事画出来，将语言和美术很好地整合在一起。

3. 用不同的结束活动方式来结束活动

1）以游戏方式结束。这是最常用和适用范围最广的结束方式。游戏形式为幼儿所喜爱，因而在一些旨在让幼儿巩固加深或是迁移所学内容的教育活动的结束部分，常采用此种方式。

2）以讲评方式结束。讲评主要将活动情况（包括知识技能的掌握情况，以及品德

行为、个性品质的培养与发展情况等）反馈给幼儿，让幼儿的优点或不足能及时地得以巩固或纠正，以利于幼儿身心更好的发展。讲评工作可由教师、幼儿或师幼共同来承担。看图讲述活动，常以讲评幼儿讲述的优点及存在问题来结束。

3）以小结方式结束。小结主要是旨在让幼儿对整个活动所涉及的应该掌握的知识或技能有个较完整、清楚的认识（印象）。语言教育中的诗歌、散文仿编活动，常以将幼儿所创编的内容进行串联小结的形式结束。

4）以表演方式结束。为使幼儿对整个活动内容有更深层次的理解体验和感受，常用表演的方式来结束活动。这种结束方式常见于幼儿文学作品学习活动中。

5）以自然方式结束。一般在活动过程的进行中无须再另外设计一个专门的结束方式，而以直接用简短的语言作简单的交代来结束该活动。如可以交代幼儿将今天学的好听的故事回家讲给爸爸妈妈听，自然结束活动。

6）以复习方式结束。在新教授的活动内容快结束时，可以采用复习有关的已学过的内容来结束。这种方式常见于语言教育中的诗歌活动。

以上分别论述了学前儿童语言教育活动中常用的五项基本技能，在实际的教学活动中应注意各项技能的相互配合和综合运用，以发挥其整体功能。

四、学前儿童语言教育讲课训练对教师的基本要求

（一）教师仪态方面

教师在穿着方面要符合幼儿教师着装要求，不穿高跟鞋，不留长指甲、披肩发，不浓妆艳抹，不戴首饰。

教师体态语包括面部表情、手势、目光接触、身体距离等，这是一种高超精湛的艺术，能够使课堂教学更生动、更丰富。面部表情的运用包括眼神和微笑，如对待幼儿回答问题的对错，可以使用面部表情，答对了，教师给予微笑进行赞许和肯定；答错了，教师用微笑进行鼓励。手势语的运用要与活动目的一致，根据活动目的自然引出，做到协调、自然、多样，手部动作要自然大方，不要过于频繁。眼神的运用要具有表现力，教师要从幼儿的表情变化中能够看出自己的教学效果，辨析幼儿的听讲状况，要与幼儿进行有效的眼神交流。

（二）多媒体课件制作方面

学前儿童语言教育讲课可以配合使用多媒体课件，但不是必须使用。多媒体课件制作时应注意以下几个方面。

1）课件要具有形象性，不要过于突出文字。幼儿阶段没有明确的识字要求，所以课件中应以图片为主，体现具体形象性。

2）课件中不要包含无关刺激物。无关刺激物是指跟教学内容无关的图片或动画，幼儿注意以无意注意为主，容易受无关刺激的干扰。

3）课件要具有艺术性。课件的配色、比例要美观。在课件制作时，要考虑幼儿好奇心强、喜欢鲜艳明亮色彩的审美特点，有意识地培养幼儿的色彩感知能力，引起幼儿愉快的情感体验。

8.2.1

第二节 学前儿童语言教育说课训练

讲课是艺术，说课同样是艺术。"说"比"讲"在实际操作上要求更难。它要求教师在十几分钟将一节课的教学设计、教学过程及教学内容用简单明了并且准确无误的语言表达出来，呈现给听众。它是一种考查教师基本功的有效方式，具有鲜明的艺术性，很强的操作性和实用价值。由于受说课的时间限制，听课对象及理论要求等方面因素的影响，对说课教师来说，比讲一节课的难度更大，把握不好就难以成功。

一、学前儿童语言教育说课训练概述

（一）什么是说课

说课是授课教师在备课之后，向听课同行介绍自己关于这节课的教学设想（意图）、理论依据、教学方法和学生学法，而后，听者进行评议，交流切磋的一种教学研究方式。

"说课"一词最早是由河南省新乡市红旗区教研室于 1987 年提出来的。实践证明，说课活动是提高教师教学水平的一种具体生动、经济有效而且灵活机智的方式，也是培养造就研究型、学者型青年教师的最好途径之一。现在全国各级各类教学比赛和教师招考中广泛采用这一形式来考查选手或考生的活动设计能力。

学前儿童语言教育说课训练是指学前专业学生以幼儿教育基础理论为指导，以《纲要》《指南》为依据，结合具体教材内容及幼儿的实际情况，主要用口头语言表述对教育活动的具体分析、设计及其理论依据的过程。简言之，就是说清教什么、怎么教、为什么这么教。说课训练是帮助学前专业学生形成专业能力、获得专业成长的重要途径与手段。

（二）说课的特点

1. 全面性

说课不仅要说明"我要怎样教"的问题，还需要结合幼儿教育学、幼儿心理学、幼儿卫生学和教学法等学科的相关理论知识阐明"为什么这么教"的问题，即要阐述选择和分析教学内容的教育价值、本年龄段幼儿的情况和相关的经验基础、确定活动目标的依据、学习中可能遇到的重点难点，以及如何突破、选择教学方法的依据和目的、活动准备的内容、活动环节设计间的逻辑关系和每个环节的教育目的等，为自己即将开展的教育活动的设计说明理由，因而具有全面性的特点。让听者不仅知道要怎么做，还明白为什么要这样做，知其然而且知其所以然。

当然在说课过程中，因为内容过多或者时间原因也可以根据实际情况有选择性的选取几个方面进行详细的阐述，略讲其他环节，如可以将说教法、学法的环节与说教学过程的环节合并，在教学过程中阐述教法和学法的具体使用情况。

2. 灵活性

说课相对于讲课，不受时间和空间的限制，不需要有人配合，对场地的要求也不高，何时何地都可进行。说课可以在学校的教室、多媒体教室、微格教室进行，也可以在宿舍或者室外进行，还可以在幼儿园进行，不受场地的限制；可以讲给同学听，也可以讲给老师听，不受听课人数的限制；可以使用多媒体设备，也可以借助于板书，不受设备的限制，因此具有极大的自由度。

3. 科学性

说课相比讲课，理论性更强一些，需要学生深入挖掘语言活动设计环节中的理论依据，理解领会《纲要》《指南》精神和幼儿教育学、幼儿心理学、幼儿卫生学、各科教学法等相关理论，将理论与实践相结合，深入挖掘教育活动设计中的教育价值和理论依据，如对于教材内容的处理、活动目标的设置、教法学法的选择、活动环节的结构等，力求理论与实践的完美结合，使整个活动设计的结构更趋合理，更具科学性。

说课需要学生综合掌握教育学、心理学、教材教法等方面的知识，并能够结合实践灵活运用，只有这样，分析问题才能科学合理，因此说课具有科学性的特点。

二、学前儿童语言教育说课训练的意义

（一）说课训练有助于学生理解新的学前儿童语言教育理念

《纲要》《指南》的理念、现代教育理念、教学理论知识、语言教育领域的新要求等，都是活动设计的依据，具有法定的指导作用。学生在说课中需要认真学习这些知识，结合实际综合运用，并以此为依据确定活动目标、重点难点、活动环节及教学方法。这在一定程度上促进了学生理解新的学前儿童语言教育理念。

（二）说课训练能提高学生的教育理论素养

说课不仅要说明自己是怎样设计语言教育活动的，还需要说明为什么要这么设计，要将所学的理论和实践相结合。如果没有理论的支撑，说课就没有力度，为了说好课，学生需要认真学习新的语言教育理念，掌握幼儿教育理论知识、幼儿心理学、教学心理学、教学法类的知识，科学地设计活动的环节，分析各环节的结构和关系，并说明每个活动环节的设计意图（即与活动目标的关系），提高应用教育理论知识解决实际问题的能力，丰富和提升学生的教育理论素养。

（三）说课训练能提升学生的教育活动设计能力

说课能够让学生在独立完成语言教育活动设计的基础上知道怎样的活动设计是科学的、合理的，提升学生的教育活动设计能力。如在说活动目标环节，确立活动目标的依据包括语言教育的理念、幼儿的发展水平、语言教育的内容要求等方面，通过相应的

训练，学生能够以相关的理论为依据来确定活动目标，摆脱以前制定活动目标的盲目性，在一定程度上弥补经验的缺乏。

通过说课训练，学生能知道一个好的活动设计的依据是什么，标准是什么，让学生深入了解幼儿的特点，提供逐步提高保教能力水平的机会，有效地提高学生的教学活动设计能力，提高学生活动设计的科学性和合理性。

三、学前儿童语言教育说课训练的内容

学前儿童语言教育说课方案是按照说课内容的内在逻辑来撰写的。在教学工作中，可以把说课的方法简单地总结为"四说，一展示"。"四说"即"说教材、说教法、说学法指导、说教学程序"；"一展示"指"展示自己参与设计的辅助教学课件"。

（一）说活动教材

教材是开展说课的依据，是说课的重要环节。说活动教材内容就是通过分析所选活动主题的内容特点，指明它在整体或主题网络教学中的地位。说活动教材首先要理解、分析教材，并对教材进行深入分析，挖掘教材中蕴含的教育价值，不能停留在表面、肤浅的层面上。教材分析的内容通常包括以下 3 个方面。

1. 说清内容的来源及与前后知识的关系

内容的来源一方面为选自哪个版本的教材，哪一个主题或者单元，在本主题或本教材中的地位和作用；另一方面属于生成性课程的需要说明课题的来源，也就是内容是如何产生的。如果在选材方面涉及地域特色，甚至是幼儿园特色就要更加突出说明，以此来发展幼儿园的园本课程。

2. 本次活动开展的主要内容是什么，具有什么教育价值

本次活动的设计意图主要解释活动内容符合《纲要》《指南》的教育理念，以及对幼儿发展的价值。

3. 如果对教材内容进行了修改，也需要说明，并解释修改理由

教材分析作为说课的首要环节，除了内容要全面，还要简洁、条理、流畅，一定不要出现长篇大论，切忌出现长篇大论地引用《纲要》《指南》中的原文，所引用内容跟教材分析联系不大，没有针对性的情况。

> **知识拓展**
>
> 小班语言活动"春天的色彩"的教材分析如下：
>
> 选自山东省省编教材小班下主题活动"七彩乐园"的次主题"找找颜色"。春天万物复苏、充满生机的，怎样让孩子们爱上这个美妙多彩的季节呢？我选择了散文《春天的色彩》，这篇散文语言优美，读起来朗朗上口，并以拟人化的手法，通过小熊、小草等富有童趣、生动活泼的对话，以春天的色彩为线索贯穿始终，展示了一幅生机

勃勃、春意盎然的景象。散文内容浅显，富有儿童情趣，句式简单，应用词汇丰富，便于幼儿朗诵和记忆，同时也便于幼儿通过仿编创造性地运用语言经验。

评析：

1）说课稿中对于教材的分析首先说明了内容的来源，但是对于本活动内容在整个主题中的地位、与前后内容间的联系并没有提及。

2）说课稿中对于活动内容进行了详细具体的分析，如活动的主要特点，活动对于幼儿语言能力的发展价值等。

3）本次活动的设计意图是什么的表述过于宽泛，没有很好地运用《纲要》《指南》中语言领域的教育理念，解释活动内容符合《纲要》《指南》的精神。

（二）幼儿分析

幼儿是教育活动的主体，也是教育活动的对象，对幼儿科学、具体的分析是活动设计的基础。幼儿分析主要包括以下内容。

1）幼儿年龄特点和学习特点分析，主要是分析幼儿的生理和心理发展特点，以及学习的特点，在此基础上来确定活动目标和活动过程。

2）幼儿已有经验分析，主要是幼儿对于本次活动内容的相关经验分析。

3）幼儿在学习中可能遇到的困难。

知识拓展

小班语言活动"春天的色彩"的幼儿分析如下：

小班幼儿正处于口语发展关键期。3 岁时幼儿词汇量猛增，所掌握的句子的修饰语显著增加，并具一定的语法规则，虽已能讲述自己生活中的事情，但表达显得不流畅，常常带有一些多余的口头语，还有少数幼儿甚至显得口吃。同时，他们在集体（如班级）面前讲话往往不大胆、不自然。

评析：

1）说课中对于幼儿的年龄特点进行了分析，注意到了贴近课程内容分析幼儿身体协调性和控制力方面，针对性较强。

2）说课中涉及幼儿的相关经验，如"已能讲述自己生活中的事情，但表达显得不流畅，常常带有一些多余的口头语"等。

3）说课中对幼儿在活动中可能遇到的困难进行了分析，如"他们在集体（如班级）面前讲话往往不大胆、不自然"。

（三）说活动目标

活动目标是教育活动的出发点，也是教育活动的归宿。在此环节的表述中要注意不要简单地罗列活动目标，而应该对确立活动目标的依据、活动目标的内容，以及如何确保活动目标的实现进行详细的说明。说活动目标的主要内容包括以下 3 个方面。

1. 确立活动目标的依据

活动目标的确立首先需要考虑语言教育活动总目标和年龄阶段目标的要求，在具体实施过程中，也就是要体现《纲要》《指南》中的教育理念和要求；其次，应符合幼儿的接受能力，既要符合幼儿的身心发展规律，特别是 3～6 岁儿童语言发展特点，不要制定超高难度的目标，又要了解幼儿已有的经验基础，在幼儿已有经验基础上来确立相关的活动目标。

2. 阐述活动目标的内容

阐述要全面、详细、具体，一般来说，活动目标的三个维度要体现出来，必要的时候要对目标做出解释，而不要仅仅停留在把目标写一遍的层面上。

3. 如何确保活动目标的实现

这是说课中比较容易忽略的环节，此环节不需要详细阐述，简要说明即可，如"我将结合活动准备中的某种材料、活动过程中的某些具体环节来确保目标的实现"。

知识拓展

小班语言活动"春天的色彩"的目标分析如下：

基于对教材的分析和小班幼儿的年龄特征，制定了认知、情感、能力 3 方面的教育目标。

1）认知目标：理解散文诗的内容，感受春天的美丽。

2）情感目标：乐意画画、讲讲，大胆表现对春天色彩的感受。

3）能力目标：尝试学习仿编诗歌，体验创编的乐趣。

评析：

1）活动目标的分析注意到了确立目标的依据，但表述较为笼统，《纲要》中的教育理论的依据应该更能体现语言领域的特点，更贴近本次教育活动的内容要求。

2）对于目标内容的阐述比较全面，但还应该再具体些。如"尝试学习仿编诗歌"可以更具体地表述为：学习用"春天是××的×色"仿编诗歌。

3）缺少了关于如何确保活动目标实现的说明，不够完整。

（四）说活动重点、难点

活动重点是幼儿在学习过程中应掌握的知识和应达到的能力发展水平；活动难点是幼儿在学习过程中难以掌握的，需要付出努力才得以实现的内容。说课时需要依据《纲要》和《指南》中对语言领域活动开展的要求、教材的知识结构和幼儿的认知水平，从知识点中梳理出重点和难点。重点、难点是否得当，直接影响活动目标的达成。说课稿中容易出现重点、难点不清晰、不准确，简单罗列，缺少解释或者没有说明活动重点、难点在活动中如何突破。

知识拓展

　　小班语言活动"春天的色彩"的重点、难点分析如下：

　　根据小班幼儿的语言发展特点，让幼儿理解散文诗的内容可以更好地增加幼儿的词汇量，提高幼儿的语言表达能力。因此本活动的重点定为理解散文诗的内容，感受春天的美丽，乐意画画、讲讲，大胆表现对春天色彩的感受。将尝试学习仿编诗歌作为活动的难点。

　　评析：

　　活动重点过多，不符合小班幼儿的发展水平。"理解散文诗的内容，感受春天的美丽"，这是两个不同的活动，活动重点建议放在理解散文诗的内容上。活动难点的把握比较到位。但案例中对于如何突破活动难点方面并未提及。建议在活动重点、难点的把握上要认真分析活动内容、目标要求和幼儿的现有水平。

（五）说活动准备

　　活动准备包括活动前的准备和活动中的准备两方面。①活动前的准备主要指家园合作、社区协调、资料收集、幼儿园活动等。②活动中的准备指有关玩具、教具等材料，包括教学挂图、幼儿用书等的准备。具体书写时，活动准备需要从经验准备和物质准备两方面着手。经验准备一方面是幼儿在开展活动前应该掌握的浅显的相关知识，教师可以通过活动开展前的谈话活动或之前的教育活动达成目的，另一方面是教师在活动中涉及的知识储备；物质准备主要是环境创设和材料教具的准备等。要特别注意材料的充足和有效性。有的教师上课准备了很多材料，但是在课堂上的使用率不高，有一些材料甚至可有可无，建议在物质准备方面要丰富，但要物尽其用，深入挖掘每一种材料的可用性和价值。说活动准备环节，要全面地说明活动的经验准备和物质准备情况，并简要说明相关准备在教育活动中的作用如何。

知识拓展

　　小班语言活动"春天的色彩"的活动准备如下：

　　为了活动的趣味性、综合性和知识性协调统一，寓教育于活动情境中，更好地完成本次活动的目标，需要做以下准备。

　　1）《春天的色彩》的PPT、《嘀哩嘀哩》音乐伴奏。

　　2）小动物的卡片。

　　3）各种颜色的油画棒。

　　评析：

　　活动准备看似内容很多，但只说了物质准备，缺少经验准备的部分，并且对各种准备的用途和目的没有做出说明。值得肯定的是物质准备考虑较为周全，比较充分。

（六）说教法、学法

教学方法是老师有效传递信息、指导幼儿的途径。说教法主要说明在本次活动中将采用的教学方法和运用的教学手段，以及这样做的原因，要着重说明自己独创的做法。说教学方法时要根据教材的特点、幼儿的发展水平并结合教师的特长，说明选择某种教学方法的理论依据。在说教学方法时应注意以下事宜：①要注意多种方法的有机结合，体现活动的最优化；②要考虑语言领域本身的特点和幼儿的年龄特点，考虑本幼儿园、本班幼儿的实际情况做到从实际出发，具有可行性，还应考虑教师个人能力因素，做到扬长避短；③要分析所采用教法的依据。

教法是教师如何教，学法则是学生如何学、怎样学的问题。教师要说出教给幼儿哪些学习方法，培养幼儿哪些能力。老师说学法时要说出活动中幼儿怎样学习、依据是什么，以及自己在活动中如何激发幼儿的学习兴趣和探索欲望。说学法时应注意以下事宜：①学法应建立在对幼儿学情分析的基础上，根据活动的内容及活动目标，分析幼儿应采用怎样的学习方法来学习活动内容，这种学法的特点怎样，如何在活动中进行操作；②学法要考虑到幼儿学习的特殊性，要发挥幼儿的主体地位，注重参与法、练习法、小组合作等多种学法的综合运用。

知识拓展

小班语言活动"春天的色彩"的说教法、学法如下：

有效的教学方法能激发孩子的兴趣，为其自主、自动地探究学习提供了可能。本活动中教师将充当幼儿活动的支持者、合作者、引导者，力求形成"合作探究式的师幼互动"。我将选取以下教法组织活动。

1）情境教学法。活动中按散文所描绘的情景，将散文内容转化成形象直观的情景，利用这种方法进行教学不但能唤起幼儿对学习的兴趣，而且能让孩子们有身临其境、置身其中的感觉，便于更好地融入散文意境之中。

2）示范法。幼儿喜欢模仿并且模仿能力很强，在日常生活中我发现许多孩子模仿老师的动作、口吻，可以说惟妙惟肖，所以在本次活动中我采取了示范法，让孩子们模仿老师的语气，仿编散文。

在整个活动中遵循《纲要》理念，以幼儿为主体，让幼儿在看看、听听、说说、画画的轻松气氛中掌握活动的重、难点。幼儿的学法主要有以下两种。

1）游戏法。游戏可以让幼儿感受活动的快乐，并且通过游戏巩固所学的知识。活动过程中，幼儿在游戏中感受春天的色彩，并通过创编的游戏提高幼儿的思维能力和语言表达能力。

2）直观体验法。通过情景创设让幼儿在散文情景中直观体验，通过视觉和听觉相结合的方法进行感受。活动过程中我通过 PPT 的播放和生动的朗诵，让幼儿理解散文内容。

评析：

在小班语言活动"春天的色彩"中，教法和学法的选择能够贴近小班幼儿的年龄特点，体现游戏性、趣味性，并能综合运用多种方法，如教师的示范朗诵、幼儿的观察体验等，符合幼儿园语言活动的教学特点。

另外，能够结合教学设计中的教法、学法的具体使用情况做出简单说明，更具有针对性。

（七）说活动过程

说活动过程是说课的重点部分，反映教师的教学思想、教学风格与个性，只有通过活动过程设计的阐述，才能看到活动安排是否科学合理，是否具有艺术性。说活动过程是说明整个活动的流程，即各个活动环节的实施过程并进行理性的分析，在分析活动过程时应注意以下两个方面。

1. 说明活动各环节的设计和开展情况

说课中的活动环节不同于活动设计中的教学过程，面对不同的对象，要把各环节"说"出来，而非"讲"出来。说活动环节要注意环节之间的联系，并要详细说明设计意图，说清这样设计的依据是什么。

2. 说明各环节在活动目标完成过程中承担的任务

各个环节对目标的贡献值不同，在此要说明每个活动环节在活动目标完成过程中的作用是什么。

知识拓展

小班语言活动"春天的色彩"的说活动过程如下：

围绕以上活动目标和活动重、难点，同时把教法、学法渗透到活动过程中，我设计了以下几个活动环节。

1. 创设情境，引出主题

根据小班幼儿的年龄特点，幼儿思维具有具体形象性，通过播放课件第一张图片，为幼儿介绍小熊，以小熊为线索，从而引起幼儿的兴趣，引出主题。

提问：小朋友们你们认识这个小动物吗？对，它的名字就叫小熊。今天啊老师要讲的内容就是关于小熊的。

2. 继续播放课件，朗诵散文

1）小班幼儿的无意注意占优势，只是单纯的看图或单纯的讲述会让幼儿失去兴趣，所以我采用边出示图片边朗诵的方式，把视觉和听觉相结合，从而让幼儿更好地把握散文内容。

提问：都有谁告诉了小熊春天是什么颜色的，它是怎么说的？

幼儿回答，教师总结：春天来了，小草变绿了，所以小草告诉小熊，春天是嫩

嫩的、绿色的。草莓是甜甜的、红红的，所以草莓告诉小熊春天是甜甜的红色。春天来了，天气暖和了，小白兔也蹦蹦跳跳地出来了，小白兔告诉小熊春天是跳跳的白色。

2）通过提问引导幼儿思考日常常见的事物，从而不断发展幼儿的思维能力，如你们认为谁还会告诉小熊，春天是什么样子的。

3. 迁移经验，画出春天的颜色

单纯的语言或图片会让活动过于单调，不易激发幼儿的积极性，我根据活动内容迁移幼儿的生活经验，把活动运用到动手操作上，从而保持幼儿的兴趣，活动中我请幼儿选择自己喜欢的图片，并且为图片涂上颜色。

4. 学习创编，体验成功的快乐

1）粘贴小熊、小草、草莓、小兔的图片，引导幼儿回忆PPT的内容，随着粘贴图片，重温一遍散文。

2）请幼儿把自己涂了颜色的图片贴到黑板上，并引导幼儿说出如：小鸭子告诉小熊春天是什么颜色的。

3）连接课件的内容，将幼儿创编的内容一起朗诵一遍。

小班幼儿年龄偏小，散文仿编的重点只要求幼儿在原有的基础上进行词语替换，通过改换每个词来体现散文的变化，为帮助幼儿掌握思路，我采用直观形象的教具，让幼儿借助图片来仿编。

5. 结束活动

春天的色彩如此美丽，让我们伴随美丽的春天色彩唱歌跳舞吧（播放《嘀哩嘀哩》歌曲）。通过唱歌跳舞结束这个活动。

评析：

1）案例中教师以第一人称的口吻，对"春天的色彩"进行了活动过程的阐述。活动环节的设计思路阐述清楚，对于每个活动环节的理论依据都进行了说明，并较为详细地阐述了每个环节的实施情况。

2）但对于每个环节的教育效果并没有做出更具有针对性的说明，特别是没有具体说明各环节在活动目标完成中承担的任务，没有说明每个活动环节在活动目标完成过程中的作用是什么。

3）最好对于活动时间流程做出估算。

四、学前儿童语言教育说课训练对教师的基本要求

（一）教师仪态方面

学前儿童语言教育说课训练在教师仪态方面要求仪表端庄，教态自然。教师仪态是指教师在教育教学过程中通过着装、表情、眼神、动作传达信息，辅助教育教学活动开展，其特点是具有极强的直观性。说课中教师应注意以下几方面。

1. 教师着装

服饰要整洁、大方，应符合幼儿教师的形象特点，符合幼儿教师职业的要求，颜色、

款式大方得体；可以化淡妆，但不要浓妆艳抹。

2. 表情

表情要恰当得体，表情要与说课内容相对应，生动的表情变化可以有效地辅助说课内容，给人以深刻的印象。要避免一味微笑的表情，也要避免过于生动、变化频繁的表情动作，这类行为会给人留下不好的印象。

3. 眼神

说课的对象主要是教师、同学、专家等，眼神要平等、亲切，多与听课对象进行目光接触，目光不宜移动过快，平等和亲切是眼神和表情的关键。有些学生在说课时，习惯眼睛始终看斜下方或者斜上方，这都是应该避免的。

4. 动作

说课中要注意站位，说课不同于讲课，一般应站在听课老师和学生的前方，建议侧身站位，方便展示教具和课件。站位是应保证所有听课的老师和学生都能看到说课者的正面或者侧面，不要出现背面对人的不礼貌行为。

走路和站立姿势应端庄大方，移动缓慢，不频繁移动，站姿和走路姿势要符合礼仪要求。

手势动作有助于说话、表达教师的思维，手势应舒展自如，切忌机械单一。

（二）教师语言方面

在说课语言方面，教师应说话流利、表达顺畅、有感染力、自然、富有逻辑性、普通话标准并富有情感。

说课不同于背稿子，应语速适中，缓缓道来；说课的语言要简洁，不要太啰唆，用最少的语言说清自己的观点；不要有无意义的口头语或语气词。

（三）多媒体课件制作方面

多媒体课件是说课的辅助手段之一，在条件允许的情况下建议使用。若条件不允许，也可以使用板书等方式进行辅助。

多媒体课件作为辅助手段，具有提示作用，既可以给说课者提示说课内容，也可以为听课者提供理解上的辅助。在说课中有的多媒体课件将说课稿的所有内容都呈现出来，说课变成了念课件。说课中多媒体课件制作的要求如下。

1）体现提示性，最好使用带有索引页形式的课件，方便听课教师和学生理解说课的流程和内容。

2）体现内容的关键点和逻辑性，不要把所有的内容都呈现在幻灯片上，只选择关键性内容，有条理的呈现，也可以在课件上采用图片、动画等方式来辅助阐述说课内容。

3）页面美观，操作简单。每页课件只呈现一个知识点，如教材分析单独一页等；课件的字体、构图、配色要美观大方；课件上不要出现过多的装饰，如跟说课无关的动画效果等，以免分散听课者的注意力。

案例评析

案例8.1　中班语言活动"香喷喷的轮子"活动设计

活动目标

1）理解故事内容，丰富词汇：香喷喷、圆溜溜、绊、扛。

2）能大胆想象故事情节，并用比较连贯的语言进行表达。

3）感受故事情节的有趣，体验助人的快乐。

活动准备

"香喷喷的轮子"课件。

活动过程

1. 出示图片，激发幼儿想象，引出故事

出示巧克力豆图片，提问：这是什么啊，它是什么样子的？它是什么味道的？（圆溜溜、香喷喷）除了吃以外，它还可以用来做什么？

2. 教师通过先猜后讲，引导幼儿学习理解故事

教师先通过提问引导幼儿对故事内容进行大胆猜想，然后再讲述故事。

提问：

1）是什么绊倒了小松鼠？小松鼠会用圆溜溜、香喷喷的巧克力做什么？

2）小松鼠的四轮车变成了两轮车，这是怎么回事？

3）小松鼠会怎么帮助小鸡呢？

4）小松鼠的两轮车为什么变成了独轮车？

5）小松鼠会怎么帮助老爷爷呢？

6）最后小松鼠连一个轮子都没有了，这又是怎么回事呢？

3. 教师完整讲述故事，深化提升幼儿对故事的理解

教师用富有表现力的声音、配合到位的表情动作将故事完整地呈现给幼儿，并提问：为什么轮子是香喷喷的？你喜欢小松鼠吗？为什么？

4. 教师通过谈谈说说，迁移幼儿的经验

教师提问：假如你有辆漂亮的小汽车，你会怎样用它帮助别人？引导幼儿展开讨论，先是同伴间讲述，然后教师示范讲述，最后请几个幼儿在集体面前讲述。

5. 结束活动

教师总结：今天我们一起听了一个好听的故事：香喷喷的轮子，咱们把这个好听的故事表演出来好不好？将幼儿引到活动区，活动结束。

中班语言活动"香喷喷的轮子"说课稿

1. 教材分析

"香喷喷的轮子"选自山东省省编教材中班上学期主题四"我在马路边"，次主题——"我看到的车"。巧克力豆是幼儿喜欢的食品，小松鼠是幼儿喜欢的动物。《香喷喷的轮子》中小松鼠用巧克力豆做车轮帮助小鸡和老爷爷，从而得到了意外的惊喜。故事告诉

幼儿在帮助别人的同时自己也会收获快乐。这个故事语言通俗易懂，情节引人入胜，既贴近幼儿生活，切合幼儿的认知水平，又富有教育意义，符合《幼儿园教育指导纲要（试行）》的要求：在选择活动时既要贴近幼儿的生活来选择他们感兴趣的事物和问题，又要有助于拓展幼儿的经验和视野。

2. 幼儿分析

中班时期是幼儿掌握语言最迅速的时期，幼儿的听觉和语言器官逐步趋向完善，具备了正确发出语音的条件。中班幼儿已经能够说完整句，能够比较连贯地表达自己的想法，喜欢和老师同伴交谈，但有时讲话断断续续，因为幼儿还不能记清事物现象和行为动作之间的联系，因此需要老师运用恰当的方法进行引导。

3. 说活动目标

基于对教材的分析和中班幼儿的年龄特征及实际情况，我制定了认知、能力、情感三方面的目标。

1）认知目标：理解故事内容，丰富词汇：香喷喷、圆溜溜、绊、扛。

2）能力目标：能大胆想象故事情节，并用比较连贯的语言进行表达。

3）情感目标：感受故事情节的有趣，体验助人的快乐。

4. 说重点、难点

中班幼儿处在词汇发展的关键期，这一时期他们的词汇量迅速增加，语言能力发展迅速，所以我将本次活动的重点指定为：理解故事内容，丰富词汇。难点是：能大胆想象故事情节，并用比较连贯的语言进行表达。

5. 说活动准备

为了使活动的趣味性、综合性和知识性协调统一，寓教于活动情境中，更好地完成本次活动的目标，我准备了"香喷喷的轮子"课件。

6. 说教法、学法

有效的教学方法能激发孩子的兴趣，为其自主自动的探究学习提供了可能。我选择的教法有：直观法、谈话法。在整个活动中遵循《幼儿园教育指导纲要（试行）》理念，以幼儿为主体，让幼儿在轻松的气氛中解决本次活动的重点、突破难点，完成教育目标。幼儿的学法主要有：观察法、讲述法。

7. 说活动过程

围绕以上活动目标和活动重、难点，同时把教法、学法渗透到活动过程，我设计了以下几个活动环节。

（1）激发想象，引出故事

出示巧克力的图片并提问：这是什么啊，它是什么样子的？它是什么味道的？除了吃以外，它还可以用来做什么？这个环节主要借助直观形象的图片，通过谈话讨论的方法，唤起幼儿的生活经验，激发幼儿的兴趣，引出主题。

（2）猜猜讲讲，理解故事

这个环节主要通过设置悬念的方法，让幼儿大胆地猜想故事，培养幼儿的思维能力。在播放图片前先提问，如"小松鼠的四轮车变成了两轮车，这是怎么回事？小松鼠的两轮车为什么变成了独轮车？最后小松鼠连一个轮子都没有了，这又是怎么回事呢？"

通过先猜后讲，引导幼儿大胆地猜想故事，培养幼儿的思维能力，并且结合幼儿的观察，运用生动的语言、丰富的肢体动作讲述故事情节，把鲜活的故事情节展现在孩子面前。这种呈现方式能够激发幼儿的好奇心和探究欲望，直观形象的图片和生动有趣的讲述更能帮助幼儿理解故事内容。此环节初步解决活动的重点。

（3）完整讲述，深化提升

教师用富有表现力的声音、配合到位的表情动作将故事完整地呈现给幼儿，并提问：为什么轮子是香喷喷的？你喜欢小松鼠吗？为什么？通过这一环节帮助幼儿加深对故事主题的理解，感受帮助别人的快乐。

（4）迁移经验，谈谈说说

教师提问：假如你有辆漂亮的小汽车，你会怎样用它帮助别人？引导幼儿展开讨论，先是同伴间讲述，然后教师示范讲述，最后请几个幼儿在集体面前讲述。这个环节旨在引导幼儿大胆想象故事情节，创造性地运用较为连贯的语言表达认识，体验语言交往的乐趣，进而突破活动的难点。

（5）总结拓展，自然延伸

教师总结：今天我们一起听了一个好听的故事——《香喷喷的轮子》，咱们把这个好听的故事表演出来好不好？将幼儿引到活动区，自然结束。这一设计旨在通过多种活动帮助幼儿加深对作品的体验和理解，同时将集体教学自然而然地拓展到区域活动。

《纲要》指出："语言能力是在运用的过程中发展起来的，发展幼儿语言的关键是创设一个能使他们想说、敢说、喜欢说、有机会说并能得到积极应答的环境。"这是我设计以上活动的核心理念。

活动评析

中班语言活动"香喷喷的轮子"活动设计符合文学作品学习活动的基本程序与要求。无论是活动内容的安排还是提问的设计，既科学合理，又富有启发性，层层递进，环环紧扣，能很好地体现《纲要》《指南》的精神，对发展幼儿的口头语言表达能力，培养幼儿"喜欢听故事、看图书"有很大的帮助，但在活动设计中没有预设活动的重点和难点是一个缺憾。

"香喷喷的轮子"说课项目齐全，条理清晰，既有"怎样做"，也有"为什么这样做"，可以说是有理有据。不足之处：一是活动目标如何实现，重点、难点怎样突破没有体现出来；二是活动准备过于简单，没有关于经验准备的内容，物质准备也只有课件一种，没有体现运用多种教学手段的要求；三是教法、学法表述过于简单，应结合活动过程具体说明如何运用；四是活动过程中虽然写了各个环节及设计依据，但各个环节在达到目标要求中所起的作用没有清楚地体现出来。

附：

香喷喷的轮子

一只小松鼠在草地上散步，它走着走着，一下子被绊了个大跟头。小松鼠低头一看，哇！草地上有 4 个圆溜溜、散发着香味的巧克力豆。它捡起一颗放到嘴边刚想吃，突然，想起了什么？停了下来。

　　原来，小松鼠做了一辆车，可是没有轮子，这4颗巧克力豆不正可以做车轮么？

　　小松鼠装好了车轮，开着小汽车在田野上跑。前面有两只毛茸茸的小鸡摇摇晃晃。原来，天气太热，都快把小鸡晒晕了。小松鼠连忙卸下两个车轮，在两边系上带子，给小鸡做了两顶太阳帽。小鸡感激地说："谢谢你，小松鼠。"现在只剩下两个轮子了。没关系，小松鼠把小汽车改成了两轮摩托车。

　　小松鼠开着摩托车又往前跑，看见一位老爷爷正在发愁。原来他的纽扣掉了一个。小松鼠又把一个巧克力车轮送给老爷爷当纽扣，老爷爷笑眯眯地说："谢谢你，小松鼠。"

　　只剩下一颗巧克力豆了。没关系，小松鼠把摩托车改成了独轮车，推着它在草地上继续走。走着走着，小松鼠觉得饿了，它把最后一个巧克力车轮吃了，"吧嗒吧嗒"吃得真香。没有了车轮，小松鼠只好自己扛着车厢走，好累啊。

　　小松鼠走着走着，忽然看见前面有一辆特别漂亮的小汽车。车厢上写着："送给可爱的小松鼠！"小松鼠开心极了！

案例8.2　大班语言活动"神奇的玻璃"活动设计

活动目标

1）理解故事中小白兔战胜大灰狼的办法，知道"神奇的玻璃"的含义。

2）了解凸透镜的成像特点及在生活中的应用。

3）乐意在集体面前交流与分享用放大镜看到的现象，增强自信。

活动准备

教具准备：故事幻灯片，放大镜人手一个，各种细小的材料若干。

知识经验准备：课前丰富幼儿相关知识经验和生活经验，并加以提取和整理。

活动过程

1）以谈话形式导入，激发幼儿听故事的兴趣。

① 引导幼儿说一说，自己见过什么样的玻璃。

② 以"小白兔有一块神奇的玻璃"引出故事。

2）引导幼儿欣赏故事前半部分（从开始一直到"小白兔想出了一个办法"），动脑筋想办法，发现玻璃的神奇之处。

① 请幼儿思考小白兔在玩时捡到了什么，它有什么惊奇的发现，猜想小白兔想出了一个什么好办法。

② 给幼儿每人一块放大镜，通过摸一摸、看一看，感知"玻璃"的神奇之处（能将物体放大）。启发幼儿讨论：怎样利用这块"神奇的玻璃"战胜大灰狼。

3）引导幼儿欣赏故事后半部分，感受小兔子的勇敢机智。

① 根据教学需要，可设计如下问题：小兔子是用什么办法吓跑大灰狼的？说明小兔子怎么样？

② 请幼儿看幼儿用书，进一步熟悉理解故事。

4）引导幼儿发现凸透镜在生活中的应用。

① 启发幼儿继续探索玻璃的神奇之处：看近的物体时，物体变大，看远的物体，

物体就会变小，而且物体是倒立的。这种"玻璃"就是凸透镜。

②组织幼儿进行生活经验讲述：你还在什么地方见过这样的镜子？交流凸透镜在生活中的用途。

5）活动延伸。

①请幼儿继续听故事《小花猫照镜子》，理解故事内容，巩固对哈哈镜知识的掌握。

②引导幼儿在活动区继续探索哈哈镜的秘密。

③请幼儿回家和爸爸妈妈一起搜索相关资料。

大班语言活动"神奇的玻璃"说课稿

1．教材分析

"神奇的玻璃"是山东省省编教材大班《光影大世界》主题下的一个语言教育活动。《纲要》指出："幼儿语言的发展与其情感、经验、思维、社会交往能力等其他方面的发展密切相关，因此，发展幼儿语言的重要途径是通过互相渗透的各领域的教育，在丰富多彩的活动中去扩展幼儿的经验，提供促进语言发展的条件。"《神奇的玻璃》语言生动活泼，形象特征鲜明，既蕴含丰富的语言教育内容，又有浅显的科学知识。故事中的小兔子、大灰狼是幼儿熟悉的文学形象，故事中神奇的玻璃——放大镜是幼儿常见的生活用品。因此这一内容的选择"既贴近幼儿的生活，又有助于拓展幼儿的经验和视野。"

2．幼儿分析

幼儿期是掌握语言的关键时期。心理学研究表明，大班幼儿口语表达能力已经有了进一步发展，能够完整地复述较长的故事，能看图编故事，还能连贯有条理地独立讲述。同时，大班幼儿精力充沛，富于幻想，也是开展科学启蒙教育的最佳时机。因此我选取了幼儿喜爱的动物形象作为故事主人公和放大镜这个幼儿既熟悉又陌生的东西，让幼儿在活动中了解它，既促进了幼儿语言的发展，又帮助幼儿形成积极探索的科学态度。

《纲要》指出，五大领域的内容相互渗透，从不同的角度促进幼儿情感、能力、知识等方面的发展，因此，根据幼儿的年龄特点和实际情况，以及幼儿已有的知识经验、发展水平，我确立了知识、能力、情感方面的目标，其中既有独立表达的成分，又有相互融合的一面。

3．说活动目标

知识目标：理解故事中小白兔战胜大灰狼的办法，知道"神奇的玻璃"的含义。

能力目标：了解凸透镜的成像特点及在生活中的应用。

情感目标：乐意在集体面前交流与分享用放大镜看到的现象，增强自信。

4．说重点、难点

为了更好地达成活动目标，我将理解故事中小白兔战胜大灰狼的办法作为活动的重点，将在故事、交流、观察、操作中了解凸透镜的成像特点及在生活中的应用作为活动的难点。

5．说活动准备

为更好地服务于本次活动的目标，使幼儿在活动过程中得到充分的表达和练习，需要做以下准备。

1）教具准备：故事幻灯片，放大镜人手一个，各种细小的材料若干。

2）知识经验准备：课前丰富幼儿相关知识经验和生活经验，并加以提取和整理。

6．说教法、学法

教育心理学认为"学习者同时开放多个感知通道，比只开放一个感知通道，能更准确有效地掌握学习对象。"根据幼儿的学习情况，本次活动我运用了直观法、提问法等教学方法。

1）直观法：因为幼儿思维具有明显的直观形象性，在幼儿语言教育中贯彻直观性原则非常重要。以课件的形式直接刺激幼儿的视听器官，能使教学进行得生动活泼。

2）提问法：采用提问法是因为提问能引导幼儿有目的地、仔细地观察，启发幼儿积极思维。

整个活动遵循《纲要》理念，以幼儿为主体，让幼儿在看看、听听、想想、说说、玩玩的轻松气氛中掌握活动的重点、难点。幼儿的学法主要有讨论谈话法、操作法等。

1）讨论谈话法：让幼儿在讨论、谈话中无拘无束地说出自己的理解与看法，是幼儿提高口语表达水平的好方法。

2）操作法：为幼儿提供放大镜等物品，让幼儿通过自己的探索、尝试，发现放大镜的成像特点。

"神奇的玻璃"虽然是一个语言活动，但蕴含科学领域的内容，体现出很强的整合性特点。我采用设疑导入，激发兴趣—理解故事，感受特征—操作体验，发现原理—交流分享，提升认识的教学流程，将语言活动与科学领域的内容有机整合在一起，达到活动目标与幼儿兴趣的最优化组合。

7．说活动过程

第一环节：设疑导入，激发兴趣。

"兴趣是最好的老师"，活动一开始，我以谈话的形式导入：小白兔的玻璃有多么神奇？简明而有吸引力，激发幼儿听故事的兴趣。

第二环节：理解故事，感受特征。

1）引导幼儿欣赏故事的前半部分（从一开始到"小白兔想出了个好办法"），动脑筋想办法，发现玻璃的神奇之处。

请幼儿思考怎样利用这块神奇的玻璃战胜大灰狼。

2）引导幼儿欣赏故事后半部分，感受小兔子的勇敢机智。

3）让幼儿观看课件，帮助幼儿完整的理解故事。

在讲述故事的过程中进行提问，可以有效养成幼儿倾听的习惯，更能鼓励幼儿大胆、清楚地表达自己的想法和感受。

第三环节：操作体验，发现原理。

发给幼儿每人一块放大镜，通过动手操作，观察放大镜与普通玻璃的不同，感知放大镜的神奇（能将物体放大）。启发幼儿讨论放大镜的特点，待幼儿讨论完以后，教师小结放大镜的神奇之处。

通过听故事，幼儿已初步了解放大镜的功能，通过操作探究，发现放大镜的原理并用语言表达，既培养了幼儿的科学态度与精神，又实现了语言目标。

第四环节：交流分享，提升认识。

组织幼儿进行生活经验讲述，"你还在什么地方见过这样的镜子？"引导幼儿交流分享凸透镜在生活中的应用，引导幼儿能用较完整的语言进行表述，拓展生活经验，增进幼儿的主动性和自信心。

在本次活动中，我把教学的意图、内容、形式有机地交织在一起，通过视听结合、操作、交流、表达的形式，使幼儿更容易理解故事的内容，更能激发起探究的欲望，从而达到活动目标。

活动评析

大班语言活动"神奇的玻璃"属于语言教育活动中的故事教学。本活动设计较好地体现了故事教学活动的设计与组织要求，先通过边讲边问的方式引导幼儿分段理解故事内容，然后完整感知故事，接着针对故事中蕴含的科学元素进行了大胆的整合，巧妙地融入了科学教学的内容，引导幼儿操作体验，发现原理，最后又通过生活经验讲述，将科学发现和语言表述很好地结合起来。活动延伸的设计考虑非常全面，三个方向既有语言领域的深化，也有区域活动，还有家园合作的内容。

"神奇的玻璃"的说课稿中没有说教材、说教法之类的标题，整篇文字叙述连贯，前后衔接自然，对教材分析、幼儿分析都很到位，但是从目标分析开始，出现了这样那样的问题，突出表现为对于设计的理论依据挖掘得很不到位，特别是教法、学法部分，轻轻带过，没有结合活动过程加以说明；活动过程各环节在实现目标中所起的作用没有很好地体现出来。

附：

神奇的玻璃

今天的天气真好，太阳暖融融地照在碧绿的草地上，小兔子蹦蹦跳跳地出去采蘑菇。

忽然，草丛中出现了一个亮晶晶的东西，"咦，这是什么东西呀？"小兔子急忙走过去一看，原来是一块玻璃。小兔子高兴地把它捡起来，拿在手里看来看去，"咦，我的手怎么变大了？这是我的手吗？"小兔子透过玻璃看虫子，又惊奇地发现虫子也变大了，"这么大的虫子啊！嘻嘻，真有意思。"小兔子眼睛瞪得大大的，惊喜地看着自己捡到的玻璃。

这一切被树丛里的老狼看到了，他对这块玻璃也很好奇，"那是什么宝贝啊？我得把它抢过来。"于是，老狼飞快地跑到小兔子面前，假惺惺地对小兔子说："呵呵，亲爱的小兔子，我们交个朋友吧，把你手里的那个东西送给我吧！"

"不，不，我不跟你交朋友，也不给你这块玻璃。"小兔子坚定地说。

"好你个小兔子，你敢不服从我。"大灰狼露出了恶狠狠的模样，凶狠地对小兔子说："等着吧，今天晚上我来吃掉你！"

不知不觉月亮爬上了天空，美丽的夜晚到了。可是，小兔子的心情糟糕透了，他看着那块神奇的玻璃，呜呜地哭了起来，"哎哟，这可怎么办呢？"小兔子的眼泪一滴一滴地滴到那块神奇的玻璃上，看着这块神奇的玻璃，忽然小兔子眼珠一转，灵机一动，"哇，有了！"小兔子想出了一个好办法。

小兔子拿起这块神奇的玻璃，把它小心地镶在了自己家的窗户上。

夜深了，凶狠的大灰狼来了，他趴在窗户上往里瞧，想看看小白兔在做什么。忽然大灰狼惊呆了，他简直不敢相信自己的眼睛，"小兔子搞的什么鬼啊！"只听见小兔子在不停地说："变大变大，快变大，大灰狼怎么还不来啊，我等着剥他的皮呢！"

"啊啊，兔子饶命啊！"看着越变越高大地小兔子，大灰狼吓得瑟瑟发抖，赶紧夹着尾巴逃跑了。

同步训练

一、思考训练

有人认为，说课就是说说这节课自己是怎么上的，是上课前的活动。你是如何看待这一问题的？

二、实践实训

1. 请写出小班语言活动"爱吃水果的牛"的教案和说课稿。

2. 观看自己的微格教学视频，按照讲课训练中对教师的基本要求，从体态语和语言方面进行自我评价，并形成300字左右的文字。

3. 观看自己的说课录像，按照说课训练中对教师的基本要求，从体态语和语言方面进行自我评价，并形成300字左右的文字。

主要参考文献

白美德，裘天锦，1985．说"哭、笑、着急"（大班生活经验讲述课教案评析）[J]．幼儿教育（4）．

毕少婷，2015．大班语言活动：情境讲述"堆积木"[J]．教育导刊（幼儿教育）（5）：49-52．

陈亮，朱德全，2007．幼儿语言游戏的本质特点、指导原则及策略[J]．学前教育研究（10）：47-49．

陈箴，2003．谈话活动生气的时候[J]．早期教育（7）：30．

程妍涛，2007．孩子发音不准怎么办[J]．幼儿教育（8）：36-37．

戴丽，2009．赏识学前儿童的争论[J]．教育导刊（下半月）（6）：50．

冯婉桢，2013．学前儿童语言教育[M]．郑州：郑州大学出版社．

龚维，2007．中班听说游戏：伞儿撑起来[J]．早期教育（教师版）（5）：39．

管旅华，2013．《3～6岁儿童学习与发展指南》案例式解读[M]．上海：华东师范大学出版社．

何芙蓉，胡陵，2013．学前儿童语言教育[M]．成都：西南交通大学出版社．

黄敏君，2014．中班语言活动：花园里有什么[J]．早期教育（4）：46．

黄秋玲，2011．小班儿歌《水果宝宝去旅行》案例分析[J]．小学科学（教师论坛）（5）：132．

霍力岩，2000．学前教育评价[M]．北京：北京师范大学出版社．

姜晓燕，郭咏梅，2011．学前儿童语言教育[M]．北京：高等教育出版社．

教育部教育管理信息中心，2011．全国优秀幼儿语言教育活动课例评析[M]．重庆：西南师范大学出版社．

李辉，1996．宝宝快说话：19～21个月儿童语言的发展[J]．幼儿教育，（z1）：52-53．

李利，1999．图书阅读：小熊上天[J]．教育导刊（6）．

梁旭东，2007．学前儿童语言教育[M]．北京：中央广播电视大学出版社．

廖梦云，2014．中班语言活动：梨子小提琴[J]．教育导刊（下半月）（6）：42-45．

倪华，2013．日常交谈中幼儿语言发展的指导策略[J]．江苏教育研究（9）：42-43．

钱珠红，2007．中班语言活动：手指编故事[J]．早期教育（5）：44．

谭小明，2010．小班语言活动猜猜这是谁[J]．教育导刊（下半月）（3）：50-51．

王佩佳，徐杰，2013．学前儿童语言教育[M]．镇江：江苏大学出版社．

王兴娟，2010．中班语言活动夏天的歌[J]．教育导刊（下半月）（9）：48-49．

吴益斐，徐岭，2000．吉张牛观察日记[J]．山东教育（幼教版）（27）．

肖海月，2014．大班语言活动：绕口令《天上有星》[J]．早期教育（1）：39．

邢贯荣，2002．中班语言活动：神奇的小火车[J]．教育导刊（22）：34-36．

熊家琅，1982．大班语言课《编谜语》教案[J]．幼儿教育（5）：14．

许金玲，2013．大班语言活动：趣味"子字歌"[J]．教育导刊（下半月）（7）：54-56．

颜晓燕，2010．试论早期阅读的整合特征[J]．安康学院学报（20）．

颜晓燕，2010．试析早期阅读与讲述教学指导的差异[J]．宿州学院学报（4）．

姚伟，崔迪，2007．当前幼儿园档案袋评价存在的问题与解决对策[J]．学前教育研究（2）：31-33．

张加蓉，卢伟，2009．学前儿童语言教育活动指导[M]．上海：复旦大学出版社．

张明红，2006．学前儿童语言教育（修订版）[M]．上海：华东师范大学出版社．

张明红，2007．早期阅读材料的选择[J]．幼儿教育（教育科学版）（9）．

张明红，2010．学前儿童语言教育[M]．北京：高等教育出版社．

张天军，2012．学前儿童语言教育[M]．上海：复旦大学出版社．

张小青，2013．大班看图讲述活动：大象救小兔[J]．早期教育（1）：44-45．

赵寄石，楼必生，1993．学前儿童语言教育[M]．北京：人民教育出版社．

郑慧俐，季燕，2014．学前儿童语言教育[M]．南京：南京大学出版社．

郑佳珍，朱炳昌，2004．学前儿童语言教育指导[M]．北京：高等教育出版社．

周兢，程晓樵，1996．幼儿园语言教育活动设计与组织[M]．北京：人民教育出版社．

朱海琳，2009．学前儿童语言教育［M］．北京：科学出版社．

朱娜珍，2011．幼儿教师开展早期阅读活动前的准备［J］．学前教育研究（10）：67-69．

祝士媛，2010．学前儿童语言教育［M］．2版．北京：北京师范大学出版社．

山东学前教育网 http://www.sdchild.com/

上海学前教育网 http://www.age06.com/age06.web/

小精灵儿童网 http://www.060s.com/

中国学前教育网 http://web.preschool.net.cn

中国婴幼儿教育网 http://www.baby-edu.com/

中国幼儿教师网 http://www.yejs.com.cn/

中小学教师资格考试网 http://www.studyez.com/Special/www_ntce_cn/

附 录
3～6 岁儿童学习与发展指南

（2012 年 9 月）

说 明

1）为深入贯彻《国家中长期教育改革和发展规划纲要（2010—2020 年）》和《国务院关于当前发展学前教育的若干意见》（国发〔2010〕41 号），指导幼儿园和家庭实施科学的保育和教育，促进幼儿身心全面和谐发展，制定《3～6 岁儿童学习与发展指南》（以下简称《指南》）。

2）《指南》以为幼儿后继学习和终身发展奠定良好素质基础为目标，以促进幼儿体、智、德、美各方面的协调发展为核心，通过提出 3～6 岁各年龄段儿童学习与发展目标和相应的教育建议，帮助幼儿园教师和家长了解 3～6 岁幼儿学习与发展的基本规律和特点，建立对幼儿发展的合理期望，实施科学的保育和教育，让幼儿度过快乐而有意义的童年。

3）《指南》从健康、语言、社会、科学、艺术五个领域描述幼儿的学习与发展。每个领域按照幼儿学习与发展最基本、最重要的内容划分为若干方面。每个方面由学习与发展目标和教育建议两部分组成。

目标部分分别对 3～4 岁、4～5 岁、5～6 岁三个年龄段末期幼儿应该知道什么、能做什么，大致可以达到什么发展水平提出了合理期望，指明了幼儿学习与发展的具体方向；教育建议部分列举了一些能够有效帮助和促进幼儿学习与发展的教育途径与方法。

4）实施《指南》应把握以下几个方面。

① 关注幼儿学习与发展的整体性。儿童的发展是一个整体，要注重领域之间、目标之间的相互渗透和整合，促进幼儿身心全面协调发展，而不应片面追求某一方面或几方面的发展。

② 尊重幼儿发展的个体差异。幼儿的发展是一个持续、渐进的过程，同时也表现出一定的阶段性特征。每个幼儿在沿着相似进程发展的过程中，各自的发展速度和到达某一水平的时间不完全相同。要充分理解和尊重幼儿发展进程中的个别差异，支持和引导他们从原有水平向更高水平发展，按照自身的速度和方式到达《指南》所呈现的发展"阶梯"，切忌用一把"尺子"衡量所有幼儿。

③ 理解幼儿的学习方式和特点。幼儿的学习是以直接经验为基础，在游戏和日常

生活中进行的。要珍视游戏和生活的独特价值，创设丰富的教育环境，合理安排一日生活，最大限度地支持和满足幼儿通过直接感知、实际操作和亲身体验获取经验的需要，严禁"拔苗助长"式的超前教育和强化训练。

④ 重视幼儿的学习品质。幼儿在活动过程中表现出的积极态度和良好行为倾向是终身学习与发展所必需的宝贵品质。要充分尊重和保护幼儿的好奇心和学习兴趣，帮助幼儿逐步养成积极主动、认真专注、不怕困难、敢于探究和尝试、乐于想象和创造等良好学习品质。忽视幼儿学习品质培养，单纯追求知识技能学习的做法是短视而有害的。

一、健康

健康是指人在身体、心理和社会适应方面的良好状态。幼儿阶段是儿童身体发育和机能发展极为迅速的时期，也是形成安全感和乐观态度的重要阶段。发育良好的身体、愉快的情绪、强健的体质、协调的动作、良好的生活习惯和基本生活能力是幼儿身心健康的重要标志，也是其他领域学习与发展的基础。

为有效促进幼儿身心健康发展，成人应为幼儿提供合理均衡的营养，保证充足的睡眠和适宜的锻炼，满足幼儿生长发育的需要；创设温馨的人际环境，让幼儿充分感受到亲情和关爱，形成积极稳定的情绪情感；帮助幼儿养成良好的生活与卫生习惯，提高自我保护能力，形成使其终身受益的生活能力和文明生活方式。

幼儿身心发育尚未成熟，需要成人的精心呵护和照顾，但不宜过度保护和包办代替，以免剥夺幼儿自主学习的机会，养成过于依赖的不良习惯，影响其主动性、独立性的发展。

（一）身心状况

目标 1　具有健康的体态

3～4 岁	4～5 岁	5～6 岁
1. 身高和体重适宜。参考标准： 男孩 身高：94.9～111.7 厘米 体重：12.7～21.2 公斤 女孩 身高：94.1～111.3 厘米 体重：12.3～21.5 公斤	1. 身高和体重适宜。参考标准： 男孩 身高：100.7～119.2 厘米 体重：14.1～24.2 公斤 女孩 身高：99.9～118.9 厘米 体重：13.7～24.9 公斤	1. 身高和体重适宜。参考标准： 男孩 身高：106.1～125.8 厘米 体重：15.9～27.1 公斤 女孩 身高：104.9～125.4 厘米 体重：15.3～27.8 公斤
2. 在提醒下能自然坐直、站直	2. 在提醒下能保持正确的站、坐和行走姿势	2. 经常保持正确的站、坐和行走姿势

注：身高和体重数据来源于《2006 年世界卫生组织儿童生长标准》4～6 周岁儿童身高和体重的参考数据。

教育建议：

1）为幼儿提供营养丰富、健康的饮食。如：

① 参照《中国孕期、哺乳期妇女和 0～6 岁儿童膳食指南》，为幼儿提供谷物、蔬菜、水果、肉、奶、蛋、豆制品等多样化的食物，均衡搭配。

② 烹调方式要科学，尽量少煎炸、烧烤、腌制。

2）保证幼儿每天睡 11～12 小时，其中午睡一般应达到 2 小时左右。午睡时间可根据幼儿的年龄、季节的变化和个体差异适当减少。

3）注意幼儿的体态，帮助他们形成正确的姿势。如：

① 提醒幼儿要保持正确的站、坐、走姿势；发现有八字脚、罗圈腿、驼背等骨骼发育异常的情况，应及时就医矫治。

② 桌、椅和床要合适。椅子的高度以幼儿写画时双脚能自然着地、大腿基本保持水平状为宜；桌子的高度以写画时身体能坐直，不驼背、不耸肩为宜；床不宜过软。

4）每年为幼儿进行健康检查。

目标 2　情绪安定愉快

3～4 岁	4～5 岁	5～6 岁
1. 情绪比较稳定，很少因一点小事哭闹不止。 2. 有比较强烈的情绪反应时，能在成人的安抚下逐渐平静下来	1. 经常保持愉快的情绪，不高兴时能较快缓解。 2. 有比较强烈情绪反应时，能在成人提醒下逐渐平静下来。 3. 愿意把自己的情绪告诉亲近的人，一起分享快乐或求得安慰	1. 经常保持愉快的情绪。知道引起自己某种情绪的原因，并努力缓解。 2. 表达情绪的方式比较适度，不乱发脾气。 3. 能随着活动的需要转换情绪和注意

教育建议：

1）营造温暖、轻松的心理环境，让幼儿形成安全感和信赖感。如：

① 保持良好的情绪状态，以积极、愉快的情绪影响幼儿。

② 以欣赏的态度对待幼儿。注意发现幼儿的优点，接纳他们的个体差异，不简单与同伴做横向比较。

③ 幼儿做错事时要冷静处理，不厉声斥责，更不能打骂。

2）帮助幼儿学会恰当表达和调控情绪。如：

① 成人用恰当的方式表达情绪，为幼儿做出榜样。如生气时不乱发脾气，不迁怒于人。

② 成人和幼儿一起谈论自己高兴或生气的事，鼓励幼儿与人分享自己的情绪。

③ 允许幼儿表达自己的情绪，并给予适当的引导。如幼儿发脾气时不硬性压制，等其平静后告诉他什么行为是可以接受的。

④ 发现幼儿不高兴时，主动询问情况，帮助他们化解消极情绪。

目标 3　具有一定的适应能力

3～4 岁	4～5 岁	5～6 岁
1. 能在较热或较冷的户外环境中活动。 2. 换新环境时情绪能较快稳定，睡眠、饮食基本正常。 3. 在帮助下能较快适应集体生活	1. 能在较热或较冷的户外环境中连续活动半小时左右。 2. 换新环境时较少出现身体不适。 3. 能较快适应人际环境中发生的变化，如换了新老师能较快适应	1. 能在较热或较冷的户外环境中连续活动半小时以上。 2. 天气变化时较少感冒，能适应车、船等交通工具造成的轻微颠簸。 3. 能较快融入新的人际关系环境，如换了新的幼儿园或班级能较快适应

教育建议：

1）保证幼儿的户外活动时间，提高幼儿适应季节变化的能力。

① 幼儿每天的户外活动时间一般不少于 2 小时，其中体育活动时间不少于 1 小时，

季节交替时要坚持。

② 气温过热或过冷的季节或地区应因地制宜，选择温度适当的时间段开展户外活动，也可根据气温的变化和幼儿的个体差异，适当减少活动的时间。

2）经常与幼儿玩拉手转圈、秋千、转椅等游戏活动，让幼儿适应轻微的摆动、颠簸、旋转，促进其平衡机能的发展。

3）锻炼幼儿适应生活环境变化的能力。如：

① 注意观察幼儿在新环境中的饮食、睡眠、游戏等方面的情况，采取相应的措施帮助他们尽快适应新环境。

② 经常带幼儿接触不同的人际环境，如参加亲戚朋友聚会，多和不熟悉的小朋友玩，使幼儿较快适应新的人际关系。

（二）动作发展

目标1　具有一定的平衡能力，动作协调、灵敏

3~4岁	4~5岁	5~6岁
1. 能沿地面直线或在较窄的低矮物体上走一段距离。 2. 能双脚灵活交替上下楼梯。 3. 能身体平稳地双脚连续向前跳。 4. 分散跑时能躲避他人的碰撞。 5. 能双手向上抛球	1. 能在较窄的低矮物体上平稳地走一段距离。 2. 能以匍匐、膝盖悬空等多种方式钻爬。 3. 能助跑跨跳过一定距离，或助跑跨跳过一定高度的物体。 4. 能与他人玩追逐、躲闪跑的游戏。 5. 能连续自抛自接球	1. 能在斜坡、荡桥和有一定间隔的物体上较平稳地行走。 2. 能以手脚并用的方式安全地爬攀登架、网等。 3. 能连续跳绳。 4. 能躲避他人滚过来的球或扔过来的沙包。 5. 能连续拍球

教育建议：

1）利用多种活动发展身体平衡和协调能力。如：

① 走平衡木，或沿着地面直线、田埂行走。

② 玩跳房子、踢毽子、蒙眼走路、踩小高跷等游戏活动。

2）发展幼儿动作的协调性和灵活性。如：

① 鼓励幼儿进行跑跳、钻爬、攀登、投掷、拍球等活动。

② 玩跳竹竿、滚铁环等传统体育游戏。

3）对于拍球、跳绳等技能性活动，不要过于要求数量，更不能机械训练。

4）结合活动内容对幼儿进行安全教育，注重在活动中培养幼儿的自我保护能力。

目标2　具有一定的力量和耐力

3~4岁	4~5岁	5~6岁
1. 能双手抓杠悬空吊起10秒左右。 2. 能单手将沙包向前投掷2米左右。 3. 能单脚连续向前跳2米左右。 4. 能快跑15米左右。 5. 能行走1公里左右（途中可适当停歇）	1. 能双手抓杠悬空吊起15秒左右。 2. 能单手将沙包向前投掷4米左右。 3. 能单脚连续向前跳5米左右。 4. 能快跑20米左右。 5. 能连续走1.5公里左右（途中可适当停歇）	1. 能双手抓杠悬空吊起20秒左右。 2. 能单手将沙包向前投掷5米左右。 3. 能单脚连续向前跳8米左右。 4. 能快跑25米左右。 5. 能连续走行1.5公里以上（途中可适当停歇）

教育建议：

1）开展丰富多样、适合幼儿年龄特点的各种身体活动，如走、跑、跳、攀、爬等，鼓励幼儿坚持下来，不怕累。

2）日常生活中鼓励幼儿多走路、少坐车；自己上下楼梯、自己背包。

目标 3　手的动作灵活协调

3～4 岁	4～5 岁	5～6 岁
1. 能用笔涂涂画画。 2. 能熟练地用勺子吃饭。 3. 能用剪刀沿直线剪，边线基本吻合	1. 能沿边线较直地画出简单图形，或能边线基本对齐地折纸。 2. 会用筷子吃饭。 3. 能沿轮廓线剪出由直线构成的简单图形，边线吻合	1. 能根据需要画出图形，线条基本平滑。 2. 能熟练使用筷子。 3. 能沿轮廓线剪出由曲线构成的简单图形，边线吻合且平滑。 4. 能使用简单的劳动工具或用具

教育建议：

1）创造条件和机会，促进幼儿手的动作灵活协调。如：

① 提供画笔、剪刀、纸张、泥团等工具和材料，或充分利用各种自然、废旧材料和常见物品，让幼儿进行画、剪、折、粘等美工活动。

② 引导幼儿生活自理或参与家务劳动，发展其手的动作，如练习自己用筷子吃饭、扣扣子，帮助家人择菜叶、做面食等。

③ 幼儿园在布置娃娃家、商店等活动区时，多提供原材料和半成品，让幼儿有更多机会参与制作活动。

2）引导幼儿注意活动安全。如：

① 为幼儿提供的塑料粒、珠子等活动材料要足够大，材质要安全，以免造成异物进入气管、铅中毒等伤害。提供幼儿用安全剪刀。

② 为幼儿示范拿筷子、握笔的正确姿势以及使用剪刀、锤子等工具的方法。

③ 提醒幼儿不要拿剪刀等锋利工具玩耍，用完后要放回原处。

（三）生活习惯与生活能力

目标 1　具有良好的生活与卫生习惯

3～4 岁	4～5 岁	5～6 岁
1. 在提醒下，按时睡觉和起床，并能坚持午睡。 2. 喜欢参加体育活动。 3. 在引导下，不偏食、挑食。喜欢吃瓜果、蔬菜等新鲜食品。 4. 愿意饮用白开水，不贪喝饮料。 5. 不用脏手揉眼睛，连续看电视等不超过 15 分钟。 6. 在提醒下，每天早晚刷牙、饭前便后洗手	1. 每天按时睡觉和起床，并能坚持午睡。 2. 喜欢参加体育活动。 3. 不偏食、挑食，不暴饮暴食。喜欢吃瓜果、蔬菜等新鲜食品。 4. 常喝白开水，不贪喝饮料。 5. 知道保护眼睛，不在光线过强或过暗的地方看书，连续看电视等不超过 20 分钟。 6. 每天早晚刷牙、饭前便后洗手，方法基本正确	1. 养成每天按时睡觉和起床的习惯。 2. 能主动参加体育活动。 3. 吃东西时细嚼慢咽。 4. 主动饮用白开水，不贪喝饮料。 5. 主动保护眼睛。不在光线过强或过暗的地方看书，连续看电视等不超过 30 分钟。 6. 每天早晚主动刷牙，饭前便后主动洗手，方法正确

教育建议：

1）让幼儿保持有规律的生活，养成良好的作息习惯。如早睡早起、每天午睡、按时进餐、吃好早餐等。

2）帮助幼儿养成良好的饮食习惯。如：

① 合理安排餐点，帮助幼儿养成定点、定时、定量进餐的习惯。

② 帮助幼儿了解食物的营养价值，引导他们不偏食不挑食、少吃或不吃不利于健康的食品；多喝白开水，少喝饮料。

③ 吃饭时不过分催促，提醒幼儿细嚼慢咽，不要边吃边玩。

3）帮助幼儿养成良好的个人卫生习惯。如：

① 早晚刷牙、饭后漱口。

② 勤为幼儿洗澡、换衣服、剪指甲。

③ 提醒幼儿保护五官，如不乱挖耳朵、鼻孔，看电视时保持3米左右的距离等。

4）激发幼儿参加体育活动的兴趣，养成锻炼的习惯。如：

① 为幼儿准备多种体育活动材料，鼓励他选择自己喜欢的材料开展活动。

② 经常和幼儿一起在户外运动和游戏，鼓励幼儿和同伴一起开展体育活动。

③ 和幼儿一起观看体育比赛或有关体育赛事的电视节目，培养他对体育活动的兴趣。

目标2 具有基本的生活自理能力

3～4岁	4～5岁	5～6岁
1. 在帮助下能穿脱衣服或鞋袜。 2. 能将玩具和图书放回原处	1. 能自己穿脱衣服、鞋袜，扣纽扣。 2. 能整理自己的物品	1. 能知道根据冷热增减衣服。 2. 会自己系鞋带。 3. 能按类别整理好自己的物品

教育建议：

1）鼓励幼儿做力所能及的事情，对幼儿的尝试与努力给予肯定，不因做不好或做得慢而包办代替。

2）指导幼儿学习和掌握生活自理的基本方法，如穿脱衣服和鞋袜、洗手洗脸、擦鼻涕、擦屁股的正确方法。

3）提供有利于幼儿生活自理的条件。如：

① 提供一些纸箱、盒子，供幼儿收拾和存放自己的玩具、图书或生活用品等。

② 幼儿的衣服、鞋子等要简单实用，便于自己穿脱。

目标3 具备基本的安全知识和自我保护能力

3～4岁	4～5岁	5～6岁
1. 不吃陌生人给的东西，不跟陌生人走。 2. 在提醒下能注意安全，不做危险的事。 3. 在公共场所走失时，能向警察或有关人员说出自己和家长的名字、电话号码等简单信息	1. 知道在公共场合不远离成人的视线单独活动。 2. 认识常见的安全标志，能遵守安全规则。 3. 运动时能主动躲避危险。 4. 知道简单的求助方式	1. 未经大人允许不给陌生人开门。 2. 能自觉遵守基本的安全规则和交通规则。 3. 运动时能注意安全，不给他人造成危险。 4. 知道一些基本的防灾知识

教育建议：

1）创设安全的生活环境，提供必要的保护措施。如：

① 要把热水瓶、药品、火柴、刀具等物品放到幼儿够不到的地方；阳台或窗台要有安全保护措施；要使用安全的电源插座等。

② 在公共场所要注意照看好幼儿；幼儿乘车、乘电梯时要有成人陪伴；不把幼儿单独留在家里或汽车里等。

2）结合生活实际对幼儿进行安全教育。如：

① 外出时，提醒幼儿要紧跟成人，不远离成人的视线，不跟陌生人走，不吃陌生人给的东西；不在河边和马路边玩耍；要遵守交通规则等。

② 帮助幼儿了解周围环境中不安全的事物，不做危险的事。如不动热水壶，不玩火柴或打火机，不摸电源插座，不攀爬窗户或阳台等。

③ 帮助幼儿认识常见的安全标识，如小心触电、小心有毒、禁止下河游泳、紧急出口等。

④ 告诉幼儿不允许别人触摸自己的隐私部位。

3）教给幼儿简单的自救和求救的方法。如：

① 记住自己家庭的住址、电话号码、父母的姓名和单位，一旦走失时知道向成人求助，并能提供必要信息。

② 遇到火灾或其他紧急情况时，知道要拨打 110、120、119 等求救电话。

③ 可利用图书、音像等材料对幼儿进行逃生和求救方面的教育，并运用游戏方式模拟练习。

④ 幼儿园应定期进行火灾、地震等自然灾害的逃生演习。

二、语言

语言是交流和思维的工具。幼儿期是语言发展，特别是口语发展的重要时期。幼儿语言的发展贯穿于各个领域，也对其他领域的学习与发展有着重要的影响：幼儿在运用语言进行交流的同时，也在发展着人际交往能力、理解他人和判断交往情境的能力、组织自己思想的能力。通过语言获取信息，幼儿的学习逐步超越个体的直接感知。

幼儿的语言能力是在交流和运用的过程中发展起来的。应为幼儿创设自由、宽松的语言交往环境，鼓励和支持幼儿与成人、同伴交流，让幼儿想说、敢说、喜欢说并能得到积极回应。为幼儿提供丰富、适宜的低幼读物，经常和幼儿一起看图书、讲故事，丰富其语言表达能力，培养阅读兴趣和良好的阅读习惯，进一步拓展学习经验。

幼儿的语言学习需要相应的社会经验支持，应通过多种活动扩展幼儿的生活经验，丰富语言的内容，增强理解和表达能力。应在生活情境和阅读活动中引导幼儿自然而然地产生对文字的兴趣，用机械记忆和强化训练的方式让幼儿过早识字不符合其学习特点和接受能力。

（一）倾听与表达

目标1 认真听并能听懂常用语言

3~4岁	4~5岁	5~6岁
1. 别人对自己说话时能注意听并做出回应。 2. 能听懂日常会话	1. 在群体中能有意识地听与自己有关的信息。 2. 能结合情境感受到不同语气、语调所表达的不同意思。 3. 方言地区和少数民族幼儿能基本听懂普通话	1. 在集体中能注意听老师或其他人讲话。 2. 听不懂或有疑问时能主动提问。 3. 能结合情境理解一些表示因果、假设等相对复杂的句子

教育建议：

1）多给幼儿提供倾听和交谈的机会。如经常和幼儿一起谈论他感兴趣的话题，或一起看图书、讲故事。

2）引导幼儿学会认真倾听。如：

① 成人要耐心倾听别人（包括幼儿）的讲话，等别人讲完再表达自己的观点。

② 与幼儿交谈时，要用幼儿能听得懂的语言。

③ 对幼儿提要求和布置任务时要求他注意听，鼓励他主动提问。

3）对幼儿讲话时，注意结合情境使用丰富的语言，以便于幼儿理解。如：

① 说话时注意语气、语调，让幼儿感受语气、语调的作用。如对幼儿的不合理要求以比较坚定的语气表示不同意；讲故事时，尽量把故事人物高兴、悲伤的心情用不同的语气、语调表现出来。

② 根据幼儿的理解水平有意识地使用一些反映因果、假设、条件等关系的句子。

目标2 愿意讲话并能清楚地表达

3~4岁	4~5岁	5~6岁
1. 愿意在熟悉的人面前说话，能大方地与人打招呼。 2. 基本会说本民族或本地区的语言。 3. 愿意表达自己的需要和想法，必要时能配以手势动作。 4. 能口齿清楚地说儿歌、童谣或复述简短的故事	1. 愿意与他人交谈，喜欢谈论自己感兴趣的话题。 2. 会说本民族或本地区的语言，基本会说普通话。少数民族聚居地区幼儿会用普通话进行日常会话。 3. 能基本完整地讲述自己的所见所闻和经历的事情。 4. 讲述比较连贯	1. 愿意与他人讨论问题，敢在众人面前说话。 2. 会说本民族或本地区的语言和普通话，发音正确清晰。少数民族聚居地区幼儿基本会说普通话。 3. 能有序、连贯、清楚地讲述一件事情。 4. 讲述时能使用常见的形容词、同义词等，语言比较生动

教育建议：

1）为幼儿创造说话的机会并体验语言交往的乐趣。如：

① 每天有足够的时间与幼儿交谈。如谈论他感兴趣的话题，询问和听取他对自己事情的意见等。

② 尊重和接纳幼儿的说话方式，无论幼儿的表达水平如何，都应认真地倾听并给

予积极的回应。

③ 鼓励和支持幼儿与同伴一起玩耍、交谈，相互讲述见闻、趣事或看过的图书、动画片等。

④ 方言和少数民族地区应积极为幼儿创设用普通话交流的语言环境。

2）引导幼儿清楚地表达。如：

① 和幼儿讲话时，成人自身的语言要清楚、简洁。

② 当幼儿因为急于表达而说不清楚的时候，提醒他不要着急，慢慢说；同时要耐心倾听，给予必要的补充，帮助他理清思路并清晰地说出来。

目标 3　具有文明的语言习惯

3~4 岁	4~5 岁	5~6 岁
1. 与别人讲话时知道眼睛要看着对方。 2. 说话自然，声音大小适中。 3. 能在成人的提醒下使用恰当的礼貌用语	1. 别人对自己讲话时能回应。 2. 能根据场合调节自己说话声音的大小。 3. 能主动使用礼貌用语，不说脏话、粗话	1. 别人讲话时能积极主动地回应。 2. 能根据谈话对象和需要，调整说话的语气。 3. 懂得按次序轮流讲话，不随意打断别人。 4. 能依据所处情境使用恰当的语言。如在别人难过时会用恰当的语言表示安慰

教育建议：

1）成人注意语言文明，为幼儿做出表率。如：

① 与他人交谈时，认真倾听，使用礼貌用语。

② 在公共场合不大声说话，不说脏话、粗话。

③ 幼儿表达意见时，成人可蹲下来，眼睛平视幼儿，耐心听他把话说完。

2）帮助幼儿养成良好的语言行为习惯。如：

① 结合情境提醒幼儿一些必要的交流礼节。如对长辈说话要有礼貌，客人来访时要打招呼，得到帮助时要说谢谢等。

② 提醒幼儿遵守集体生活的语言规则，如轮流发言，不随意打断别人讲话等。

③ 提醒幼儿注意公共场所的语言文明，如不大声喧哗。

（二）阅读与书写准备

目标 1　喜欢听故事，看图书

3~4 岁	4~5 岁	5~6 岁
1. 主动要求成人讲故事、读图书。 2. 喜欢跟读韵律感强的儿歌、童谣。 3. 爱护图书，不乱撕、乱扔	1. 反复看自己喜欢的图书。 2. 喜欢把听过的故事或看过的图书讲给别人听。 3. 对生活中常见的标识、符号感兴趣，知道它们表示一定的意义	1. 专注地阅读图书。 2. 喜欢与他人一起谈论图书和故事的有关内容。 3. 对图书和生活情境中的文字符号感兴趣，知道文字表示一定的意义

教育建议：

1）为幼儿提供良好的阅读环境和条件。如：

① 提供一定数量、符合幼儿年龄特点、富有童趣的图画书。

② 提供相对安静的地方，尽量减少干扰，保证幼儿自主阅读。

2）激发幼儿的阅读兴趣，培养阅读习惯。如：

① 经常抽时间与幼儿一起看图书、讲故事。

② 提供童谣、故事和诗歌等不同体裁的儿童文学作品，让幼儿自主选择和阅读。

③ 当幼儿遇到感兴趣的事物或问题时，和他一起查阅图书资料，让他感受图书的作用，体会通过阅读获取信息的乐趣。

3）引导幼儿体会标识、文字符号的用途。如：

① 向幼儿介绍医院、公用电话等生活中的常见标识，让他知道标识可以代表具体事物。

② 结合生活实际，帮助幼儿体会文字的用途。如买来新玩具时，把说明书上的文字念给幼儿听，了解玩具的玩法。

目标 2　具有初步的阅读理解能力

3～4 岁	4～5 岁	5～6 岁
1. 能听懂短小的儿歌或故事。 2. 会看画面，能根据画面说出图中有什么，发生了什么事等。 3. 能理解图书上的文字是和画面对应的，是用来表达画面意义的	1. 能大体讲出所听故事的主要内容。 2. 能根据连续画面提供的信息，大致说出故事的情节。 3. 能随着作品的展开产生喜悦、担忧等相应的情绪反应,体会作品所表达的情绪情感	1. 能说出所阅读的幼儿文学作品的主要内容。 2. 能根据故事的部分情节或图书画面的线索猜想故事情节的发展，或续编、创编故事。 3. 对看过的图书、听过的故事能说出自己的看法。 4. 能初步感受文学语言的美

教育建议：

1）经常和幼儿一起阅读，引导他以自己的经验为基础理解图书的内容。如：

① 引导幼儿仔细观察画面，结合画面讨论故事内容，学习建立画面与故事内容的联系。

② 和幼儿一起讨论或回忆书中的故事情节，引导他有条理地说出故事的大致内容。

③ 在给幼儿读书或讲故事时，可先不告诉名字，让幼儿听完后自己命名，并说出这样命名的理由。

④ 鼓励幼儿自主阅读，并与他人讨论自己在阅读中的发现、体会和想法。

2）在阅读中发展幼儿的想象和创造能力。如：

① 鼓励幼儿依据画面线索讲述故事，大胆推测、想象故事情节的发展，改编故事部分情节或续编故事结尾。

② 鼓励幼儿用故事表演、绘画等不同的方式表达自己对图书和故事的理解。

③ 鼓励和支持幼儿自编故事，并为自编的故事配上图画，制成图画书。

3）引导幼儿感受文学作品的美。如：

① 有意识地引导幼儿欣赏或模仿文学作品的语言节奏和韵律。

② 给幼儿读书时，通过表情、动作和抑扬顿挫的声音传达书中的情绪情感，让幼儿体会作品的感染力和表现力。

目标 3　具有书面表达的愿望和初步技能

3～4 岁	4～5 岁	5～6 岁
喜欢用涂涂画画表达一定的意思	1. 愿意用图画和符号表达自己的愿望和想法。 2. 在成人提醒下，写写画画时姿势正确	1. 愿意用图画和符号表现事物或故事。 2. 会正确书写自己的名字。 3. 写字、画画时姿势正确

教育建议：

1）让幼儿在写写画画的过程中体验文字符号的功能，培养书写兴趣。如：

① 准备供幼儿随时取放的纸、笔等材料，也可利用沙地、树枝等自然材料，满足幼儿自由涂画的需要。

② 鼓励幼儿将自己感兴趣的事情或故事画下来并讲给别人听，让幼儿体会写写画画的方式可以表达自己的想法和情感。

③ 把幼儿讲过的事情用文字记录下来，并念给他听，使幼儿知道说的话可以用文字记录下来，从中体会文字的用途。

2）在绘画和游戏中做必要的书写准备，如：

① 通过把虚线画出的图形轮廓连成实线等游戏，促进手眼协调，同时帮助幼儿学习由上至下、由左至右的运笔技能。

② 鼓励幼儿学习书写自己的名字。

③ 提醒幼儿写画时保持正确姿势。

三、社　会

幼儿社会领域的学习与发展过程是其社会性不断完善并奠定健全人格基础的过程。人际交往和社会适应是幼儿社会学习的主要内容，也是其社会性发展的基本途径。幼儿在与成人和同伴交往的过程中，不仅学习如何与人友好相处，也在学习如何看待自己、对待他人，不断发展适应社会生活的能力。良好的社会性发展对幼儿身心健康和其他各方面的发展都具有重要影响。

家庭、幼儿园和社会应共同努力，为幼儿创设温暖、关爱、平等的家庭和集体生活氛围，建立良好的亲子关系、师生关系和同伴关系，让幼儿在积极健康的人际关系中获得安全感和信任感，发展自信和自尊，在良好的社会环境及文化的熏陶中学会遵守规则，形成基本的认同感和归属感。

幼儿的社会性主要是在日常生活和游戏中通过观察和模仿潜移默化地发展起来的。成人应注重自己言行的榜样作用，避免简单生硬的说教。

（一）人际交往

目标 1　愿意与人交往

3~4 岁	4~5 岁	5~6 岁
1. 愿意和小朋友一起游戏。 2. 愿意与熟悉的长辈一起活动	1. 喜欢和小朋友一起游戏，有经常一起玩的小伙伴。 2. 喜欢和长辈交谈，有事愿意告诉长辈	1. 有自己的好朋友，也喜欢结交新朋友。 2. 有问题愿意向别人请教。 3. 有高兴的或有趣的事愿意与大家分享

教育建议：

1）主动亲近和关心幼儿，经常和他一起游戏或活动，让幼儿感受到与成人交往的快乐，建立亲密的亲子关系和师生关系。

2）创造交往的机会，让幼儿体会交往的乐趣。如：

① 利用走亲戚、到朋友家做客或有客人来访的时机，鼓励幼儿与他人接触和交谈。

② 鼓励幼儿参加小朋友的游戏，邀请小朋友到家里玩，感受有朋友一起玩的快乐。

③ 幼儿园应多为幼儿提供自由交往和游戏的机会，鼓励他们自主选择、自由结伴开展活动。

目标 2　能与同伴友好相处

3~4 岁	4~5 岁	5~6 岁
1. 想加入同伴的游戏时，能友好地提出请求。 2. 在成人指导下，不争抢、不独霸玩具。 3. 与同伴发生冲突时，能听从成人的劝解	1. 会运用介绍自己、交换玩具等简单技巧加入同伴游戏。 2. 对大家都喜欢的东西能轮流、分享。 3. 与同伴发生冲突时，能在他人帮助下和平解决。 4. 活动时愿意接受同伴的意见和建议。 5. 不欺负弱小	1. 能想办法吸引同伴和自己一起游戏。 2. 活动时能与同伴分工合作，遇到困难能一起克服。 3. 与同伴发生冲突时能自己协商解决。 4. 知道别人的想法有时和自己不一样，能倾听和接受别人的意见，不能接受时会说明理由。 5. 不欺负别人，也不允许别人欺负自己

教育建议：

1）结合具体情境，指导幼儿学习交往的基本规则和技能。如：

① 当幼儿不知怎样加入同伴游戏，或提出请求不被接受时，建议他拿出玩具邀请大家一起玩；或者扮成某个角色加入同伴的游戏。

② 对幼儿与别人分享玩具、图书等行为给予肯定，让他对自己的表现感到高兴和满足。

③ 当幼儿与同伴发生矛盾或冲突时，指导他尝试用协商、交换、轮流玩、合作等方式解决冲突。

④ 利用相关的图书、故事，结合幼儿的交往经验，和他讨论什么样的行为受大家欢迎，想要得到别人的接纳应该怎样做。

⑤ 幼儿园应多为幼儿提供需要大家齐心协力才能完成的活动，让幼儿在具体活动

中体会合作的重要性，学习分工合作。

2）结合具体情境，引导幼儿换位思考，学习理解别人。如幼儿有争抢玩具等不友好行为时，引导他们想想"假如你是那个小朋友，你有什么感受？"让幼儿学习理解别人的想法和感受。

3）和幼儿一起谈谈他的好朋友，说说喜欢这个朋友的原因，引导他多发现同伴的优点、长处。

目标 3　具有自尊、自信、自主的表现

3～4 岁	4～5 岁	5～6 岁
1. 能根据自己的兴趣选择游戏或其他活动。 2. 为自己的好行为或活动成果感到高兴。 3. 自己能做的事情愿意自己做。 4. 喜欢承担一些小任务	1. 能按自己的想法进行游戏或其他活动。 2. 知道自己的一些优点和长处，并对此感到满意。 3. 自己的事情尽量自己做，不愿意依赖别人。 4. 敢于尝试有一定难度的活动和任务	1. 能主动发起活动或在活动中出主意、想办法。 2. 做了好事或取得了成功后还想做得更好。 3. 自己的事情自己做，不会的愿意学。 4. 主动承担任务，遇到困难能够坚持而不轻易求助。 5. 与别人的看法不同时，敢于坚持自己的意见并说出理由

教育建议：

1）关注幼儿的感受，保护其自尊心和自信心。如：

① 能以平等的态度对待幼儿，使幼儿切实感受到自己被尊重。

② 对幼儿好的行为表现多给予具体、有针对性的肯定和表扬，让他对自己优点和长处有所认识并感到满足和自豪。

③ 不要拿幼儿的不足与其他幼儿的优点作比较。

2）鼓励幼儿自主决定，独立做事，增强其自尊心和自信心。如：

① 与幼儿有关的事情要征求他的意见，即使他的意见与成人不同，也要认真倾听，接受他的合理要求。

② 在保证安全的情况下，支持幼儿按自己的想法做事；或提供必要的条件，帮助他实现自己的想法。

③ 幼儿自己的事情尽量放手让他自己做，即使做得不够好，也应鼓励并给予一定的指导，让他在做事中树立自尊和自信。

④ 鼓励幼儿尝试有一定难度的任务，并注意调整难度，让他感受经过努力获得的成就感。

目标 4　关心尊重他人

3～4 岁	4～5 岁	5～6 岁
1. 长辈讲话时能认真听，并能听从长辈的要求。 2. 身边的人生病或不开心时表示同情。	1. 会用礼貌的方式向长辈表达自己的要求和想法。 2. 能注意到别人的情绪，并有	1. 能有礼貌地与人交往。 2. 能关注别人的情绪和需要，并能给予力所能及的帮助。

续表

3～4岁	4～5岁	5～6岁
3. 在提醒下能做到不打扰别人	关心、体贴的表现。 3. 知道父母的职业，能体会到父母为养育自己所付出的辛劳	3. 尊重为大家提供服务的人，珍惜他们的劳动成果。 4. 接纳、尊重与自己的生活方式或习惯不同的人

教育建议：

1）成人以身作则，以尊重、关心的态度对待自己的父母、长辈和其他人。如：

① 经常问候父母，主动做家务。

② 礼貌地对待老年人，如坐车时主动为老人让座。

③ 看到别人有困难能主动关心并给予一定的帮助。

2）引导幼儿尊重、关心长辈和身边的人，尊重他人劳动及成果。如：

① 提醒幼儿关心身边的人，如妈妈累了，知道让她安静休息一会儿。

② 借助故事、图书等给幼儿讲讲父母抚育孩子成长的经历，让幼儿理解和体会父爱与母爱。

③ 结合实际情境，提醒幼儿注意别人的情绪，了解他们的需要，给予适当的关心和帮助。

④ 利用生活机会和角色游戏，帮助幼儿了解与自己关系密切的社会服务机构及其工作，如商场、邮局、医院等，体会这些机构给大家提供的便利和服务，懂得尊重工作人员的劳动，珍惜劳动成果。

3）引导幼儿学习用平等、接纳和尊重的态度对待差异。如：

① 了解每个人都有自己的兴趣、爱好和特长，可以相互学习。

② 利用民间游戏、传统节日等，适当向幼儿介绍我国主要民族和世界其他国家和民族的文化，帮助幼儿感知文化的多样性和差异性，理解人们之间是平等的，应该互相尊重，友好相处。

（二）社会适应

目标1 喜欢并适应群体生活

3～4岁	4～5岁	5～6岁
1. 对群体活动有兴趣。 2. 对幼儿园的生活好奇，喜欢上幼儿园	1. 愿意并主动参加群体活动。 2. 愿意与家长一起参加社区的一些群体活动	1. 在群体活动中积极、快乐。 2. 对小学生活有好奇和向往

教育建议：

1）经常和幼儿一起参加一些群体性的活动，让幼儿体会群体活动的乐趣。如参加亲戚、朋友和同事间的聚会以及适合幼儿参加的社区活动等，支持幼儿和不同群体的同伴一起游戏，丰富其群体活动的经验。

2）幼儿园组织活动时，可以经常打破班级的界限，让幼儿有更多机会参加不同群体的活动。

3）带领大班幼儿参观小学，讲讲小学有趣的活动，唤起他们对小学生活的好奇和向往，为入学做好心理准备。

目标2　遵守基本的行为规范

3～4岁	4～5岁	5～6岁
1. 在提醒下，能遵守游戏和公共场所的规则。 2. 知道不经允许不能拿别人的东西，借别人的东西要归还。 3. 在成人提醒下，爱护玩具和其他物品	1. 感受规则的意义，并能基本遵守规则。 2. 不私自拿不属于自己的东西。 3. 知道说谎是不对的。 4. 知道接受了的任务要努力完成。 5. 在提醒下，能节约粮食、水电等。	1. 理解规则的意义，能与同伴协商制定游戏和活动规则。 2. 爱惜物品，用别人的东西时也知道爱护。 3. 做了错事敢于承认，不说谎。 4. 能认真负责地完成自己所接受的任务。 5. 爱护身边的环境，注意节约资源

教育建议：

1）成人要遵守社会行为规则，为幼儿树立良好的榜样。如答应幼儿的事一定要做到、尊老爱幼、爱护公共环境，节约水电等。

2）结合社会生活实际，帮助幼儿了解基本行为规则或其他游戏规则，体会规则的重要性，学习自觉遵守规则。如：

① 经常和幼儿玩带有规则的游戏，遵守共同约定的游戏规则。

② 利用实际生活情境和图书故事，向幼儿介绍一些必要的社会行为规则，以及为什么要遵守这些规则。

③ 在幼儿园的区域活动中，创设情境，让幼儿体会没有规则的不方便，鼓励他们讨论制定规则并自觉遵守。

④ 对幼儿表现出的遵守规则的行为要及时肯定，对违规行为给予纠正。如幼儿主动为老人让座时要表扬；幼儿损害别人的物品或公共物品时要及时制止并主动赔偿。

3）教育幼儿要诚实守信。如：

① 对幼儿诚实守信的行为要及时肯定。

② 允许幼儿犯错误，告诉他改了就好。不要打骂幼儿，以免他因害怕惩罚而说谎。

③ 小年龄幼儿经常分不清想象和现实，成人不要误认为他是在说谎。

④ 发现幼儿说谎时，要反思是否是因自己对幼儿的要求过高过严造成的。如果是，要及时调整自己的行为，同时要严肃地告诉幼儿说谎是不对的。

⑤ 经常给幼儿分配一些力所能及的任务，要求他完成并及时给予表扬，培养他的责任感和认真负责的态度。

目标3　具有初步的归属感

3～4岁	4～5岁	5～6岁
1. 知道和自己一起生活的家庭成员及与自己的关系，体会到自己是家庭的一员。 2. 能感受到家庭生活的温暖，爱父母，亲近与信赖长辈。	1. 喜欢自己所在的幼儿园和班级，积极参加集体活动。 2. 能说出自己家所在地的省、市、县（区）名称，知道当地有代表性的物产或景观。	1. 愿意为集体做事，为集体的成绩感到高兴。 2. 能感受到家乡的发展变化并为此感到高兴。 3. 知道自己的民族，知道中国是一个

续表

3～4 岁	4～5 岁	5～6 岁
3. 能说出自己家所在街道、小区（乡镇、村）的名称。 4. 认识国旗，知道国歌	3. 知道自己是中国人。 4. 奏国歌、升国旗时能自动站好	多民族的大家庭，各民族之间要互相尊重，团结友爱。 4. 知道国家一些重大成就，爱祖国，为自己是中国人感到自豪

教育建议：

1）亲切地对待幼儿，关心幼儿，让他感到长辈是可亲、可近、可信赖的，家庭和幼儿园是温暖的。如：

① 多和孩子一起游戏、谈笑，尽量在家庭和班级中营造温馨的氛围。

② 通过和幼儿一起翻阅照片、讲幼儿成长的故事等，让幼儿感受到家庭和幼儿园的温暖，老师的和蔼可亲，对养育自己的人产生感激之情。

2）吸引和鼓励幼儿参加集体活动，萌发集体意识。如：

① 幼儿园和班级里的重大事情和计划，请幼儿集体讨论决定。

② 幼儿园应经常组织多种形式的集体活动，萌发幼儿的集体荣誉感。

3）运用幼儿喜闻乐见和能够理解的方式激发幼儿爱家乡、爱祖国的情感。如：

① 和幼儿说一说或在地图上找一找自己家所在的省、市、县（区）名称。

② 和幼儿一起外出游玩，一起看有关的电视节目或画报等；和他们一起收集有关家乡、祖国各地的风景名胜、著名的建筑、独特物产的图片等，在观看和欣赏的过程中激发幼儿的自豪感和热爱之情。

③ 利用电视节目或参加升旗等活动，向幼儿介绍国旗、国歌以及观看升旗、奏国歌的礼仪。

① 向幼儿介绍反映中国人聪明才智的发明和创造，激发幼儿的民族自豪感。

四、科学

幼儿的科学学习是在探究具体事物和解决实际问题中，尝试发现事物间的异同和联系的过程。幼儿在对自然事物的探究和运用数学解决实际生活问题的过程中，不仅获得丰富的感性经验，充分发展形象思维，而且初步尝试归类、排序、判断、推理，逐步发展逻辑思维能力，为其他领域的深入学习奠定基础。

幼儿科学学习的核心是激发探究兴趣，体验探究过程，发展初步的探究能力。成人要善于发现和保护幼儿的好奇心，充分利用自然和实际生活机会，引导幼儿通过观察、比较、操作、实验等方法，学习发现问题、分析问题和解决问题；帮助幼儿不断积累经验，并运用于新的学习活动，形成受益终身的学习态度和能力。

幼儿的思维特点是以具体形象思维为主，应注重引导幼儿通过直接感知、亲身体验和实际操作进行科学学习，不应为追求知识和技能的掌握，对幼儿进行灌输和强化训练。

（一）科学探究

目标1　亲近自然，喜欢探究

3～4岁	4～5岁	5～6岁
1. 喜欢接触大自然，对周围的很多事物和现象感兴趣。 2. 经常问各种问题，或好奇地摆弄物品	1. 喜欢接触新事物，经常问一些与新事物有关的问题。 2. 常常动手动脑探索物体和材料，并乐在其中	1. 对自己感兴趣的问题总是刨根问底。 2. 能经常动手动脑寻找问题的答案。 3. 探索中有所发现时感到兴奋和满足

教育建议：

1）经常带幼儿接触大自然，激发其好奇心与探究欲望。如：

① 为幼儿提供一些有趣的探究工具，用自己的好奇心和探究积极性感染和带动幼儿。

② 和幼儿一起发现并分享周围新奇、有趣的事物或现象，一起寻找问题的答案。

③ 通过拍照和画图等方式保留和积累有趣的探索与发现。

2）真诚地接纳、多方面支持和鼓励幼儿的探索行为。如：

① 认真对待幼儿的问题，引导他们猜一猜、想一想，有条件时和幼儿一起做一些简易的调查或有趣的小实验。

② 容忍幼儿因探究而弄脏、弄乱、甚至破坏物品的行为，引导他们活动后做好收拾整理。

③ 多为幼儿选择一些能操作、多变化、多功能的玩具材料或废旧材料，在保证安全的前提下，鼓励幼儿拆装或动手自制玩具。

目标2　具有初步的探究能力

3～4岁	4～5岁	5～6岁
1. 对感兴趣的事物能仔细观察，发现其明显特征。 2. 能用多种感官或动作去探索物体，关注动作所产生的结果	1. 能对事物或现象进行观察比较，发现其相同与不同。 2. 能根据观察结果提出问题，并大胆猜测答案。 3. 能通过简单的调查收集信息。 4. 能用图画或其他符号进行记录	1. 能通过观察、比较与分析，发现并描述不同种类物体的特征或某个事物前后的变化。 2. 能用一定的方法验证自己的猜测。 3. 在成人的帮助下能制定简单的调查计划并执行。 4. 能用数字、图画、图表或其他符号记录。 5. 探究中能与他人合作与交流

教育建议：

1）有意识地引导幼儿观察周围事物，学习观察的基本方法，培养观察与分类能力。如：

① 支持幼儿自发的观察活动，对其发现表示赞赏。

② 通过提问等方式引导幼儿思考并对事物进行比较观察和连续观察。

③ 引导幼儿在观察和探索的基础上，尝试进行简单的分类、概括。如根据运动方式给动物分类，根据生长环境给植物分类，根据外部特征给物体分类等。

2）支持和鼓励幼儿在探究的过程中积极动手动脑寻找答案或解决问题。如：

① 鼓励幼儿根据观察或发现提出值得继续探究的问题，或成人提出有探究意义且

能激发幼儿兴趣的问题。如皮球、轮胎、竹筒等物体滚动时都走直线吗？怎样让橡皮泥球浮在水面上？

② 支持和鼓励幼儿大胆联想、猜测问题的答案，并设法验证。如玩风车时，鼓励幼儿猜测风车转动方向及速度快慢的原因和条件，并实际去验证。

③ 支持、引导幼儿学习用适宜的方法探究和解决问题，或为自己的想法收集证据。如想知道院子里有多少种植物，可以进行实地调查；想知道球在平地上还是在斜坡上滚得快，可以动手试一试；想证明影子的方向与太阳的位置有关，可以做个小实验进行验证等。

3）鼓励和引导幼儿学习做简单的计划和记录，并与他人交流分享。如：

① 和幼儿共同制订调查计划，讨论调查对象、步骤和方法等，也可以和幼儿一起设法用图画、箭头等标识呈现计划。

② 鼓励幼儿用绘画、照相、做标本等办法记录观察和探究的过程与结果，注意要让记录有意义，通过记录帮助幼儿丰富观察经验、建立事物之间的联系和分享发现。

③ 支持幼儿与同伴合作探究与分享交流，引导他们在交流中尝试整理、概括自己探究的成果，体验合作探究和发现的乐趣。如一起讨论和分享自己的问题与发现，一起想办法收集资料和验证猜测。

4）帮助幼儿回顾自己探究过程，讨论自己做了什么，怎么做的，结果与计划目标是否一致，分析一下原因以及下一步要怎样做等。

目标3 在探究中认识周围事物和现象

3~4岁	4~5岁	5~6岁
1. 认识常见的动植物，能注意并发现周围的动植物是多种多样的。 2. 能感知和发现物体和材料的软硬、光滑和粗糙等特性。 3. 能感知和体验天气对自己生活和活动的影响。 4. 初步了解和体会动植物和人们生活的关系	1. 能感知和发现动植物的生长变化及其基本条件。 2. 能感知和发现常见材料的溶解、传热等性质或用途。 3. 能感知和发现简单物理现象，如物体形态或位置变化等。 4. 能感知和发现不同季节的特点，体验季节对动植物和人的影响。 5. 初步感知常用科技产品与自己生活的关系，知道科技产品有利也有弊	1. 能察觉到动植物的外形特征、习性与生存环境的适应关系。 2. 能发现常见物体的结构与功能之间的关系。 3. 能探索并发现常见的物理现象产生的条件或影响因素，如影子、沉浮等。 4. 感知并了解季节变化的周期性，知道变化的顺序。 5. 初步了解人们的生活与自然环境的密切关系，知道尊重和珍惜生命，保护环境

教育建议：

1）支持幼儿在接触自然、生活事物和现象中积累有益的直接经验和感性认识。如：

① 和幼儿一起通过户外活动、参观考察、种植和饲养活动，感知生物的多样性和独特性，以及生长发育、繁殖和死亡的过程。

② 给幼儿提供丰富的材料和适宜的工具，支持幼儿在游戏过程中探索并感知常见物质、材料的特性和物体的结构特点。

2）引导幼儿在探究中思考，尝试进行简单的推理和分析，发现事物之间明显的关联。如：

① 引导 5 岁以上幼儿关注和思考动植物的外部特征、习性与生活环境对动植物生存的意义。如兔子的长耳朵具有自我保护的作用；植物种子的形状有助于其传播等。

② 引导幼儿根据常见物质、材料的特性和物体的结构特点，推测和证实它们的用途。如带轮子的物体方便移动；不同用途的车辆有不同的结构等。

3）引导幼儿关注和了解自然、科技产品与人们生活的密切关系，逐渐懂得热爱、尊重、保护自然。如：

① 结合幼儿的生活需要，引导他们体会人与自然、动植物的依赖关系。如动植物、季节变化与人们生活的关系、常见灾害性天气给人们生产和生活带来的影响等。

② 和幼儿一起讨论常见科技产品的用途和弊端，如：汽车等交通工具给生活带来的方便和对环境的污染等。

（二）数学认知

目标 1　初步感知生活中数学的有用和有趣

3～4 岁	4～5 岁	5～6 岁
1. 感知和发现周围物体的形状是多种多样的，对不同的形状感兴趣。 2. 体验和发现生活中很多地方都用到数	1. 在指导下，感知和体会有些事物可以用形状来描述。 2. 在指导下，感知和体会有些事物可以用数来描述，对环境中各种数字的含义有进一步探究的兴趣	1. 能发现事物简单的排列规律，并尝试创造新的排列规律。 2. 能发现生活中许多问题都可以用数学的方法来解决，体验解决问题的乐趣

教育建议：

1）引导幼儿注意事物的形状特征，尝试用表示形状的词来描述事物，体会描述的生动形象性和趣味性。如：

① 参观游览后，和幼儿一起谈论所看到的事物的形状，鼓励幼儿产生联想，并用自己的语言进行描述。如熊猫的身体圆圆的，全身好像是一个个的圆形组成的。

② 和幼儿交谈或读书讲故事时，适当地运用一些有关形状的词汇来描述事物，如看图片时，和幼儿讨论奥运会场馆的形状，体会为什么有的场馆叫"水立方"，有的叫"鸟巢"。

2）引导幼儿感知和体会生活中很多地方都用到数，关注周围与自己生活密切相关的数的信息，体会数可以代表不同的意义。如：

① 和幼儿一起寻找发现生活中用数字做标识的事物，如电话号码、时钟、日历和商品的价签等。

② 引导幼儿了解和感受数用在不同的地方，表示的意义是不一样的。如天气预报中表示气温的数代表冷热状况；钟表上的数表明时间的早晚等。

③ 鼓励幼儿尝试使用数的信息进行一些简单的推理。如知道今天是星期五，能推断明天是星期六，爸爸妈妈休息。

3）引导幼儿观察发现按照一定规律排列的事物，体会其中的排列特点与规律，并尝试自己创造出新的排列规律。如：

① 和幼儿一起发现和体会按一定顺序排列的队形整齐有序。

② 提供具有重复性旋律和词语的音乐、儿歌和故事，或利用环境中有序排列的图案（如按颜色间隔排列的瓷砖、按形状间隔排列的珠帘等），鼓励幼儿发现和感受其中的规律。

③ 鼓励幼儿尝试自己设计有规律的花边图案、创编有一定规律的动作，或者按某种规律进行搭建活动。

④ 引导幼儿体会生活中很多事情都是有一定顺序和规律的，如一周七天的顺序是从周一到周日，一年四季按照春夏秋冬轮回等。

4）鼓励和支持幼儿发现、尝试解决日常生活中需要用到数学的问题，体会数学的用处。如：

① 拍球、跳绳、跳远或投沙包时，可通过数数、测量的方法确定名次。

② 讨论春游去哪里玩时，让幼儿商量想去哪里玩？每个想去的地方有多少人？根据统计结果做出决定。

③ 滑滑梯时，按照"先来先玩"的规则有序地排队玩。

目标 2 感知和理解数、量及数量关系

3~4岁	4~5岁	5~6岁
1. 能感知和区分物体的大小、多少、高矮长短等量方面的特点，并能用相应的词表示。 2. 能通过一一对应的方法比较两组物体的多少。 3. 能手口一致地点数 5 个以内的物体，并能说出总数。能按数取物。 4. 能用数词描述事物或动作。如我有 4 本图书	1. 能感知和区分物体的粗细、厚薄、轻重等量方面的特点，并能用相应的词语描述。 2. 能通过数数比较两组物体的多少。 3. 能通过实际操作理解数与数之间的关系，如5比4多1；2和3合在一起是5。 4. 会用数词描述事物的排列顺序和位置	1. 初步理解量的相对性。 2. 借助实际情境和操作（如合并或拿取）理解"加"和"减"的实际意义。 3. 能通过实物操作或其他方法进行 10 以内的加减运算。 4. 能用简单的记录表、统计图等表示简单的数量关系

教育建议：

1）引导幼儿感知和理解事物"量"的特征。如：

① 感知常见事物的大小、多少、高矮、粗细等量的特征，学习使用相应的词汇描述这些特征。

② 结合具体事物让幼儿通过多次比较逐渐理解"量"是相对的。如小亮比小明高，但比小强矮。

③ 收拾物品时，根据情况，鼓励幼儿按照物体量的特征分类整理。如整理图书时按照大小摆放。

2）结合日常生活，指导幼儿学习通过对应或数数的方式比较物体的多少。如：

① 鼓励幼儿在一对一配对的过程中发现两组物体的多少。如在给桌子上的每个碗配上勺子时，发现碗和勺多少的不同。

② 鼓励幼儿通过数数比较两样东西的多少。如数一数有多少个苹果，多少个梨，

判断苹果和梨哪个多，哪个少。

3）利用生活和游戏中的实际情境，引导幼儿理解数概念。如：

① 结合生活需要，和幼儿一起手口一致点数物体，得出物体的总数。

② 通过点数的方式让幼儿体会物体的数量不会因排列形式、空间位置的不同而发生变化。如鼓励幼儿将一定数量的扣子以不同的形式摆放，体会扣子的数量是不变的。

③ 结合日常生活，为幼儿提供"按数取物"的机会，如游戏时，请幼儿按要求拿出几个球。

4）通过实物操作引导幼儿理解数与数之间的关系，并用"加"或"减"的办法来解决问题。如：

① 游戏中遇到让 4 个小动物住进两间房子的问题，或生活中遇到将 5 块饼干分给两个小朋友问题时，让幼儿尝试不同的分法。

② 鼓励幼儿尝试自己解决生活中的数学问题。如家里来了 5 位客人，桌子上只有 3 个杯子，还需要几个杯子等。

③ 购少量物品时，有意识地鼓励幼儿参与计算和付款的过程等。

目标 3　感知形状与空间关系

3～4 岁	4～5 岁	5～6 岁
1. 能注意物体较明显的形状特征，并能用自己的语言描述。 2. 能感知物体基本的空间位置与方位，理解上下、前后、里外等方位词	1. 能感知物体的形体结构特征，画出或拼搭出该物体的造型。 2. 能感知和发现常见几何图形的基本特征，并能进行分类。 3. 能使用上下、前后、里外、中间、旁边等方位词描述物体的位置和运动方向	1. 能用常见的几何形体有创意地拼搭和画出物体的造型。 2. 能按语言指示或根据简单示意图正确取放物品。 3. 能辨别自己的左右

教育建议：

1）用多种方法帮助幼儿在物体与几何形体之间建立联系。如：

① 引导幼儿感受生活中各种物品的形状特征，并尝试识别和描述。如感受和识别盘子、桌子、车轮、地砖等物品的形状特征。

② 鼓励和支持幼儿用积木、纸盒、拼板等各种形状材料进行建构游戏或制作活动。如用长方形的纸盒加两个圆形瓶盖制作"汽车"。

③ 收拾整理积木时，引导幼儿体验图形之间的转换。如两个三角形可组合成一个正方形，两个正方形可组合成一个长方形。

④ 引导幼儿注意观察生活物品的图形特征，鼓励他们按形状分类整理物品。

2）丰富幼儿空间方位识别的经验，引导幼儿运用空间方位经验解决问题。如：

① 请幼儿取放物体时，使用他们能够理解的方位词，如把桌子下面的东西放到窗台上，把花盆放在大树旁边等。

② 和幼儿一起识别熟悉场所的位置。如超市在家的旁边，邮局在幼儿园的前面。

③ 在体育、音乐和舞蹈活动中，引导幼儿感受空间方位和运动方向。

④ 和幼儿玩按指令找宝的游戏。对年龄小的幼儿要求他们按语言指令寻找，对年

龄大些的幼儿可要求按照简单的示意图寻找。

五、艺术

艺术是人类感受美、表现美和创造美的重要形式，也是表达自己对周围世界的认识和情绪态度的独特方式。

每个幼儿心里都有一颗美的种子。幼儿艺术领域学习的关键在于充分创造条件和机会，在大自然和社会文化生活中萌发幼儿对美的感受和体验，丰富其想象力和创造力，引导幼儿学会用心灵去感受和发现美，用自己的方式去表现和创造美。

幼儿对事物的感受和理解不同于成人，他们表达自己认识和情感的方式也有别于成人。幼儿独特的笔触、动作和语言往往蕴含着丰富的想象和情感，成人应对幼儿的艺术表现给予充分的理解和尊重，不能用自己的审美标准去评判幼儿，更不能为追求结果的"完美"而对幼儿进行千篇一律的训练，以免扼杀其想象与创造的萌芽。

（一）感受与欣赏

目标1 喜欢自然界与生活中美的事物

3~4岁	4~5岁	5~6岁
1. 喜欢观看花草树木、日月星空等大自然中美的事物。 2. 容易被自然界中的鸟鸣、风声、雨声等好听的声音所吸引	1. 在欣赏自然界和生活环境中美的事物时，关注其色彩、形态等特征。 2. 喜欢倾听各种好听的声音，感知声音的高低、长短、强弱等变化	1. 乐于收集美的物品或向别人介绍所发现的美的事物。 2. 乐于模仿自然界和生活环境中有特点的声音，并产生相应的联想

教育建议：

1）和幼儿一起感受、发现和欣赏自然环境和人文景观中美的事物。如：

① 让幼儿多接触大自然，感受和欣赏美丽的景色和好听的声音。

② 经常带幼儿参观园林、名胜古迹等人文景观，讲讲有关的历史故事、传说，与幼儿一起讨论和交流对美的感受。

2）和幼儿一起发现美的事物的特征，感受和欣赏美。如：

① 让幼儿观察常见动植物以及其他物体，引导幼儿用自己的语言、动作等描述它们美的方面，如颜色、形状、形态等。

② 让幼儿倾听和分辨各种声响，引导幼儿用自己的方式来表达他对音色、强弱、快慢的感受。

③ 支持幼儿收集喜欢的物品并和他一起欣赏。

目标2 喜欢欣赏多种多样的艺术形式和作品

3~4岁	4~5岁	5~6岁
1. 喜欢听音乐或观看舞蹈、戏剧等表演。 2. 乐于观看绘画、泥塑或其他艺术形式的作品	1. 能够专心地观看自己喜欢的文艺演出或艺术品，有模仿和参与的愿望。 2. 欣赏艺术作品时会产生相应的联想和情绪反应	1. 艺术欣赏时常常用表情、动作、语言等方式表达自己的理解。 2. 愿意和别人分享、交流自己喜爱的艺术作品和美感体验

教育建议：

1）创造条件让幼儿接触多种艺术形式和作品。如：

① 经常让幼儿接触适宜的、各种形式的音乐作品，丰富幼儿对音乐的感受和体验。

② 和幼儿一起用图画、手工制品等装饰和美化环境。

③ 带幼儿观看或共同参与传统民间艺术和地方民俗文化活动，如皮影戏、剪纸和捏面人等。

④ 有条件的情况下，带幼儿去剧院、美术馆、博物馆等欣赏文艺表演和艺术作品。

2）尊重幼儿的兴趣和独特感受，理解他们欣赏时的行为。如：

① 理解和尊重幼儿在欣赏艺术作品时的手舞足蹈、即兴模仿等行为。

② 当幼儿主动介绍自己喜爱的舞蹈、戏曲、绘画或工艺品时，要耐心倾听并给予积极回应和鼓励。

（二）表现与创造

目标 1　喜欢进行艺术活动并大胆表现

3～4 岁	4～5 岁	5～6 岁
1．经常自哼自唱或模仿有趣的动作、表情和声调。 2．经常涂涂画画、粘粘贴贴并乐在其中	1．经常唱唱跳跳，愿意参加歌唱、律动、舞蹈、表演等活动。 2．经常用绘画、捏泥、手工制作等多种方式表现自己的所见所想	1．积极参与艺术活动，有自己比较喜欢的活动形式。 2．能用多种工具、材料或不同的表现手法表达自己的感受和想象。 3．艺术活动中能与他人相互配合，也能独立表现

教育建议：

1）创造机会和条件，支持幼儿自发的艺术表现和创造。如：

① 提供丰富的便于幼儿取放的材料、工具或物品，支持幼儿进行自主绘画、手工、歌唱、表演等艺术活动。

② 经常和幼儿一起唱歌、表演、绘画、制作，共同分享艺术活动的乐趣。

2）营造安全的心理氛围，让幼儿敢于并乐于表达表现。如：

① 欣赏和回应幼儿的哼哼唱唱、模仿表演等自发的艺术活动，赞赏他独特的表现方式。

② 在幼儿自主表达创作过程中，不做过多干预或把自己的意愿强加给幼儿，在幼儿需要时再给予具体的帮助。

③ 了解并倾听幼儿艺术表现的想法或感受，领会并尊重幼儿的创作意图，不简单用"像不像""好不好"等成人标准来评价。

④ 展示幼儿的作品，鼓励幼儿用自己的作品或艺术品布置环境。

目标 2　具有初步的艺术表现与创造能力

3～4 岁	4～5 岁	5～6 岁
1．能模仿学唱短小歌曲。 2．能跟随熟悉的音乐做身体动作。	1．能用自然的、音量适中的声音基本准确地唱歌。	1．能用基本准确的节奏和音调唱歌。 2．能用律动或简单的舞蹈动作表现

续表

3~4岁	4~5岁	5~6岁
3．能用声音、动作、姿态模拟自然界的事物和生活情景。 4．能用简单的线条和色彩大体画出自己想画的人或事物	2．能通过即兴哼唱、即兴表演或给熟悉的歌曲编词来表达自己的心情。 3．能用拍手、踏脚等身体动作或可敲击的物品敲打节拍和基本节奏。 4．能运用绘画、手工制作等表现自己观察到或想象的事物	自己的情绪或自然界的情景。 3．能自编自演故事，并为表演选择和搭配简单的服饰、道具或布景。 4．能用自己制作的美术作品布置环境、美化生活

教育建议：

尊重幼儿自发的表现和创造，并给予适当的指导。如：

① 鼓励幼儿在生活中细心观察、体验，为艺术活动积累经验与素材。如观察不同树种的形态、色彩等。

② 提供丰富的材料，如图书、照片、绘画或音乐作品等，让幼儿自主选择，用自己喜欢的方式去模仿或创作，成人不做过多要求。

③ 根据幼儿的生活经验，与幼儿共同确定艺术表达表现的主题，引导幼儿围绕主题展开想象，进行艺术表现。

④ 幼儿绘画时，不宜提供范画，特别不应要求幼儿完全按照范画来画。

⑤ 肯定幼儿作品的优点，用表达自己感受的方式引导其提高。如"你的画用了这么多红颜色，感觉就像过年一样喜庆"、"你扮演的大灰狼声音真像，要是表情再凶一点就更好了"等。